Franz A. Zölch   Kommunikationsrecht für die Praxis
Rena Zulauf

Franz A. Zölch
Lic. iur.

Rena Zulauf
Dr. iur., Rechtsanwältin, LL.M.

Kommunikationsrecht für die Praxis

Ein Hand- und Arbeitsbuch zur Lösung kommunikations- und medienrechtlicher Fragen für Presse, Radio, Fernsehen und neue Medien

Zweite, vollständig überarbeitete und erweiterte Auflage

Illustriert von Nico

Stämpfli Verlag AG Bern · 2007

Bibliographische Information Der Deutschen Bibliothek
Die Deutsche Bibliothek verzeichnet diese Publikation in der Deutschen Nationalbibliografie;
detaillierte bibliographische Daten sind im Internet über ‹http://dnb.ddb.de› abrufbar.

Alle Rechte vorbehalten, insbesondere das Recht der Vervielfältigung, der Verbreitung und
der Übersetzung. Das Werk oder Teile davon dürfen ausser in den gesetzlich vorgesehenen
Fällen ohne schriftliche Genehmigung des Verlags weder in irgendeiner Form reproduziert
(z.B. fotokopiert) noch elektronisch gespeichert, verarbeitet, vervielfältigt oder verbreitet
werden.

© Stämpfli Verlag AG Bern · 2007

Gesamtherstellung:
Stämpfli Publikationen AG, Bern
Printed in Switzerland

ISBN 978-3-7272-9957-5

Vorwort

Die Medien sind im Umbruch!

Angesichts der technologisch bedingten Veränderungen im Medienbereich (Internet, Pay-TV, Video on demand) sowie im Lichte der Kommerzialisierung des Informationsaustausches sind Medienschaffende vermehrt rechtlichen Fragen ausgesetzt. Urteile aus dem Medienbereich sorgen für aktuellen Gesprächsstoff und werfen grundsätzliche Fragen zur journalistischen Praxis und zum Kommunikationsrecht auf: Wie ist mit Informationen umzugehen, wenn der Informationsgehalt nicht genügend abgesichert ist oder die Gegenseite nicht zu Wort kommen will? Wann dürfen Fotos von Prominenten nicht publiziert werden? Ist die Veröffentlichung einer geheimen Information gerechtfertigt? Wie ist mit Leserbriefen umzugehen? Ist vergleichende Werbung in der Schweiz erlaubt? Gibt es beim Warentest rechtliche Bestimmungen, die zu beachten sind? Dürfen Bilder aus dem Internet als Illustration für einen Pressebeitrag benützt werden? Darf derselbe Radiobeitrag mehrmals verwendet werden?

Solche und weitere Fragen versucht das vorliegende Handbuch – von der Praxis für die Praxis entwickelt – zu beantworten.

An die Leserin, an den Leser

Dieses Buch richtet sich an Journalistinnen, Fotografen, Moderatorinnen, Redaktoren, Multimediaautorinnen, Werber, Pressesprecherinnen, schlicht an Kommunikationsfachleute, an die Praktikerin, an den Praktiker.

Wir haben Wert darauf gelegt, diejenigen Aspekte fundiert zu behandeln, die im journalistischen Berufsalltag am meisten Fragen aufwerfen. Vermittelt wird ein Überblick über die wichtigsten Rechtsgebiete sowie die wesentlichen Rechtsnormen, die sich mit den Medien auseinandersetzen. Der erste Teil (Staats- und Verfassungsrecht) widmet sich den Grundlagen, insbesondere der Medienfreiheit und ihrer Bedeutung für die journalistische Praxis. In Anschluss daran werden sämtliche Rechtsgebiete vorgestellt, die sich in besonderer Weise den Medien und dem Kommunikationsrecht widmen. Es sind dies der zivilrechtliche Persönlichkeitsschutz, das Recht auf Gegendarstellung, das Medienstrafrecht, das Lauterkeitsrecht, das Urheberrecht, das Rundfunk- und Telekommunikationsrecht, das Datenschutzrecht, das Medienarbeitsrecht sowie das Werberecht. Angesichts der Informationsexplosion und der damit verbundenen Kommerzialisierung werden nicht zuletzt auch Konzepte zur Qualitätssicherung und Qualitätsentwicklung im Medienbereich vorgestellt.

Dank

Dieses Buch ist das Ergebnis einer langjährigen Ausbildungspraxis. Unser Dank gilt daher den zahlreichen Journalistinnen und Journalisten, welche im Rahmen unserer Lehrveranstaltungen kritisch die Medien und das Kommunikationsrecht hinterfragten und uns immer wieder mit Fällen aus der Praxis konfrontierten.

Ein grosser Dank geht an Nico, der das Buch mit seinen Karikaturen humorvoll und zugleich kritisch illustrierte.

Ein besonders herzlicher Dank gebührt den Mitarbeiterinnen und Mitarbeitern der Praxis Zölch & Partner, welche im Laufe der Jahre in verschiedener Hinsicht an diesem Buch mitgewirkt haben. Wir danken Herrn Jürg Pauli, Fürsprecher, für das Kapitel zum Telekommunikationsrecht sowie Herrn Dr. Thomas Hügi, Rechtsanwalt, LL.M. für seine wertvollen Vorarbeiten. Herrn Jens Kaessner, Rechtsanwalt, Herrn Peter Nachbur, Fürsprecher, LL.M., Frau Christine Hertel, Fürsprecherin sowie Frau lic. iur. Françoise Marcuard-Hammer danken wir für zahlreiche kritische Hinweise, Anmerkungen und Diskussionsbeiträge. Frau lic. iur. Karin Stöckli, Frau Katrin von Matt, Herrn Roman Friedli und Herrn lic. iur. Christian Schneider verdanken wir die aufwendigen Recherchierarbeiten und die Manuskriptdurchsicht. Frau Bernadette Kaufmann sind wir für das Lektorat verbunden.

Bern, im April 2000

FRANZ A. ZÖLCH
RENA ZULAUF

Vorwort zur zweiten Auflage

Die Medien sind einem stetigen Wandel unterworfen. Die technologische Entwicklung schreitet schneller voran, als sie vom Gesetzgeber verarbeitet werden kann. Was als Zukunftsvision angekündigt wird, ist gleichentags schon gesellschaftliche Realität. Die fortlaufenden Veränderungen im Medienbereich haben die zweite Auflage des Kommunikationsrechts für die Praxis notwendig gemacht.

Das Buch folgt dem Aufbau der 1. Auflage. Neuerungen haben wir punktuell aufgrund von Gesetzesänderungen und/oder einschlägiger Rechtsprechung vorgenommen. Das Kapitel zum Rundfunkrecht wurde infolge der Totalrevision des Radio- und Fernsehgesetzes von Grund auf überarbeitet.

Dieses Buch ist für die Praxis entwickelt worden. Das Handbuch soll Nicht-Juristinnen und -Juristen in der Medienarbeit und im Umgang mit den Medien ein Begleiter und praktischer Ratgeber sein. Es richtet sich auch in seiner zweiten Auflage an Medienschaffende, aber auch an von Medienberichterstattung Betroffene. Das Buch vermittelt in einfachen Worten einen Überblick über die wichtigsten medienrechtlichen Bestimmungen. Unser Dank gilt allen Journalistinnen und Journalisten sowie Kommunikationsexperten, die sich an uns gewandt haben und uns mit kritischen Fragen zu den Medien und dem Medienrecht konfrontierten. Wir hoffen, dass wir mit diesem Buch zur Problemlösung im Medienalltag und im Umgang mit den Medien beitragen können.

Bern und Zürich, im Oktober 2007 FRANZ A. ZÖLCH
RENA ZULAUF

Inhaltsübersicht

I. Staats- und Verfassungsrecht ... 29
Dieses Kapitel behandelt die wesentlichen Quellen des Staats- und Verfassungsrechts, setzt sich mit der Bedeutung und den Grenzen der Grundrechte – insbesondere der Medienfreiheit – auseinander und stellt die wichtigsten medienrelevanten Gesetze vor.

II. Zivilrechtlicher Persönlichkeitsschutz ... 43
Beim zivilrechtlichen Persönlichkeitsschutz steht die Person im Mittelpunkt der Betrachtung. Behandelt werden das Recht am eigenen Bild, am eigenen Wort und an der eigenen Stimme sowie das Recht auf Achtung der Ehre. Besonderes Gewicht wird auf die Kontroll- und Kritikfunktion der Medien gelegt; es wird aber auch deren Grenze aufgezeigt. Das Kapitel zeigt Vor- und Nachteile des Rechts auf Gegendarstellung auf und befasst sich ebenso mit publizistischen Massnahmen.

III. Medienstrafrecht ... 79
Auch das Medienstrafrecht befasst sich mit dem Schutz der Persönlichkeit (üble Nachrede, Verleumdung, Beschimpfung). Daneben hat das Strafrecht viele Berührungspunkte zu den Medien, so z.B. die Auskunfts- und Impressumspflicht, die Veröffentlichung amtlicher geheimer Verhandlungen, das Zeugnisverweigerungsrecht, das Pornographieverbot, das Brutaloverbot oder das Rassendiskriminierungsverbot.

IV. Urheberrecht ... 103
Das Urheberrecht – auf englisch "copyright" – befasst sich mit den immateriellen Gütern. Das Kapitel geht der Frage nach, wann ein Urheberrecht entsteht, wer Inhaber eines Urheberrechts ist und wie bzw. wann andere ein Urheberrecht benützen dürfen. Im letzten Teil befasst sich das Kapitel mit den Verwertungsgesellschaften (Suisa, ProLitteris, Suissimage, SSA, Swissperform), welche im Namen der Urheberinnen und Urheber ihre Rechte wahrnehmen.

V. Wettbewerbsrecht ... 123
Das Recht gegen den unlauteren Wettbewerb hat für Medienschaffende zunehmend an Bedeutung gewonnen, obwohl sie als Berichterstattende nicht direkt am wirtschaftlichen Wettbewerb zwischen Unternehmen beteiligt sind. Im Zuge der Internationalisierung der Märkte kommt dem Kartellrecht eine wichtige Funktion in Bezug auf den Schutz des Meinungspluralismus zu.

Inhaltsübersicht

VI. Radio- und Fernsehrecht **139**
Das Kapitel stellt das revidierte Radio- und Fernsehrecht dar. Zur Sprache kommen insbesondere die Stellung der SRG/SSR und der privaten Veranstalter, das Sachgerechtigkeits- und Vielfaltsgebot, das Konzessionierungs- und Meldesystem, die Finanzierungsmodelle sowie das Aufsichtswesen (insbesondere die Ombudsstellen und die Unabhängige Beschwerdeinstanz für Radio und Fernsehen, UBI).

VII. Datenschutzrecht **169**
Das Datenschutzrecht befasst sich mit dem Persönlichkeitsrecht auf dem Sondergebiet der Datenverarbeitung. Das Kapitel setzt sich mit dem Auskunftsrecht sowie der Meldepflicht auseinander und geht auf besondere datenschutzrechtliche Bestimmungen für Medienschaffende ein.

VIII. Medienarbeitsrecht **187**
Das Kapitel vermittelt einen Überblick über die wichtigsten arbeitsrechtlichen Bestimmungen für festangestellte und „freie" Journalistinnen und Journalisten sowie über zwingende Vorschriften im Arbeitsgesetz des Bundes.

IX. Werberecht **197**
Das Kapitel vermittelt einen kurzen Abriss der wichtigsten Rechtsquellen zur Werbung. Zur Sprache kommt auch die Lauterkeitskommission und deren Wirkungsbereich. Der Schwerpunkt wird auf Werbung in Presse, Radio, Fernsehen und Internet gesetzt.

X. Ethik und Medien **209**
Angesichts der Kommerzialisierung von Information werden Fragen der Ethik und Verantwortung im Medienbereich mehr denn je thematisiert. Das Kapitel befasst sich mit Konzepten zur Qualitätssicherung und Qualitätsentwicklung auf institutioneller und innerredaktioneller Ebene (Erklärung der Pflichten und Rechte der Journalistinnen und Journalisten, Charta „Qualität im Journalismus", Redaktionsstatut, Interne Richtlinien, Presse-Ombudsstellen).

Anhänge **227**

Stichwortverzeichnis **281**

Inhaltsverzeichnis

Inhaltsübersicht 9
Abkürzungsverzeichnis 21
Literaturverzeichnis 25
Zeitschriftenverzeichnis 27

Kommunikation und Recht 28

I. Staats- und Verfassungsrecht 29

1. **Gegenstand des Staats- und Verfassungsrechts** 29
2. **Rechtsquellen des Staats- und Verfassungsrechts** 29
   - 2.1 Allgemeines 29
   - 2.2 Verfassungsrecht 30
   - 2.3 Gesetzesrecht 30
   - 2.4 Verordnungsrecht 31
   - 2.5 Völkerrecht 31
     - 2.5.1 Europäische Menschenrechtskonvention (EMRK) 31
     - 2.5.2 Staatsverträge 31
     - 2.5.3 Internationale Organisationen 31
   - 2.6 Gewohnheitsrecht 31
   - 2.7 Richterrecht 32
   - 2.8 Übersicht 32
3. **Verfassungsrechtliche Grundlagen im Medienbereich** 33
   - 3.1 Grundrechte im Allgemeinen 33
   - 3.2 Meinungs- und Informationsfreiheit 34
   - 3.3 Medienfreiheit 34
   - 3.4 Radio und Fernsehen 35
   - 3.5 Fernmeldewesen 35
4. **Gesetzliche Grundlagen im Medienbereich** 36
   - 4.1 Allgemeines 36
   - 4.2 Persönlichkeitsschutz 36
   - 4.3 Urheberrecht 37
   - 4.4 Wettbewerbsrecht 37
   - 4.5 Radio- und Fernsehrecht 37
   - 4.6 Datenschutzrecht 37
   - 4.7 Übersicht 37
5. **Information und Kommunikation der Behörden** 38
6. **Öffentlichkeitsprinzip** 39

7.	Zusammenfassung	40
8.	Repetitionsfragen zum Staats- und Verfassungsrecht	41
II.	**Zivilrechtlicher Persönlichkeitsschutz**	**43**
1.	Grundsätze des Persönlichkeitsschutzes und deren Bedeutung für die Medien	43
2.	Begriff der Persönlichkeit	45
3.	Geschützte Rechtsgüter	45
	3.1 Allgemeines	45
	3.2 Ehre	45
	3.3 Recht am eigenen Bild	47
	3.4 Recht am eigenen Wort	47
	3.5 Recht an der eigenen Stimme	47
	3.6 Recht am eigenen Namen	47
4.	Widerrechtlichkeit einer Persönlichkeitsverletzung	48
	4.1 Wann liegt eine widerrechtliche Persönlichkeitsverletzung vor?	48
	4.2 Rechtfertigungsgründe	49
	4.2.1 Einwilligung des Verletzten	49
	4.2.2 Gesetzesvorschrift	49
	4.2.3 Wahrung höherer Interessen	50
	a) Unterscheidung von Geheim-, Privat- und Öffentlichkeitsbereich	50
	aa) Allgemeines	50
	bb) Geheim- oder Intimbereich	50
	cc) Zwischen- oder Privatbereich	52
	dd) Gemein- oder Öffentlichkeitsbereich	52
	b) Unterscheidung von Amtsperson, Person der Zeitgeschichte und Privatperson	52
	aa) Amtsperson	53
	bb) Person der Zeitgeschichte	53
	cc) Privatperson	53
	c) Zur Interessenabwägung	53
5.	Einzelfragen	56
	5.1 Prozessberichterstattung, Unglücksfälle und Verbrechen	56
	5.2 Bildreportagen von Demonstrationen	56
	5.3 Falsche Zitate und fingierte Interviews	56
	5.4 Fotomontagen und heimliche Aufnahmen	57
	5.5 Satire	57
	5.6 Online-Journalismus	57

6.	**Subjekt des Persönlichkeitsschutzes** **58**
	6.1 Aktivlegitimation.. 58
	6.2 Passivlegitimation.. 58
7.	**Sanktionen bei einer widerrechtlichen Persönlichkeitsverletzung** **58**
	7.1 Unterlassungsklage... 59
	7.2 Beseitigungsklage... 59
	7.3 Feststellungsklage 59
	7.4 Klage auf Berichtigung und Urteilspublikation 59
	7.5 Schadenersatz, Genugtuung, Gewinnherausgabe 61
8.	**Vorsorgliche Massnahmen** **62**
	8.1 Verfahren.. 62
	8.2 Überblick.. 63
9.	**Recht auf Gegendarstellung** **64**
	9.1 Allgemeines 64
	9.2 Grundsätze des Gegendarstellungsrechts 65
	9.2.1 Tatsachendarstellung 65
	9.2.2 Periodisch erscheinende Medien 66
	9.2.3 Unmittelbare Betroffenheit der Persönlichkeit..................... 66
	9.3 Form und Inhalt 67
	9.4 Verfahren.. 69
	9.5 Veröffentlichung der Gegendarstellung 69
	9.6 Anrufung des Gerichts... 71
	9.7 Übersicht über den Umgang mit Gegendarstellungsbegehren 72
10.	**Publizistische Möglichkeiten oder wer Recht hat, hat nicht immer Recht**.. **73**
11.	**Abgrenzungsfragen** **74**
	11.1 Allgemeines 74
	11.2 Gegendarstellung 74
	11.3 Berichtigung 74
	11.4 Leserbrief.. 75
12.	**Zusammenfassung** **76**
13.	**Repetitionsfragen zum zivilrechtlichen Persönlichkeitsschutz** **77**

III.	**Medienstrafrecht** **79**
1.	**Allgemeines** **79**
2.	**Strafrechtlicher Persönlichkeitsschutz** **81**
	2.1 Ehrverletzungsdelikte 81
	2.1.1 Üble Nachrede 84
	2.1.2 Verleumdung 85

Inhaltsverzeichnis

	2.1.3	Beschimpfung	85
	2.1.4	Übersicht	86
	2.2	Strafbare Handlungen gegen den Geheim- oder Privatbereich	86
3.	**Auskunfts- und Impressumspflicht**		**89**
	3.1	Auskunftspflicht	89
	3.2	Impressumspflicht	90
	3.3	Musterimpressum	90
4.	**Strafbare Handlungen gegen den Staat**		**91**
5.	**Zeugnisverweigerungsrecht**		**93**
6.	**Strafbare Handlung durch Veröffentlichung in einem Medium**		**94**
7.	**Pornographieverbot**		**96**
8.	**Brutaloverbot**		**97**
9.	**Rassendiskriminierungsverbot**		**98**
10.	**Zusammenfassung**		**100**
11.	**Repetitionsfragen zum Medienstrafecht**		**101**

IV.	**Urheberrecht**		**103**
1.	**Recht an Sachen – Recht an immateriellen Gütern**		**103**
2.	**Gegenstand des Urheberrechts**		**104**
3.	**Was ist ein Werk?**		**106**
	3.1	Allgemeines	107
	3.2	Aktuelle Fälle: Bob Marley und Wachmann Meili	107
4.	**Inhaber des Urheberrechts**		**109**
5.	**Vermögensrechte und Persönlichkeitsrechte**		**110**
	5.1	Urhebernutzungsrechte	110
	5.2	Urheberpersönlichkeitsrechte	111
	5.3	Bedeutung der Unterscheidung	111
6.	**Übertragung des Urheberrechts**		**111**
7.	**Schranken des Urheberrechts**		**112**
	7.1	Beschränkung zugunsten des Eigengebrauchs	112
	7.2	Zitierfreiheit	113
	7.3	Berichterstattung über aktuelle Ereignisse	113
	7.4	Werke auf allgemein zugänglichem Grund	115
8.	**Multimedia und Urheberrecht**		**115**
9.	**Schutzdauer**		**116**

10.	**Verwertungsgesellschaften**	**117**
	10.1 Allgemeines	117
	10.2 Verwertungsgesellschaften in der Schweiz	118
	10.2.1 Suisa	118
	10.2.2 ProLitteris	118
	10.2.3 Suissimage	119
	10.2.4 SSA	119
	10.2.5 Swissperform	119
11.	**Rechtsschutz**	**119**
	11.1 Zivilrechtliche Ansprüche	119
	11.2 Strafrechtliche Ansprüche	119
12.	**Zusammenfassung**	**120**
13.	**Repetitionsfragen zum Urheberrecht**	**121**

V.	**Wettbewerbsrecht**	**123**
1.	**Lauterkeitsrecht**	**123**
	1.1 Einführung	123
	1.2 Typische unlautere Handlungen	123
	1.2.1 Herabsetzung	124
	1.2.2 Vergleich	125
	1.2.3 Irreführung	127
	1.2.4 Verwertung fremder Leistung	128
	1.3 Anwendungsbereich des UWG	128
	1.3.1 Problematik	128
	1.3.2 Entscheide des Bundesgerichts	129
	a) Fall „Bernina"	129
	b) Fall „Contra-Schmerz"	130
	1.3.3 Konsequenzen für die Praxis	130
	1.4 Verhältnis Lauterkeitsrecht/Persönlichkeitsrecht	131
	1.5 Rechtsschutz	131
	1.5.1 Zivilrechtliche Ansprüche	132
	1.5.2 Strafrechtliche Ansprüche	132
2.	**Kartellrecht**	**132**
	2.1 Allgemeines	132
	2.2 Drei Säulen des Kartellrechts	134
	2.3 Wettbewerbskommission	135
	2.4 Unternehmenszusammenschlüsse im Medienbereich	135
3.	**Zusammenfassung**	**137**
4.	**Repetitionsfragen zum Wettbewerbsrecht**	**138**

VI.	**Radio- und Fernsehrecht**	**139**
1.	Verfassungsrechtliche Grundlage	139
2.	Das Radio- und Fernsehgesetz	140
	2.1 Revision	140
	2.2 Begriffliches	140
3.	Inhaltliche Anforderungen an das Programm	141
4.	Melde- und Konzessionspflicht	145
	4.1 Meldepflichtige Veranstalter	145
	4.2 Konzessionspflichtige Veranstalter	146
	4.2.1 Schweizerische Radio- und Fernsehgesellschaft	146
	a) Programmauftrag	146
	b) Finanzierung	148
	4.2.2 Andere Veranstalter mit Leistungsauftrag	149
	a) Konzessionierte Veranstalter mit Leistungsauftrag *und* Gebührenanteil	149
	b) Konzessionierte Veranstalter mit Leistungsauftrag *ohne* Gebührenanteil	150
5.	Werbung und Sponsoring	151
	5.1 Werbung	151
	5.2 Sponsoring	156
6.	Verbreitung von Programmen	158
	6.1 Drahtlos-terrestrische Verbreitung von Programmen	158
	6.2 Verbreitung über Leitungen	158
7.	Sicherstellung des Zugangs zu öffentlichen Ereignissen	159
	7.1 Kurzberichterstattung bei öffentlichen Ereignissen	159
	7.2 Freier Zugang zu Ereignissen von erheblicher gesellschaftlicher Bedeutung	160
8.	Aufsicht und Rechtsschutz	161
	8.1 Allgemeine Aufsicht	161
	8.2 Aufsicht über den Inhalt redaktioneller Sendungen	161
	8.2.1 Ombudsstelle	165
	8.2.2 Unabhängige Beschwerdeinstanz für Radio und Fernsehen	166
9.	Zusammenfassung	167
10.	Repetitionsfragen zum Radio- und Fernsehrecht	168
VII.	**Datenschutzrecht**	**169**
1.	Allgemeines	169
2.	Datenschutzgesetz	170

3.	Begriffe	172
4.	Datenbearbeitung	173
5.	Auskunftsrecht	178
6.	Meldepflicht	179
7.	Besondere Bestimmungen für die Medien	180
	7.1 Einschränkung des Auskunftsrechts	180
	7.2 Anmeldung der Datensammlung	181
	7.3 Rechtfertigungsgründe	183
8.	Zusammenfassung	184
9.	Repetitionsfragen zum Datenschutzrecht	185

VIII.	**Medienarbeitsrecht**	**187**
1.	Allgemeines	187
2.	Fest angestellte Journalistinnen und Journalisten	187
	2.1 Einzelarbeitsvertrag (EAV)	187
	2.1.1 Wesentliche Elemente des Arbeitsvertrages	187
	2.1.2 Checkliste	188
	2.2 Gesamtarbeitsvertrag GAV	190
3.	„Freie" Journalistinnen und Journalisten	191
	3.1 Werkvertrag	192
	3.2 Verlagsvertrag	192
	3.3 Auftrag	194
4.	Öffentliches Arbeitsrecht	194
5.	Zusammenfassung	195
6.	Repetitionsfragen zum Medienarbeitsrecht	195

IX.	**Werberecht**	**197**
1.	Werbung im Allgemeinen	197
2.	Rechtliche Bestimmungen zur Werbung	198
	2.1 Verfassungsrecht	198
	2.2 Gesetzes- und Verordnungsrecht	198
3.	Schweizerische Lauterkeitskommission	199
4.	Werbung in den einzelnen Medien	199
	4.1 Werbung in der Presse	199
	4.2 Werbung in Radio und Fernsehen	201

Inhaltsverzeichnis

5.	**Einzelfragen** ... 202	
	5.1 Werbung und Persönlichkeitsschutz ... 202	
	5.2 Vergleichende Werbung ... 204	
	5.3 Werbung für Inserate in Zeitungen und Zeitschriften ... 205	
6.	**Zusammenfassung** ... 206	
7.	**Repetitionsfragen zum Werberecht** ... 207	

X.	**Ethik und Medien** ... **209**	
1.	**Allgemeines** ... 209	
2.	**Institutionelle Qualitätssicherung** ... 209	
	2.1 Schweizer Presserat ... 210	
	2.1.1 Allgemeines ... 210	
	2.1.2 Ziel des Presserates ... 210	
	2.1.3 Erklärung der Pflichten und Rechte der Journalistinnen und Journalisten ... 211	
	2.1.4 Leitsätze des Presserates ... 213	
	a) Unterschlagung wichtiger Informationselemente ... 213	
	b) Vorverurteilung ... 213	
	c) Verabredetes Interview ... 213	
	d) Anhörungspflicht ... 215	
	e) Privatsphäre von öffentlichen Personen ... 216	
	f) Veröffentlichung vertraulicher Information ... 217	
	g) Leserbriefe ... 217	
	h) Gegendarstellungen und Berichtigungen in Online-Archiven ... 217	
	i) Abhängiger Wirtschaftsjournalismus ... 217	
	j) Interessenbindungen ... 218	
	k) Annahme von Geschenken ... 218	
	l) Reisevergünstigungen ... 218	
	m) Reisejournalismus ... 218	
	n) Sportjournalismus ... 218	
	o) Politischen Inserate ... 219	
	p) „Schock-" und „People-" Bilder ... 219	
	q) Satire ... 221	
	r) Bilder ... 221	
	s) Unabhängigkeit in Strafverfahren ... 222	
	2.2 Charta „Qualität im Journalismus" ... 222	
	2.3 Internationaler Berufskodex? ... 223	
3.	**Organisatorische Qualitätssicherung** ... 224	
	3.1 Redaktionsstatut ... 224	
	3.2 Interne Richtlinien ... 224	
	3.3 Interne Beschwerdeverfahren ... 224	

4.	Zusammenfassung	224
5.	Repetitionsfragen zu Ethik und Medien	225

Anhang

Erklärung der Pflichten und Rechte der Journalistinnen und Journalisten 229

Richtlinien zur Erklärung der Pflichten und Rechte der Journalistinnen und Journalisten 232

Charta „Qualität im Journalismus" 243

Code of Conduct 245

Grundsätze der Schweizerischen Lauterkeitskommission 246

Sponsoring-Richtlinien BAKOM 262

Service-Teil 275

Stichwortverzeichnis 281

Der Autor/die Autorin/der Karikaturist 285

Abkürzungsverzeichnis

aArt.	alt Artikel (Bestimmung, die vor einer Gesetzesrevision galt)
ArG	Arbeitsgesetz
Art.	Artikel
Aufl.	Auflage
BAKOM	Bundesamt für Kommunikation
BBL	Bundesblatt

Im Bundesblatt werden die folgenden Beschlüsse und Erlasse publiziert: Botschaften und Entwürfe des Bundesrates zu Verfassungsänderungen, Bundesgesetzen und Bundesbeschlüssen; die von der Bundesversammlung verabschiedeten Verfassungsänderungen und Bundesgesetze; Berichte des Bundesrates an die Bundesversammlung sowie Berichte von Kommissionen der Bundesversammlung; Weisungen, Richtlinien, Anordnungen und Mitteilungen des Bundesrates, der Verwaltung oder von Stellen, die Bundesaufgaben zu erfüllen haben.

BGE Entscheidungen des Schweizerischen Bundesgerichts

Bundesgerichtsentscheide werden wie folgt zitiert: Band, Abteilung, Seite (z.B. BGE 125 II 492); die Bandzahl stimmt mit der Jahreszahl nicht überein: Will man die Jahreszahl berechnen, so ist die Zahl 26 zu subtrahieren, da das Bundesgericht 1874 gegründet wurde und seither jährlich eine Bandreihe publiziert wird; Band 125 ist also der 1999 publizierte Band (125 − 26 = 99); die Bundesgerichtsbände sind in Abteilungen unterteilt, die mit römischen Zahlen bezeichnet werden:

Ia: Bundesstaatsrecht
Ib: Bundesverwaltungsrecht
II: Zivilrecht
III: Schuldbetreibungs- und Konkursrecht
IV: Strafrecht
V: Sozialversicherungsrecht

BGer	Bundesgericht
BÖG	Bundesgesetz über das Öffentlichkeitsprinzip der Verwaltung vom 17. Dezember 2004 (SR 152.3)
BV	Bundesverfassung der Schweizerischen Eidgenossenschaft vom 18. April 1999 (SR 101)
bzw.	beziehungsweise
CD-ROM	Compact Disc Read Only Memory
d.h.	das heisst
DSG	Bundesgesetz über den Datenschutz vom 19. Juni 1992 (SR 235.1)
EAV	Einzelarbeitsvertrag
éd.	édition (französisch)
EMRK	Konvention zum Schutze der Menschenrechte und Grundfreiheiten (Europäische Menschenrechtskonvention) vom 4. November 1950 (SR 0.101)

Abkürzungsverzeichnis

Erw.	Erwägung
etc.	et cetera
EU	Europäische Union
f/ff	fortfolgend/fortfolgende
FMG	Fernmeldegesetz vom 30. April 1997 (SR 784.10)
GAV	Gesamtarbeitsvertrag
Hrsg.	Herausgeber
IGE	Eidgenössisches Institut für Geistiges Eigentum
i.S.	in Sachen
i.V.m.	in Verbindung mit
KG	Bundesgesetz über Kartelle und andere Wettbewerbsbeschränkungen (Kartellgesetz) vom 6. Oktober 1995 (SR 251)
KIG	Bundesgesetz über die Information der Konsumentinnen und Konsumenten (Kosumenteninformationsgesetz) vom 5. Oktober 1990 (SR 944.0)
OHG	Bundesgesetz über die Hilfe an Opfer von Straftaten (Opferhilfegesetz) vom 4. Oktober 1991 (SR 312.5)
OMPI	Organisation Mondiale de la Propriété Intellectuelle (vgl. auch WIPO)
OR	Bundesgesetz betreffend die Ergänzung des Schweizerischen Zivilgesetzbuches (Obligationenrecht) vom 30. März 1911 (SR 220)
RPW	Recht und Politik des Wettbewerbs (Sammlung von Entscheidungen und Verlautbarungen der Wettbewerbskommission WEKO zur Praxis des Wettbewerbsrechts und zur Wettbewerbspolitik)
RTVG	Bundesgesetz über Radio und Fernsehen vom 24. März 2006 (SR 784.40)
RTVV	Radio- und Fernsehverordnung vom 9. März 2007 (SR 784.401)
RVOG	Regierungs- und Verwaltungsorganisationsgesetz vom 21. März 1997 (SR 172.010)
s.a.	siehe auch
SHAB	Schweizerisches Handelsamtsblatt
sog.	so genannt
SR	Systematische Sammlung des Bundesrechts
	In dieser Sammlung (Lose-Blatt) sind alle bundesrechtlichen Erlasse (Bundesverfassung, Bundesgesetze, Verordnungen) sowie die Staatsverträge in eine Dezimalklassifikation eingeordnet und mit einer Nummer versehen.
SRG/SSR	Schweizerische Radio- und Fernsehgesellschaft/Société suisse de radiodiffusion et télévision
SVJ	Schweizerischer Verband der Journalistinnen und Journalisten
SW	Schweizer Werbung
StGB	Schweizerisches Strafgesetzbuch vom 21. Dezember 1937 (SR 311.0)
u.Ä.	und Ähnliches
UBI	Unabhängige Beschwerdeinstanz für Radio und Fernsehen
UBIE	Entscheid der Unabhängigen Beschwerdeinstanz für Radio und Fernsehen
UNO	United Nations Organisation/Organisation der Vereinten Nationen
URG	Bundesgesetz über das Urheberrecht und die verwandten Schutzrechte (Urheberrechtsgesetz) vom 9. Oktober 1992 (SR 231.1)

URV	Verordnung über das Urheberrecht und verwandte Schutzrechte (Urheberrechtsverordnung) vom 26. April 1993 (SR 231.11)
UVEK	Eidgenössisches Departement für Umwelt, Verkehr, Energie und Kommunikation
UWG	Bundesgesetz gegen den unlauteren Wettbewerb vom 19. Dezember 1986 (SR 241)
u.U.	unter Umständen
VDSG	Verordnung zum Bundesgesetz über den Datenschutz vom 14. Juni 1993 (SR 235.11)
VPB	Verwaltungspraxis des Bundes
vs.	versus
vgl.	vergleiche
WEKO	Wettbewerbskommission
WIPO	World Intellectual Property Organisation (vgl. auch OMPI)
z.B.	zum Beispiel
ZGB	Schweizerisches Zivilgesetzbuch vom 10. Dezember 1907 (SR 210)
Ziff.	Ziffer

Literaturverzeichnis

BAUDENBACHER CARL, Lauterkeitsrecht, Kommentar zum Gesetz gegen den unlauteren Wettbewerb (UWG), Basel 2001.

BARRELET DENIS, Droit de la communication, 2. éd. Berne 1998.

BARRELET DENIS/EGLOFF WILLI, Das neue Urheberrecht, Kommentar zum Bundesgesetz über das Urheberrecht und verwandte Schutzrechte, 2. überarbeitete Aufl. Bern 2000.

DAVID LUCAS/JACOBS RETO, Schweizerisches Wettbewerbsrecht, 4. überarbeitete Aufl. Bern 2005.

DAVID LUCAS/REUTTER MARC A., Schweizerisches Werberecht, 2. Aufl. Zürich 2001.

DUMMERMUTH MARTIN, Rundfunkrecht, in: ROLF H. WEBER (Hrsg.), Informations- und Kommunikationsrecht, Schweizerisches Bundesverwaltungsrecht (SBVR), Basel 1996.

FISCHER PETER R., Fernmelderecht, in: ROLF H. WEBER (Hrsg.), Informations- und Kommunikationsrecht, Schweizerisches Bundesverwaltungsrecht (SBVR), 2. Aufl. Basel 2003.

FRICKE ERNST, Recht für Journalisten, Grundbegriffe und Fallbeispiele, Konstanz 1997.

GLAUS BRUNO, Medien-, Marketing- und Werberecht, Rapperswil 2004.

HILTY RETO M. (Hrsg.), Information Highway – Beiträge zu rechtlichen und tatsächlichen Fragen, Bern/München 1996.

JÄGGI PETER, Fragen des privatrechtlichen Schutzes der Persönlichkeit, Zeitschrift für Schweizerisches Recht (ZSR) 1960 II 133a.

LÖFFLER MARTIN, Presserecht, München 1997.

LÖFFLER MARTIN/RICKER REINHART, Handbuch des Presserechts, 5. Aufl. München 2005.

MAURER URS/VOGT NEDIM PETER, Kommentar zum Datenschutzgesetz, 2. Aufl. Basel 2005.

Mediengesamtkonzeption (MGK), Bericht der Expertenkommission für eine Mediengesamtkonzeption, Bern 1982.

MARTI HANSPETER O./WIDMER PETER/PROBST PHILIPPE, Recht in Marketing und Kommunikation, Zürich 2003.

NOBEL PETER, Leitfaden zum Presserecht, 2. überarbeitete Aufl. Zofingen 1982.

NOBEL PETER/WEBER ROLF H., Medienrecht, 3. Aufl. Bern 2007.

PEDRAZZINI MARIO M./PEDRAZZIN FEDERICO A., Unlauterer Wettbewerb UWG, Bern 2002.

PRINZ MATTIAS/PETERS BUTZ, Medienrecht, Die zivilrechtlichen Ansprüche, München 1999.

PUGATSCH SIGMUND, Werberecht für den Praktiker, 2. Aufl. Zürich 2001.

REHBINDER MANFRED, Schweizerisches Presserecht, Bern 1975.

RIKLIN FRANZ, Schweizerisches Presserecht, Bern 1996.

ROSENTHAL DAVID, Projekt Internet – Was Unternehmen über Internet und Recht wissen müssen, Zürich 1997.

ROSENTHAL DAVID, Internet: Schöne neue Welt?, Zürich 1999.

SCHÜRMANN LEO/NOBEL PETER, Medienrecht, 2. Aufl. Bern 1993.

SCHWENNINGER MARC/SENN MANUEL/THALMANN ANDRÉ, Werberecht, herausgegeben von LUCAS DAVID, Zürich 1999.

SOEHRING JÖRG, Presserecht, 3. Aufl. Stuttgart 2000.

STUDER PETER/MAYR VON BALDEGG, Medienrecht für die Praxis, 3. Aufl. Zürich 2006.

VON BÜREN ROLAND/MARBACH EUGEN, Immaterialgüter- und Wettbewerbsrecht, 2. Aufl. Bern 2002.

WEBER ROLF H., Medienrecht für Medienschaffende, Zürich 2000.

ZELLER FRANZ, Öffentliches Medienrecht, Bern 2004.

ZULAUF RENA, Informationsqualität – Ein Beitrag zur journalistischen Qualitätsdebatte aus der Sicht des Informationsrechts, Zürich 2000.

Zeitschriften

AfP, Archiv für Presserecht, Zeitschrift für Medien- und Kommunikationsrecht, Düsseldorf.

Digma, Zeitschrift für Datenrecht und Informationssicherheit, Zürich.

Flash, News-Letter des Verbandes Schweizer Presse, Zürich.

Journalisten.ch/journalistes.ch, Zeitung des Schweizer Verbandes der Journalistinnen und Journalisten, Freiburg.

K&R, Kommunikation und Recht, Betriebsberater für Medien, Telekommunikation, Multimedia, Heidelberg.

medialex, Zeitschrift für Kommunikationsrecht, Bern.

M+R, Medien und Recht, Zeitschrift für Medien- und Kommunikationsrecht, Wien.

sic!, Zeitschrift für Immaterialgüter-, Informations- und Wettbewerbsrecht, Schweizerische Vereinigung zum Schutz des geistigen Eigentums (AIPPI Schweiz)/Association Suisse pour la Protection de la Propriété Intellectuelle (AIPPI Suisse) und Eidgenössisches Institut für Geistiges Eigentum (IGE)/Institut Fédéral de la Propriété Intellectuelle (IPI), Zürich.

UFITA, Archiv für Urheber-, Film-, Funk- und Theaterrecht, München/Bern.

ZUM, Zeitschrift für Urheber- und Medienrecht, München.

Kommunikation und Recht

1. Information und Kommunikation

Kommunikation ist Austausch von Information, Information Voraussetzung für die Kommunikation. Der Umgang mit anderen erfordert die Kommunikation weshalb sie das ist, was die Gesellschaft zusammenhält. Je mehr sich die Absicht (des Empfängers beim Senden einer Botschaft) und das Ergebnis (Verständnis des Empfängers durch Interpretation der Botschaft) der Kommunikation decken, desto besser ist sie gelungen. Kommunizieren heisst deshalb auch immer, einen Verständnisprozess steuern.

Das bestimmende Moment im kommunikativen Prozess ist die Botschaft. Jede Botschaft hat neben ihrem Sinn- und Informationsgehalt ein Thema. Themen bestimmen die öffentliche Diskussion und sind oft der Hintergrund, auf dem Information interpretiert und beurteilt wird.

2. Information, Kommunikation und Recht

Die Kommunikation mit der Öffentlichkeit erfolgt in der Regel über die Medien. Dabei ist von allen Betroffenen ein rechtlicher Rahmen zu berücksichtigen. Dieser rechtliche Rahmen, welcher vorliegend unter dem Begriff des *Kommunikationsrechts* verstanden wird, hat zur Aufgabe, allen Beteiligten gleiche Bedingungen und Voraussetzungen für eine faire Kommunikation zu ermöglichen.

I. Staats- und Verfassungsrecht

1. Gegenstand des Staats- und Verfassungsrechts

Das Staats- und Verfassungsrecht umfasst die *rechtliche Grundordnung des Staates*. Darunter fallen diejenigen rechtlichen Bestimmungen, welche die Aufgabe und die Organisation des Staates und der Staatsorgane sowie die grundsätzliche Rechtsstellung der Bürger regeln.

Im Mittelpunkt des Staatsrechts stehen die Normen des Verfassungsrechts, welche die Grundzüge der staatlichen Ordnung festlegen. Neben der Verfassung existieren zahlreiche Regelungen tieferer Stufe, in denen die Grundzüge des Verfassungsrechts konkretisiert bzw. ergänzt werden. Dadurch wird die Voraussetzung dafür geschaffen, dass die in der Verfassung vorgezeichnete Ordnung in die Rechtswirklichkeit umgesetzt werden kann.

2. Rechtsquellen des Staats- und Verfassungsrechts

2.1 Allgemeines

Das Recht resultiert aus gesellschaftlich bedingten Wertvorstellungen sowie einem bestimmten Zeitgeist (Moral und Ethik). Als Rechtsquellen bezeichnet man die Fundorte der rechtlichen Vorschriften. Aufgrund der föderalen Struktur der Schweiz (drei Ebenen: Bund, Kantone, Gemeinden) gibt es *Bundesrecht, kantonales Recht* und *kommunales Recht;* entsprechend spricht man von Rechtsquellen des Bundes, der Kantone und der Gemeinden. Daneben ist es möglich, auf freiwilliger Basis eine Verpflichtung einzugehen, z.B. durch Abschluss eines Vertrages (vgl. dazu Teil VIII) oder durch Billigung sog. Standesregeln (vgl. dazu Teil X 2).

Im Folgenden wird lediglich auf das Staatsrecht des *Bundes* eingegangen.

I. Staats- und Verfassungsrecht

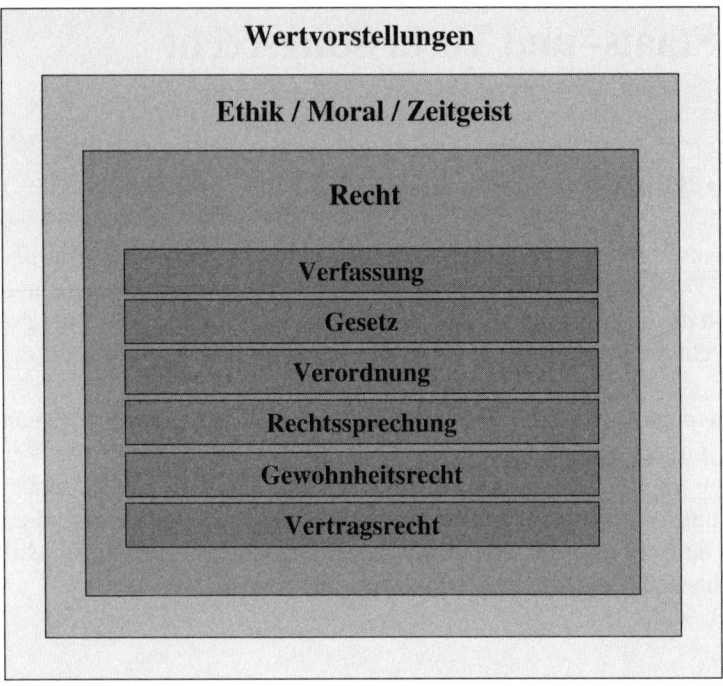

2.2 Verfassungsrecht

Die *Bundesverfassung der Schweizerischen Eidgenossenschaft (BV)* beinhaltet die wichtigsten Normen des schweizerischen Bundesstaatsrechts. Die wichtigsten von der Bundesverfassung geregelten Bereiche sind:

- Grundrechte, Bürgerrechte und Sozialziele
- Abgrenzung und Aufgabenteilung zwischen Bund, Kantonen und Gemeinden
- Volk und Stände
- Organisation der Bundesbehörden
- Revision der Verfassung

Die Bundesverfassung regelt diese Bereiche jedoch nur in den Grundzügen. Präzisiert und verwirklicht werden sie im Gesetzesrecht, das der Verfassung untergeordnet ist und dieser nicht widersprechen darf.

2.3 Gesetzesrecht

Gesetze enthalten Bestimmungen, die den Bürgern *Rechte* einräumen und *Pflichten* zuweisen. Bundesgesetze werden durch die Bundesversammlung erlassen und unterstehen dem vorgängigen fakultativen Volksreferendum. Sie enthalten unbefristet oder befristet geltende Rechtsnormen. Von der Bundesversammlung für dringlich erklärte Bundesgesetze können sofort in Kraft gesetzt werden und unterstehen einem nachträglichen Referendum.

2.4 Verordnungsrecht

Verordnungen sind dem Gesetzesrecht untergeordnete Normen. Sie konkretisieren das Gesetzesrecht und enthalten detaillierte Regelungen zu der betreffenden Materie. Gegen Verordnungen des Bundes kann kein Referendum ergriffen werden.

2.5 Völkerrecht

2.5.1 Europäische Menschenrechtskonvention (EMRK)

1974 ist die Schweiz der *Konvention zum Schutze der Menschenrechte und der Grundfreiheiten (EMRK)* beigetreten. Die materiellen Bestimmungen der Menschenrechtskonvention werden gemäss schweizerischer Lehre und Praxis dem Bundesverfassungsrecht gleichgestellt.

2.5.2 Staatsverträge

Viele Staatsverträge, welche die Schweiz ratifiziert hat, werden materiell dem Bundesrecht zugeordnet. Staatsverträge müssen von Bund und Kantonen beachtet werden (Art. 5 Abs. 4 BV).

2.5.3 Internationale Organisationen

Internationale Organisationen beruhen auf einem völkerrechtlichen Vertrag, der von mehreren Staaten abgeschlossen wird (multilateral). Der Beitritt der Schweiz zu einer internationalen Organisation (z.B. WIPO/OMPI, UNO, EU etc.) bedarf der Genehmigung durch die Bundesversammlung und untersteht dem fakultativen Referendum.

2.6 Gewohnheitsrecht

Gewohnheitsrecht bildet sich aus Sitten und Gebräuchen und stellt ungeschriebenes Recht dar. Für die Anerkennung einer gewohnheitsrechtlichen Regelung müssen drei Voraussetzungen erfüllt sein:

- Die gewohnheitsrechtliche Regelung muss auf einer langdauernden, ununterbrochenen und einheitlichen Praxis beruhen.

I. Staats- und Verfassungsrecht

- Die gewohnheitsrechtliche Regelung muss der Rechtsüberzeugung der rechtsanwendenden Behörde und der betroffenen Bürger entsprechen.
- Es muss eine Lücke im geschriebenen Recht vorliegen.

2.7 Richterrecht

Die Bundesverfassung wurde durch das Bundesgericht in vielen Bereichen weiterentwickelt. Soweit dabei Lücken der Verfassung geschlossen und unbestimmte Rechtsbegriffe konkretisiert werden, liegt richterliches Recht vor.

2.8 Übersicht

Rechtliche Vorschriften enthalten Normen, die einen bestimmten Inhalt aufweisen, sich an (natürliche oder juristische) Personen richten, eine bestimmte Form aufweisen (z.B. Gesetz), ein Verfahren festlegen und sich letztlich an die Medien richten.

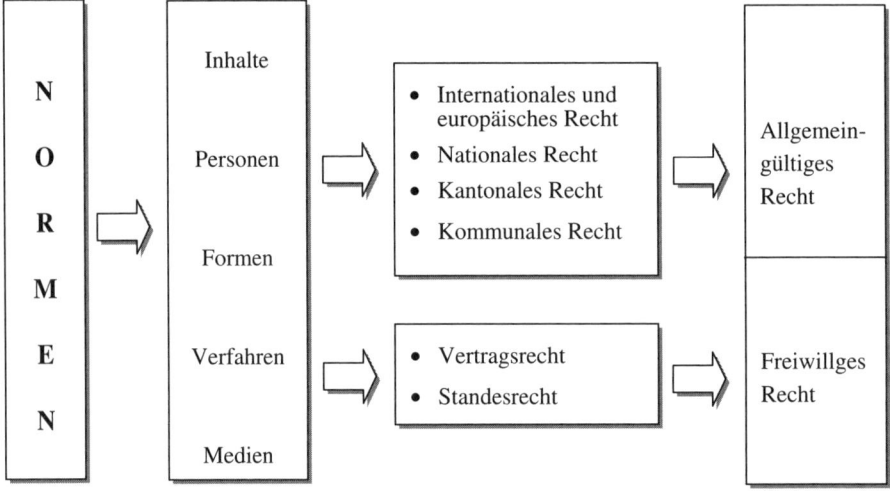

3. Verfassungsrechtliche Grundlagen im Medienbereich

3.1 Grundrechte im Allgemeinen

Grundlage jedes *demokratischen Rechtsstaates* sind die Grundrechte. Grundrechte sind die von der Verfassung und von der Europäischen Menschenrechtskonvention (EMRK) gewährleisteten Rechte, die den Einzelnen in seiner Freiheitssphäre vor Eingriffen des Staates schützen.

In der Schweiz werden die folgenden Grundrechte anerkannt:

Art. 7 BV	Menschenwürde
Art. 8 BV	Rechtsgleichheit
Art. 9 BV	Schutz vor Willkür und Wahrung von Treu und Glauben
Art. 10 BV	Recht auf Leben und persönliche Freiheit
Art. 11 BV	Schutz der Kinder und Jugendlichen
Art. 12 BV	Recht auf Hilfe in Notlagen
Art. 13 BV	Schutz der Privatsphäre
Art. 14 BV	Recht auf Ehe und Familie
Art. 15 BV	Glaubens- und Gewissensfreiheit
Art. 16 BV	Meinungs- und Informationsfreiheit
Art. 17 BV	Medienfreiheit
Art. 18 BV	Sprachenfreiheit
Art. 19 BV	Anspruch auf Grundschulunterricht
Art. 20 BV	Wissenschaftsfreiheit
Art. 21 BV	Kunstfreiheit
Art. 22 BV	Versammlungsfreiheit
Art. 23 BV	Vereinigungsfreiheit
Art. 24 BV	Niederlassungsfreiheit
Art. 25 BV	Schutz vor Ausweisung, Auslieferung und Ausschaffung
Art. 26 BV	Eigentumsgarantie
Art. 27 BV	Wirtschaftsfreiheit
Art. 28 BV	Koalitionsfreiheit
Art. 29 BV	Allgemeine Verfahrensgarantien

Grundrechte sind in ihrem *Kerngehalt* absolut geschützt. Dennoch dürfen Grundrechte zum Wohl der Allgemeinheit eingeschränkt werden. Der Eingriff muss sich allerdings auf eine *gesetzliche Grundlage* stützen sowie im *öffentlichen Interesse* erfolgen und darf *nicht unverhältnismässig* sein. Gerichte und Verwaltungsbehörden haben die Grundrechte zu gewährleisten und direkt anzuwenden.

I. Staats- und Verfassungsrecht

Im Folgenden werden die wichtigsten Grundrechte und verfassungsrechtlichen Grundlagen der Medien dargestellt.

3.2 Meinungs- und Informationsfreiheit

Art. 16 BV: Meinungs- und Informationsfreiheit
1. **Die Meinungs- und Informationsfreiheit ist gewährleistet.**
2. **Jede Person hat das Recht, ihre Meinung frei zu bilden und sie ungehindert zu äussern und zu verbreiten.**
3. **Jede Person hat das Recht, Informationen frei zu empfangen, aus allgemein zugänglichen Quellen zu beschaffen und zu verbreiten.**

Die Meinungs- und Informationsfreiheit beinhaltet das Recht auf freie *Meinungsbildung*, auf *Verbreitung* einer Meinung, auf *Entgegennahme* von Nachrichten und Meinungen sowie das Recht, sich aus *allgemein zugänglichen Quellen zu informieren*. Geschützt sind alle Mittel, die sich zur Kommunikation eignen: Wort, Schrift, künstlerische Ausdrucksformen, Radio, Fernsehen, Filme, Transparente, Lautsprecher etc. Geschützt wird die Gesamtheit menschlicher Gedanken, seien es Gefühle, Überlegungen, Meinungen, Informationen oder kommerzielle Äusserungen.

3.3 Medienfreiheit

Art. 17 BV: Medienfreiheit
1. **Die Freiheit von Presse, Radio und Fernsehen sowie anderer Formen der öffentlichen fernmeldetechnischen Verbreitung von Darbietungen und Informationen ist gewährleistet.**
2. **Zensur ist verboten.**
3. **Das Redaktionsgeheimnis ist gewährleistet.**

Die Medienfreiheit ist das Recht, seine Meinung ohne Einmischung seitens des Staates durch die Medien zu äussern und zu verbreiten. Art. 17 Abs. 2 BV untersagt die *Zensur*, d.h. die behördliche Kontrolle über den Inhalt eines Medienerzeugnisses. Das Zensurverbot umfasst sowohl die Vor- als auch die Nachzensur. Das *Redaktionsgeheimnis* (Art. 17 Abs. 3 BV) schützt die journalistischen Quellen; es ist gewahrt, wenn die Justizorgane keinen Zugriff auf die internen Bereiche der Medien und deren Redaktionen haben. Das Redaktionsgeheimnis wird durch das Zeugnisverweigerungsrecht konkretisiert (vgl. Teil III 5).

3.4 Radio und Fernsehen

Art. 93 BV: Radio und Fernsehen
1   Die Gesetzgebung über Radio und Fernsehen sowie über andere Formen der öffentlichen fernmeldetechnischen Verbreitung von Darbietungen und Informationen ist Sache des Bundes.
2   Radio und Fernsehen tragen zur Bildung und kulturellen Entfaltung, zur freien Meinungsbildung und zur Unterhaltung bei. Sie berücksichtigen die Besonderheiten des Landes und die Bedürfnisse der Kantone. Sie stellen die Ereignisse sachgerecht dar und bringen die Vielfalt der Ansichten angemessen zum Ausdruck.
3   Die Unabhängigkeit von Radio und Fernsehen sowie die Autonomie in der Programmgestaltung sind gewährleistet.
4   Auf die Stellung und die Aufgabe anderer Medien, vor allem der Presse, ist Rücksicht zu nehmen.
5   Programmbeschwerden können einer unabhängigen Beschwerdeinstanz vorgelegt werden.

Die Gesetzgebung über Radio und Fernsehen ist Sache des *Bundes*. Art. 93 BV hält die wichtigsten Grundsätze fest: Die *kulturelle Entfaltung*, die *freie Meinungsbildung* sowie die *Unterhaltung* der Zuhörerinnen und Zuschauer, wobei die Eigenheiten des Landes und die Bedürfnisse der Kantone zu berücksichtigen sind. Ereignisse sollen *sachgerecht* dargestellt und die *Meinungsvielfalt* angemessen zum Ausdruck gebracht werden. Die *Unabhängigkeit* von Radio und Fernsehen sowie die *Autonomie* in der *Gestaltung der Programme* werden garantiert. Art. 93 Abs. 5 BV bestimmt, dass eine *Unabhängige Beschwerdeinstanz für Radio und Fernsehen (UBI)* Programmbeschwerden beurteilt (vgl. zum Ganzen Teil VI).

3.5 Fernmeldewesen

Art. 92 BV: Post- und Fernmeldewesen
1   Das Post- und Fernmeldewesen ist Sache des Bundes.
2   Der Bund sorgt für eine ausreichende und preiswerte Grundversorgung mit Post- und Fernmeldediensten in allen Landesgegenden. Die Tarife werden nach einheitlichen Grundsätzen festgelegt.

Das Fernmeldewesen umfasst die fernmeldetechnische Übertragung von Informationen, die nicht an die Allgemeinheit gerichtet sind. Art. 92 Abs. 2 BV formuliert den Leistungsauftrag: Der Bund hat die Grundversorgung der Bevölkerung mit Fernmeldediensten sicherzustellen. Seit der Liberalisierung des Telekommunikationsmarktes per 1. Januar 1998 kann dieser Auftrag von privaten Unternehmen wahrgenommen werden.

4. Gesetzliche Grundlagen im Medienbereich

4.1 Allgemeines

In der Schweiz gibt es *kein Mediengesetz*, d.h. die anwendbaren gesetzlichen Bestimmungen sind in verschiedenen Erlassen geregelt. Die wichtigsten Vorschriften finden sich in den folgenden Gesetzen: Zivilgesetzbuch (ZGB), Obligationenrecht (OR), Strafgesetzbuch (StGB), Bundesgesetz über das Urheberrecht und verwandte Schutzrechte (URG), Bundesgesetz gegen den unlauteren Wettbewerb (UWG), Bundesgesetz über Kartelle und andere Wettbewerbsbeschränkungen (KG), Fernmeldegesetz (FMG), Bundesgesetz über den Datenschutz (DSG) sowie Radio- und Fernsehgesetz (RTVG).

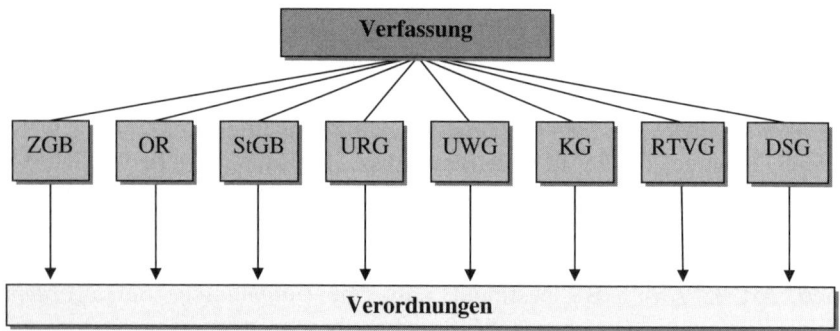

4.2 Persönlichkeitsschutz

Der *zivilrechtliche Persönlichkeitsschutz* ist in Art. 28 ff ZGB geregelt. Der in seiner Persönlichkeit widerrechtlich Verletzte kann gegen jeden, der an der Verletzung mitwirkt, eine Klage anstrengen. Er kann insbesondere auf die Feststellung und die Beseitigung der Verletzung sowie nach Art. 41, 49 und 423 OR auf Schadenersatz, Genugtuung und Herausgabe eines unrechtmässig erzielten Gewinns klagen (vgl. zum Ganzen Teil II 1–8).

Dem durch Tatsachendarstellungen in periodisch erscheinenden Medien in seiner Persönlichkeit unmittelbar Betroffenen steht gemäss Art. 28g ff ZGB das Recht auf *Gegendarstellung* zu (vgl. dazu Teil II 9).

Der strafrechtliche Persönlichkeitsschutz regelt in den Art. 173 ff StGB die Ehrverletzungsdelikte (Üble Nachrede, Verleumdung, Beschimpfung [vgl. zum Ganzen Teil III 2]).

4.3 Urheberrecht

Das *Urheberrecht (URG)* hält fest, was unter einem Werk zu verstehen ist und welche Rechte dem Urheber, d.h. den Journalistinnen und Journalisten, zustehen.

4.4 Wettbewerbsrecht

Das *Gesetz gegen den unlauteren Wettbewerb (UWG)* qualifiziert jedes täuschende oder in anderer Weise gegen den Grundsatz von Treu und Glauben verstossende Verhalten oder Geschäftsgebaren, welches den Wettbewerb beeinflusst, als unlauter und damit als wettbewerbswidrig (vgl. zum Ganzen Teil V 1).

Das *Kartellgesetz* bezweckt, volkswirtschaftlich oder sozial schädliche Auswirkungen von Kartellen und anderen Wettbewerbsbeschränkungen zu verhindern und damit den Wettbewerb im Interesse einer freiheitlichen marktwirtschaftlichen Ordnung zu fördern (vgl. zum Ganzen Teil V 2).

4.5 Radio- und Fernsehrecht

Das *Radio- und Fernsehrecht* regelt die Veranstaltung, die Aufbereitung, die Übertragung und den Empfang von Radio- und Fernsehprogrammen (vgl. zum Ganzen Teil VI).

4.6 Datenschutzrecht

Das *Datenschutzrecht (DSG)* bezweckt den Schutz der Persönlichkeit und der Grundrechte von Personen, über die Daten erarbeitet werden (vgl. zum Ganzen Teil VII).

4.7 Übersicht

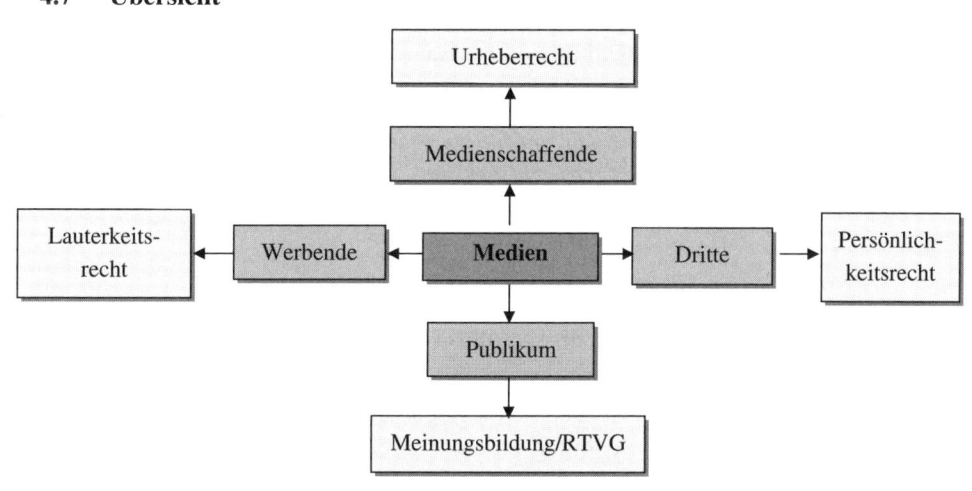

I. Staats- und Verfassungsrecht

Medieninhalte werden durch Journalistinnen und Journalisten geschaffen; das Urheberrecht gewährleistet den Schutz ihrer Werke. Medienschaffende berichten über Dritte, z.B. über Exponenten der Öffentlichkeit; wie weit die Berichterstattung über eine Person gehen darf besagt das Persönlichkeitsrecht. Das Publikum erhebt den Anspruch auf meinungsbildende Angebote und beruft sich dabei auf das Radio- und Fernsehrecht. Medien finanzieren sich zu einem grossen Teil über die Werbung; daher haben Journalistinnen und Journalisten die Bestimmungen des Lauterkeitsrechts zu beachten.

5. Information und Kommunikation der Behörden

Die Information der Öffentlichkeit über die Angelegenheiten der Bundesverwaltung ist Aufgabe der Generalsekretariate der jeweiligen Departemente. Die Generalsekretariate beraten die Departementschefin bzw. den Departementschef, halten Verbindung zu den ihnen untergeordneten Ämtern und koordinieren die departementale Information mit der Bundeskanzlei bzw. der Bundesratssprecherin oder dem Bundesratssprecher.

Die Rechtsgrundlage zur Informationstätigkeit der Bundesverwaltung findet sich im *Regierungs- und Verwaltungsorganisationsgesetz (RVOG)*:

> *Art. 10 RVOG: Information*
> [1] **Der Bundesrat gewährleistet die Information der Bundesversammlung, der Kantone und der Öffentlichkeit.**
> [2] **Er sorgt für eine einheitliche, frühzeitige und kontinuierliche Information über seine Lagebeurteilungen, Planungen, Entscheide und Vorkehren.**
> [3] **Vorbehalten bleiben die besonderen Bestimmungen zum Schutz überwiegender öffentlicher oder privater Interessen.**
>
> *Art. 10a RVOG: Bundesratssprecher oder Bundesratssprecherin*
> **Der Bundesrat bestimmt ein leitendes Mitglied der Bundeskanzlei als Bundesratssprecher oder -sprecherin. Dieser oder diese informiert im Auftrag des Bundesrates die Öffentlichkeit. Er oder sie koordiniert die Information zwischen dem Bundesrat und den Departementen.**
>
> *Art. 11 RVOG: Kommunikation mit der Öffentlichkeit*
> **Der Bundesrat pflegt die Beziehungen zur Öffentlichkeit und informiert sich über die in der öffentlichen Diskussion vorgebrachten Meinungen und Anliegen.**

Neben dieser allgemeinen Rechtsgrundlage enthalten diverse Gesetze *Spezialbestimmungen*, welche die Behörden zu einer direkten Informationstätigkeit verpflichten. So verpflichtet z.B. das Umweltschutzgesetz Fachstellen, Behörden und Private, über den Umweltschutz und den Stand der Umweltbelastung zu informieren und zu beraten.

6. Öffentlichkeitsprinzip

Die Informationsfreiheit (Art. 16 Abs. 3 BV), d.h. das Recht auf freien Zugriff auf Informationen, umfasste bis Juli 2006 nur das Recht des Einzelnen, sich aus allgemein zugänglichen Quellen zu informieren. Ein darüber hinausgehender Anspruch auf behördliche Information wurde in der Schweiz bis vor kurzem nicht anerkannt. Es galt das *Geheimhaltungsprinzip mit Öffentlichkeitsvorbehalt*, d.h. in der Schweiz war alles vertraulich, was nicht expressis verbis als öffentlich erklärt worden ist. Dieses Prinzip wurde aus Art. 320 StGB (Verletzung des Amtsgeheimnisses) in Verbindung mit den Beamtengesetzen, die in den meisten Fällen eine Amtsverschwiegenheit postulieren, abgeleitet.

Am 1. Juli 2006 ist das *Bundesgesetz über das Öffentlichkeitsprinzip der Verwaltung (BGÖ)* in Kraft getreten. Damit hat das Öffentlichkeitsprinzip mit Geheimhaltungsvorbehalt im Bund Einzug gehalten. Das Gesetz soll Transparenz in Bezug auf Auftrag, Organisation und Tätigkeit der Verwaltung herstellen, indem es den Zugang zu amtlichen Dokumenten gewährleistet, welche von der Bundesverwaltung erstellt wurden. Das Öffentlichkeitsprinzip gilt nicht für Beratungen und Sitzungsunterlagen der parlamentarischen Kommissionen und Delegationen. Für diese gilt weiterhin der Vertraulichkeitsgrundsatz.

Damit Bürgerinnen und Bürger Zugang zu amtlichen Dokumenten erhalten, müssen sie der zuständigen Behörde (Ausstellerin des Dokuments) ein hinreichend genau formuliertes Gesuch einreichen, zu welchem diese innerhalb von 20 Tagen Stellung nimmt. Wird der Zugang zu einem amtlichen Dokument eingeschränkt, aufgehoben oder verweigert, oder nimmt die Behörde zu einem Gesuch nicht fristgerecht Stellung, kann beim Eidgenössischen Datenschutz- und Öffentlichkeitsbeauftragten ein Schlichtungsantrag gestellt werden. Kommt keine Schlichtung zustande, kann die Gesuchstellerin bzw. der Gesuchsteller eine Beschwerde bei der Eidgenössischen Datenschutz- und Öffentlichkeitskommission einreichen, anschliessend an das Bundesgericht gelangen.

Der Zugang zu amtlichen Dokumenten wird unter gewissen, jedoch zahlreichen Gegebenheiten beschränkt, aufgeschoben oder verweigert (Ausnahmekatalog, Art. 7 und 8 BGÖ). Der Zugang wird insbesondere beschränkt, aufgeschoben oder verweigert, wenn durch seine Gewährung die Privatsphäre Dritter beeinträchtigt werden kann; ausnahmsweise kann aber das öffentliche Interesse am Zugang überwiegen. Zum Schutz der Betroffenen werden amtliche Dokumente mit Personendaten vor der Einsichtnahme nach Möglichkeit anonymisiert. Darüber hinaus erhalten Betroffene die Gelegenheit zur Stellungnahme, sofern die Behörde die Gewährung des Zugangs in Betracht zieht. Für den Zugang zu amtlichen Dokumenten wird in der Regel eine Gebühr erhoben.

7. Zusammenfassung

Das *Staats- und Verfassungsrecht* umfasst die rechtliche Grundordnung des Staates. Aufgrund der föderalen Struktur der Schweiz gibt es Bundesrecht, kantonales Recht und kommunales Recht. Zu den Rechtsquellen des Bundesrechts werden gezählt: die Bundesverfassung (BV), das Gesetzesrecht, das Verordnungsrecht, das Völkerrecht, das Gewohnheitsrecht und das Richterrecht.

Grundlage jedes demokratischen Rechtsstaates sind die *Grundrechte*. Die *Meinungs-, Informations- und Medienfreiheit* sind in ihrem Kern absolut geschützt. Dennoch dürfen diese Grundrechte zum Wohl der Allgemeinheit eingeschränkt werden (gesetzliche Grundlage, öffentliches Interesse, Verhältnismässigkeit). Im Bereich der elektronischen Medien hält die Bundesverfassung die wichtigsten Grundsätze fest.

In der Schweiz gibt es *kein Mediengesetz*, d.h. die anwendbaren gesetzlichen Bestimmungen sind in verschiedenen Erlassen geregelt. Die wichtigsten Vorschriften finden sich in den folgenden Gesetzen: Zivilgesetzbuch (ZGB), Obligationenrecht (OR), Strafgesetzbuch (StGB), Bundesgesetz über das Urheberrecht und verwandte Schutzrecht (URG), Bundesgesetz gegen den unlauteren Wettbewerb (UWG), Bundesgesetz über Kartelle und andere Wettbewerbsbeschränkungen (KG), Fernmeldegesetz (FMG), Bundesgesetz über den Datenschutz (DSG) sowie Radio- und Fernsehgesetz (RTVG).

Der Verwaltung kommt im Rechtsstaat eine bedeutende Stellung zu. Das am 1. Juli 2006 in Kraft getretene Bundesgesetz über das Öffentlichkeitsprinzip der Verwaltung (BGÖ) soll dazu beitragen, Transparenz bezüglich der Bundesverwaltung herzustellen und dadurch das Vertrauen in die Verwaltung zu stärken.

8. Repetitionsfragen zum Staats- und Verfassungsrecht

1. Welche Rechtsquellen des schweizerischen Bundesrechts gibt es?
2. Was versteht man unter „Richterrecht"?
3. Darf die Medienfreiheit eingeschränkt werden? Wenn ja, unter welchen Voraussetzungen?
4. Wo finden sich gesetzliche Bestimmungen zum Medienrecht?
5. Sind Dokumente aus der Bundesverwaltung in der Schweiz öffentlich zugänglich?

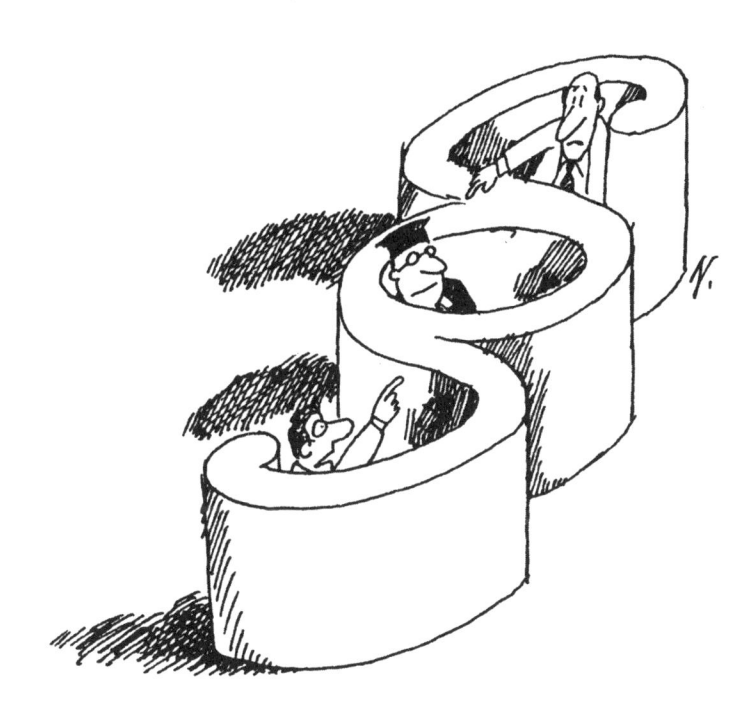

II. Zivilrechtlicher Persönlichkeitsschutz

II. Zivilrechtlicher Persönlichkeitsschutz

1. Grundsätze des Persönlichkeitsschutzes und deren Bedeutung für die Medien

Die technologische Entwicklung und die damit verbundene Möglichkeit zur weltweiten Kommunikation haben dazu geführt, dass der Einzelne leichter und rascher in seiner Persönlichkeit verletzt werden kann. Persönlichkeitsverletzungen durch die Medien geschehen in aller Öffentlichkeit, weshalb ihre Folgen oft schwerwiegend sind.

Presse, Radio und Fernsehen sowie die multimedialen Dienste (z.B. Internet) haben möglichst rasch und umfassend zu informieren. Beim Sammeln, Zusammentragen, Bewerten und Verbreiten von persönlichkeitsbezogenen Informationen können leicht Fehler entstehen, welche eine Persönlichkeitsverletzung zur Folge haben.

Die gesetzlichen Bestimmungen zum Persönlichkeitsschutz (Art. 27 ff ZGB) sind am 1. Juli 1985 in Kraft getreten und konkretisieren das Grundrecht der persönlichen Freiheit. Das Gesetz beschränkt sich auf eine *offen und allgemein formulierte Vorschrift,* die von allzu vielen Detailregelungen absieht. Der Gesetzgeber beabsichtigte damit, der Rechtsentwicklung im Hinblick auf kommende gesellschaftliche Veränderungen genügend Spielraum zu gewähren.

> *Art. 27 ZGB: Schutz der Persönlichkeit vor übermässiger Bindung*
> [1] Auf die Rechts- und Handlungsfähigkeit kann niemand ganz oder zum Teil verzichten.
> [2] Niemand kann sich seiner Freiheit entäussern oder sich in ihrem Gebrauch in einem das Recht oder die Sittlichkeit verletzenden Grade beschränken.
>
> *Art. 28 ZGB: Schutz der Persönlichkeit gegen Verletzungen*
> [1] Wer in seiner Persönlichkeit widerrechtlich verletzt wird, kann zu seinem Schutz gegen jeden, der an der Verletzung mitwirkt, das Gericht anrufen.
> [2] Eine Verletzung ist widerrechtlich, wenn sie nicht durch Einwilligung des Verletzten, durch ein überwiegendes privates oder öffentliches Interesse oder durch Gesetz gerechtfertigt ist.

II. Zivilrechtlicher Persönlichkeitsschutz

Art. 28a ZGB: Klage

¹ Der Kläger kann dem Gericht beantragen:
1. eine drohende Verletzung zu verbieten;
2. eine bestehende Verletzung zu beseitigen;
3. die Widerrechtlichkeit einer Verletzung festzustellen, wenn sich diese weiterhin störend auswirkt.

² Er kann insbesondere verlangen, dass eine Berichtigung oder das Urteil Dritten mitgeteilt oder veröffentlicht wird.

³ Vorbehalten bleiben die Klagen auf Schadenersatz und Genugtuung sowie auf Herausgabe eines Gewinns entsprechend den Bestimmungen über die Geschäftsführung ohne Auftrag.

Art. 28b ZGB: Aufgehoben

Art. 28c ZGB: Vorsorgliche Massnahmen, Voraussetzungen

¹ Wer glaubhaft macht, dass er in seiner Persönlichkeit widerrechtlich verletzt ist oder eine solche Verletzung befürchten muss und dass ihm aus der Verletzung ein nicht leicht wiedergutzumachender Nachteil droht, kann die Anordnung vorsorglicher Massnahmen verlangen.

² Das Gericht kann insbesondere:
1. die Verletzung vorsorglich verbieten oder beseitigen;
2. die notwendigen Massnahmen ergreifen, um Beweise zu sichern.

³ Eine Verletzung durch periodisch erscheinende Medien kann das Gericht jedoch nur dann vorsorglich verbieten oder beseitigen, wenn sie einen besonders schweren Nachteil verursachen kann, offensichtlich kein Rechtfertigungsgrund vorliegt und die Massnahme nicht unverhältnismässig erscheint.

Art. 28d ZGB: Verfahren

¹ Das Gericht gibt dem Gesuchsgegner Gelegenheit, sich zu äussern.

² Ist es jedoch wegen dringender Gefahr nicht mehr möglich, den Gesuchsgegner vorgängig anzuhören, so kann das Gericht schon auf Einreichung des Gesuchs hin Massnahmen vorläufig anordnen, es sei denn, der Gesuchsteller habe sein Gesuch offensichtlich hinausgezögert.

³ Kann eine vorsorgliche Massnahme dem Gesuchsgegner schaden, so kann das Gericht vom Gesuchsteller eine Sicherheitsleistung verlangen.

Art. 28e ZGB: Vollstreckung

¹ Vorsorgliche Massnahmen werden in allen Kantonen wie Urteile vollstreckt.

² Vorsorgliche Massnahmen, die angeordnet werden, bevor die Klage rechtshängig ist, fallen dahin, wenn der Gesuchsteller nicht innerhalb der vom Gericht festgesetzten Frist, spätestens aber innert 30 Tagen, Klage erhebt.

Art. 28f ZGB: Schadenersatz
1. Der Gesuchsteller hat den durch eine vorsorgliche Massnahme entstandenen Schaden zu ersetzen, wenn der Anspruch, für den sie bewilligt worden ist, nicht zu Recht bestanden hat; trifft ihn jedoch kein oder nur ein leichtes Verschulden, so kann das Gericht Begehren abweisen oder die Entschädigung herabsetzen.
2. Aufgehoben
3. Eine bestellte Sicherheit ist freizugeben, wenn feststeht, dass keine Schadenersatzklage erhoben wird; bei Ungewissheit setzt das Gericht Frist zur Klage.

2. Begriff der Persönlichkeit

Gegenstand des Persönlichkeitsschutzes ist die *Persönlichkeit*, d.h. *„der Einzelne als Geisteswesen und in seiner Einmaligkeit, mit der Gesamtheit seiner Anlagen und Tätigkeiten in der ihm eigenen Ausprägung"* (PETER JÄGGI). Die Persönlichkeit umfasst alle Eigenschaften und Werte, die einem Menschen mit Rücksicht auf sein Dasein, seine körperlichen, geistigen und sozialen Kräfte zustehen. Es ist Aufgabe der Rechtsprechung, den Begriff der Persönlichkeit auszulegen. Die Gerichte orientieren sich dabei an den gesellschaftlich anerkannten Werten.

3. Geschützte Rechtsgüter

3.1 Allgemeines

Persönlichkeitsgüter sind diejenigen Rechtsgüter, welche mit einer bestimmten Person fest verbunden sind. Dazu gehören *Leib und Leben, physische und psychische Integrität, Ehre, Privatsphäre etc.* Im Folgenden wird nur auf diejenigen Persönlichkeitsgüter eingegangen, die für die Medien besonders relevant sind.

3.2 Ehre

Der Schutz der Ehre umfasst das gesamte Ansehen einer Person. Im Gegensatz zum strafrechtlichen Schutz der Ehre, der nur das Ansehen eines Menschen als sittliche Person gewährleistet (vgl. Teil III 2.1), geht der zivilrechtliche Schutz gemäss Art. 28 ZGB weiter und schützt neben dem *sittlichen* auch das *berufliche* und das *gesellschaftliche* Ansehen der Person.

II. Zivilrechtlicher Persönlichkeitsschutz

3.3 Recht am eigenen Bild

Das Recht am eigenen Bild betrifft die *Veröffentlichung von Personenbildern* und bringt zum Ausdruck, dass niemand ohne seine vorgängige oder nachträgliche Zustimmung abgebildet werden darf. Unter Bildern werden Fotografien, Zeichnungen, Gemälde, Filmaufnahmen und dergleichen mehr verstanden.

Das Recht am eigenen Bild erfährt auch *Ausnahmen*: Bilder, auf denen eine Person als Beiwerk zu einer Landschaft, zu einer öffentlichen Örtlichkeit oder im Rahmen einer öffentlichen Veranstaltung erscheint, dürfen publiziert werden. Die abgebildete Person darf jedoch nicht im Mittelpunkt stehen oder aus der Menge hervorgehoben werden.

Unzulässig ist die Verwendung einer mit Einverständnis gemachten Aufnahme in einem ganz *anderen Zusammenhang* sowie die unerlaubte Verwendung des Bildes einer Person zu *Werbezwecken* (BGE 129 III 723 f; vgl. auch Teil IX 5.1). Das Recht am eigenen Bild schützt das Opfer eines Unglücks oder Verbrechens, die trauernden Angehörigen am offenen Grab eines Verstorbenen sowie Menschen bei Gefühlsausbrüchen, Ekstasen und Ähnlichem.

3.4 Recht am eigenen Wort

Das Recht am eigenen Wort besagt, dass jedermann selbst entscheiden soll, ob und wie er mit einer Äusserung an die Öffentlichkeit tritt. Dazu gehört insbesondere der Anspruch jedes Einzelnen, richtig *zitiert* zu werden (vergleiche in diesem Zusammenhang auch die Stellungnahme des Presserates vom 20. Januar 1996 i.S. „Verhalten bei verabredeten Interviews" sowie Teil X 2.1.4.c).

3.5 Recht an der eigenen Stimme

Analog zum Recht am eigenen Bild anerkennen Lehre und Rechtsprechung ein Recht an der eigenen Stimme. Ohne Einwilligung dürfen weder *Tonbandaufnahmen* gemacht, noch rechtmässig gemachte Tonaufnahmen durch Schnitte verändert werden. Das Recht an der eigenen Stimme setzt allerdings voraus, dass die Stimme *individualisierbar*, d.h. in ihrer Unverwechselbarkeit erkennbar ist (was z.B. bei berühmten Sängern der Fall sein dürfte).

3.6 Recht am eigenen Namen

Zu den wesentlichen Individualisierungsmerkmalen jeder Person gehört ihr Name. Der Schutz des Namens als Anwendungsfall des allgemeinen Persönlichkeitsschutzes hat in Art. 29 ZGB ausdrücklich Erwähnung gefunden. Geschützt wird nicht nur der im Zivilstandsregister eingetragene Name, sondern auch Pseudonyme, Monogramme, Familienwappen und dergleichen. Das Recht auf den eigenen Namen beinhaltet sowohl die richtige *Namensnennung* als auch den Schutz vor *Namensentstellung*.

4. Widerrechtlichkeit einer Persönlichkeitsverletzung

4.1 Wann liegt eine widerrechtliche Persönlichkeitsverletzung vor?

Ob das Ansehen einer Person durch eine medial verbreitete Äusserung verletzt ist, bestimmt sich unabhängig vom subjektiven Empfinden des Betroffenen nach einem objektiven Massstab. Vom Bundesgericht stammt die Formulierung, dass die Persönlichkeit dann verletzt ist, wenn das *gesellschaftliche Ansehen der Person vom Standpunkt des Durchschnittslesers, -zuhörers oder -zuschauers aus betrachtet als beeinträchtigt erscheint* (BGE 105 II 163 f; 100 II 179; 129 III 723). Dabei spielt der Rahmen der Medienäusserung eine bedeutende Rolle: Der Durchschnittsleser, -zuhörer oder -zuschauer wird beispielsweise aus Vorwürfen im Zusammenhang mit einer staatspolitischen Auseinandersetzung weniger rasch Rückschlüsse ziehen, die das Ansehen des Betroffenen mindern, als aus solchen, die dessen berufliches oder privates Verhalten betreffen. Das bedeutet, dass man bei der Prüfung, ob jemand in seiner Persönlichkeit verletzt ist, stets den *konkreten Einzelfall* und dessen Umstände betrachten muss; ein widerrechtlicher Eingriff in die Persönlichkeit kann nicht generell und anhand einer festen Regel beurteilt werden.

Immerhin muss einschränkend betont werden, dass nicht jede Beeinträchtigung der Persönlichkeit als Verletzung qualifiziert werden kann. Gemäss Bundesgericht ist die Persönlichkeit erst dann verletzt, wenn der Betroffene „*in einem falschen Licht erscheint*" bzw. wenn das Bild einer Person „*spürbar verfälscht*" wird (BGE 107 II 6; 105 II 165).

Eine persönlichkeitsverletzende Äusserung in Form einer wahren Tatsachenbehauptung ist grundsätzlich durch den Informationsauftrag der Medien gedeckt, ausser wenn der Geheim- oder Privatbereich tangiert ist oder die betroffene Person in unzulässiger Weise herabgesetzt wird, weil die Form der Darstellung unnötig verletzt. Dies ist z.B. der Fall, wenn länger zurückliegende Vorstrafen publik gemacht werden.

Die Publikation unwahrer Tatsachen ist in der Regel widerrechtlich. Nicht jede journalistische Unkorrektheit, Ungenauigkeit, Verallgemeinerung oder Verkürzung vermag jedoch eine Berichterstattung insgesamt als unwahr erscheinen zu lassen. Vielmehr ist eine unzutreffende Presseäusserung nur dann persönlichkeitsverletzend, wenn sie in wesentlichen Punkten nicht zutrifft und die betroffene Person dergestalt in einem falschen Licht zeigt bzw. ein spürbar verfälschtes Bild von ihr zeichnet, das sie im Ansehen der Mitmenschen empfindlich herabsetzt (BGE 129 III 529; BGE 129 III 51).

Es gibt auch Äusserungen, die überhaupt nicht persönlichkeitsverletzend sind, auch wenn sie unwahr sind: Von einem Grauhaarigen zu sagen, er sei blond, ist zwar falsch, stellt aber noch keine Verletzung dar. Problematisch ist die Veröffentlichung von Unwahrheiten mit dem Verweis, diese seien dem Medienunternehmen zugespielt worden. Das Medienunternehmen kann sich der Verantwortung für seine Berichterstattung nicht dadurch entziehen, indem es sich darauf beruft, es habe lediglich die Behauptung eines Informanten weitergegeben. Der Schutzanspruch des Verletzten richtet sich nämlich gegen *jeden*, der an der Verletzung mitgewirkt hat (BGE 123 III 363, 126 III 308, 126 III 165).

Meinungsäusserungen, Kommentare und Werturteile sind zulässig, sofern sie aufgrund des Sachverhalts, auf den sie sich beziehen, als vertretbar erscheinen (BGE 126 III 308).

4.2 Rechtfertigungsgründe

Art. 28 Abs. 2 ZGB besagt, dass eine Verletzung dann nicht widerrechtlich ist, wenn sie durch *Einwilligung des Verletzten*, durch *Gesetz* (Notwehr, Notstand oder pflichtgemässe Ausübung eines Amtes) oder durch ein *überwiegendes privates oder öffentliches Interesse* gerechtfertigt ist.

4.2.1 Einwilligung des Verletzten

Jedermann kann auf den gesetzlichen Schutz seiner Persönlichkeit verzichten, indem in den Eingriff (ausdrücklich oder konkludent) *eingewilligt* wird. So können z.B. Personenbilder vorbehaltlos veröffentlicht werden, wenn die Abgebildeten der Publikation zugestimmt haben.

4.2.2 Gesetzesvorschrift

Eine *Amts- oder Berufspflicht* sowie *Notwehr* und *Notstand* können eine Verletzung der Persönlichkeit ausnahmsweise rechtfertigen. Wer in Erfüllung einer gesetzlichen Pflicht und in gutem Glauben einen anderen eines unehrenhaften Verhaltens beschuldigt, das dessen Ruf schädigt, handelt nicht widerrechtlich (Art. 32 StGB). So darf z.B. ein Stadtrat Medienschaffende darüber informieren, dass Y als „Drahtzieher" von Krawallen in Präventivhaft genommen worden sei (BGE 108 IV 94). Da den Rechtfertigungsgründen Notwehr und Notstand im

Medienrecht nur geringe Bedeutung zukommt, wird auf diese Rechtsinstitute nicht weiter eingegangen.

4.2.3 Wahrung höherer Interessen

Der zentralste und wichtigste Rechtfertigungsgrund im Medienbereich ist, neben der Einwilligung, derjenige der Wahrung höherer Interessen. Den Medien kommt in der demokratischen, sozialen und kulturellen Kommunikation eine wichtige Kontroll- und Kritikfunktion zu. Aus diesem Grund ist bei einer an sich persönlichkeitsverletzenden Äusserung im Einzelfall stets zu prüfen, ob diese durch ein *öffentliches Interesse* gerechtfertigt ist und somit der Anspruch des Einzelnen auf *Wahrung seiner Persönlichkeit* hinter die Erfüllung der Informationsaufgabe der Medien zurückzutreten hat. Der Entscheid, ob eine Persönlichkeitsverletzung widerrechtlich oder gerechtfertigt ist, hängt daher von der Abwägung widerstreitender (öffentlicher und privater) Interessen ab (BGE 126 III 212).

Folgt man diesem Grundsatz, müssen Personen, die in der Öffentlichkeit (z.B. im Vorfeld politischer Wahlen) auftreten, dulden, dass sie in den Medien porträtiert und dass Aufnahmen ihrer Reden verbreitet werden.

a) Unterscheidung von Geheim-, Privat- und Öffentlichkeitsbereich

aa) Allgemeines

Die sog. *Sphärentheorie* soll die Entscheidung der Frage, ob infolge einer persönlichkeitsverletzenden Äusserung das private oder öffentliche Interesse überwiegt, erleichtern. Sie unterscheidet drei verschiedene Lebensbereiche: *den Geheim- oder Intimbereich, den Zwischen- oder Privatbereich und den Gemein- oder Öffentlichkeitsbereich.*

bb) Geheim- oder Intimbereich

Der Geheim- oder Intimbereich umfasst Tatsachen und Lebensvorgänge, die der Kenntnis anderer entzogen sein sollen mit Ausnahme jener Personen, denen die Tatsachen besonders anvertraut wurden. Zum Geheim- oder Intimbereich gehört daher, was der Betroffene geheim halten *will* (z.B. Daten über die Gesundheit, sexuelle Ausrichtung etc.).

II. Zivilrechtlicher Persönlichkeitsschutz

cc) Zwischen- oder Privatbereich

Dem Zwischen- oder Privatbereich werden alle Lebensvorgänge zugerechnet, die der Einzelne mit einem begrenzten, ihm eng verbundenen Personenkreis teilen will, z.B. mit Angehörigen, Freundinnen und Freunden sowie Bekannten. Was sich in diesem Kreis abspielt, ist zwar nicht geheim, da es einer grösseren Anzahl Personen bekannt ist; gleichwohl handelt es sich dabei aber um Lebenserscheinungen, die *nicht dazu bestimmt* sind, einer breiten Öffentlichkeit zugänglich gemacht zu werden (z.B. politische und religiöse Überzeugung, Vorstrafen, finanzielle Verhältnisse etc.).

dd) Gemein- oder Öffentlichkeitsbereich

In den Gemein- oder Öffentlichkeitsbereich fällt die Betätigung einer Person in der *Öffentlichkeit*, z.B. aufgrund persönlichen Auftretens an allgemein zugänglichen Orten und Veranstaltungen. Diese Tatsachen dürfen nicht nur von jedermann wahrgenommen, sondern auch verbreitet werden (Beispiel: Das Bild eines bekannten Sportlers an einem Turnier darf veröffentlicht werden).

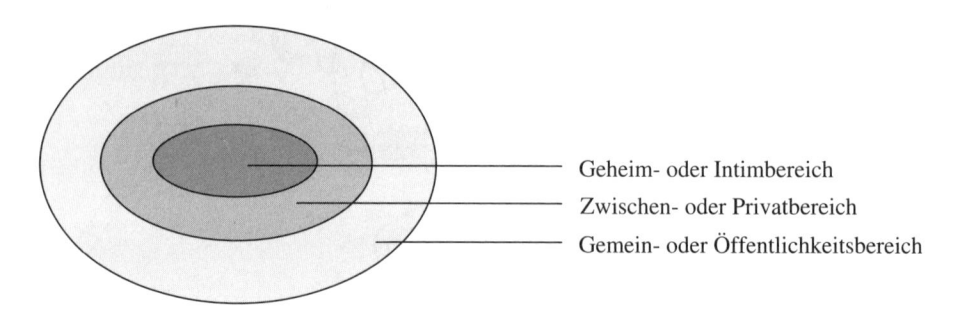

Geheim- oder Intimbereich
Zwischen- oder Privatbereich
Gemein- oder Öffentlichkeitsbereich

b) Unterscheidung von Amtsperson, Person der Zeitgeschichte und Privatperson

Bei der Prüfung des Rechtfertigungsgrundes des öffentlichen Interesses werden – wie erwähnt – die Umstände des Einzelfalles berücksichtigt. Zur Vereinfachung wird dabei eine weitere Unterscheidung in personaler Hinsicht vorgenommen: Man differenziert zwischen *Amtspersonen, Personen der Zeitgeschichte und Privatpersonen*. Diese Unterscheidung resultiert aus der Überzeugung, dass Personen des öffentlichen Lebens mehr Eingriffe in ihre Persönlichkeitsrechte zu tolerieren haben als andere. Die Grenzen der Zuordnung sind fliessend.

aa) Amtsperson

Amtspersonen sind *Exponenten der Politik*, d.h. Personen, die aufgrund eines öffentlichen Mandates im Zentrum des öffentlichen Interesses stehen. Neben gewählten Politikern werden in der Regel auch Spitzenbeamte zu den Amtspersonen gezählt.

bb) Person der Zeitgeschichte

Unter Personen der Zeitgeschichte werden Personen verstanden, welche die öffentliche Aufmerksamkeit auf sich ziehen. Der Begriff der Zeitgeschichte ist im Sinne von Zeitgeschehen zu verstehen. Aus Deutschland stammt die Unterscheidung in *absolute* und *relative* Personen der Zeitgeschichte.

Absolute Personen der Zeitgeschichte sind Personen, die unabhängig von Einzelereignissen im öffentlichen Leben stehen. Dabei ist insbesondere an Persönlichkeiten des wirtschaftlichen, kulturellen und religiösen Lebens zu denken, aber auch an Wissenschaftler von Rang, Schauspieler, Sportler etc.

Relative Personen der Zeitgeschichte sind diejenigen Personen, die aufgrund eines bestimmten, aktuellen Anlasses aus der Anonymität der Masse heraustreten. Es handelt sich dabei z.B. um leitende Polizeibeamte bei einem Weltwirtschaftsgipfel, um Verwandte und Begleitpersonen von Amtspersonen bzw. von Personen der Zeitgeschichte oder um Personen, die durch negatives Verhalten in der Öffentlichkeit aufgefallen sind (z.B. Straftäter, vgl. dazu Teil II 5.1).

cc) Privatperson

Als Privatperson wird bezeichnet, wer weder als Amtsperson noch als Person der Zeitgeschichte qualifiziert werden kann.

c) Zur Interessenabwägung

Je bekannter eine Person ist und je öffentlicher die Situation, in welcher sie auftritt, desto eher ist die Veröffentlichung persönlichkeitsbezogener Informationen rechtlich zulässig. Öffentliche Personen, insbesondere *Amtspersonen* und *Personen der Zeitgeschichte*, müssen daher dulden, dass im Zusammenhang mit ihrem die Öffentlichkeit interessierenden Auftreten eine Berichterstattung erfolgt. Im Bereich der Geheim- und Intimsphäre und je nach konkretem Fall auch im Bereich der Privatsphäre ist jedoch das Interesse des Betroffenen an der Nichtbekanntgabe eines ihn betreffenden Sachverhalts höher einzustufen als das öffentliche Informationsinteresse. Berichte und Bilder aus dem Intimbereich dürfen

II. Zivilrechtlicher Persönlichkeitsschutz

grundsätzlich überhaupt nicht veröffentlicht werden, Informationen aus dem Privatbereich nur, wenn im konkreten Einzelfall das öffentliche Interesse überwiegt.

Die Verbreitung von Bildern einer *Privatperson* in der Öffentlichkeit ist grundsätzlich unzulässig, es sei denn, die betroffene Person hat in die Aufnahme eingewilligt oder aber sie erscheint lediglich als Beiwerk einer Abbildung. Die Einwilligung kann ausdrücklich oder konkludent, z.B. durch bewusstes Posieren vor der Kamera, erteilt werden.

Da die Interessenabwägungsdiskussion nicht selten mit heiklen Grenzfällen konfrontiert ist, soll nachfolgende „Faustregel" im Einzelfall weiterhelfen.

+	Amtsperson	Person der Zeitgeschichte	Privatperson
	3	2	1
Öffentlicher Bereich 3	6	5	4
Zwischenbereich 2	5	4	3
Geheimbereich 1	4	3	2

Erläuterungen

Amtsperson	(je nach Funktion) grosses öffentliches Interesse
Person der Zeitgeschichte	öffentliches Interesse nur in Bezug auf den konkreten Einzelfall
Privatperson	geringes öffentliches Interesse

Auswertung der Punkte

6–5	Veröffentlichung unproblematisch
4	Veröffentlichung fraglich
3–2	Veröffentlichung ausgeschlossen

II. Zivilrechtlicher Persönlichkeitsschutz

Beispiele

1. Die Fotografie eines schlafenden Parlamentsmitglieds während der Ratssitzung stellt keine rechtswidrige Verletzung der Persönlichkeit dar, da ein „Staatsorgan" in Erfüllung seiner öffentlichen Aufgabe der Kontrolle des staatlichen Handelns durch die Öffentlichkeit unterliegt. Mangels konkreter Geheimhaltungsvorschriften muss hier das Persönlichkeitsrecht zurücktreten.
2. Das Foto eines Bundesrates, das heimlich aufgenommen wurde und ihn in den Ferien in Badehosen zeigt, darf nicht veröffentlicht werden.
3. Der Name eines Universitätsprofessors, der hinter anonymen Inseraten mit Abstimmungspropaganda steht, darf genannt werden.
4. Die Veröffentlichung von Bildern aus dem Privatleben von Caroline von Monaco (beim Einkaufen, Reiten, Tennisspielen usw.) ohne deren Einwilligung ist unzulässig, da die Bilder in keinem Zusammenhang mit einer öffentlichen Funktion der Prinzessin stehen (Urteil des EGMR, 3. Kammer, 24.6.2004, „Hannover c. Deutschland", Beschwerde Nr. 59320/00; deutsche Übersetzung in ZUM 2004, S. 651 ff).

II. Zivilrechtlicher Persönlichkeitsschutz

5. Einzelfragen

5.1 Prozessberichterstattung, Unglücksfälle und Verbrechen

Die identifizierende Berichterstattung im Rahmen von Gerichtsprozessen stellt nicht nur für den Betroffenen eine Beeinträchtigung seiner Persönlichkeit dar, sondern ist darüber hinaus aufgrund des *Prinzips der Unschuldsvermutung* (Art. 32 Abs. 1 BV; Art. 6 Ziff. 2 EMRK) problematisch. Name und Bild eines Angeklagten dürfen nur in ganz bedeutsamen Fällen bekannt gegeben werden (BGE 129 III 533), d.h. wenn es sich um ein Kapitalverbrechen handelt oder wenn der Betroffene eine Amtsperson bzw. Person der Zeitgeschichte ist und das vorgeworfene Delikt mit seiner Tätigkeit in einem sachlichen Zusammenhang steht (z.B. Berichterstattung über einen Kandidaten für ein öffentliches Rechnungsführeramt, der vor der Wahl wegen Betruges bedingt verurteilt wurde). Nach einer Verurteilung tritt das Informationsinteresse der Allgemeinheit mit zunehmender zeitlicher Distanz gegenüber dem Persönlichkeitsschutz zurück; auch eine straffällig gewordene Person hat ein Recht auf Privatsphäre und Wiedereingliederung (Resozialisierung) in die Gesellschaft.

Das Opfer eines Verbrechens geniesst aufgrund des *Opferhilfegesetzes* (OHG) einen verstärkten Persönlichkeitsschutz. Sein Name darf nur mit seinem Einverständnis oder im Interesse der Strafverfolgung publiziert werden.

5.2 Bildreportagen von Demonstrationen

Es bestand lange die Meinung, das Fotografieren und Filmen einer Demonstration bzw. einzelner Demonstrierenden sei zulässig, da diese mit ihrem Verhalten für ein Anliegen in der Öffentlichkeit einstehen und daher das Interesse der Öffentlichkeit bewusst auf sich ziehen. Da aber solche Bilder der Polizei zur Identifizierung und Strafverfolgung einzelner Exponenten dienen können, wird diese Meinung heute angezweifelt (vgl. in diesem Zusammenhang auch das Zeugnisverweigerungsrecht, Teil III 5).

Ebenso kann die Frage, inwieweit identifizierende Bildaufnahmen von Polizeieinsätzen zulässig sind, nicht eindeutig beantwortet werden. Wiederum bedarf es einer Abwägung des Interesses der Öffentlichkeit an Information (z.B. wie die Polizei vorgeht, was für Anzüge und Waffen getragen werden) und des Interesses in Bezug auf den Schutz der Persönlichkeit der einzelnen Polizeiangehörigen.

5.3 Falsche Zitate und fingierte Interviews

Da mit einer Aussage stets auch ein Stück Persönlichkeit preisgegeben wird, sind Eingriffe in das Recht am eigenen Wort rechtlich relevant und *falsche Zita-*

te widerrechtlich (unzulässig ist z.B. die Publikation eines fingierten Interviews). Das Recht am eigenen Wort ist nicht verletzt, wenn der oder die Betroffene in eine Änderung einwilligt, wobei damit in der Regel nur die Einwilligung in übliche Kürzungen erteilt, nicht aber einer beliebigen Veränderung zugestimmt wird.

5.4 Fotomontagen und heimliche Aufnahmen

Fotomontagen, welche die Ehre oder Privatsphäre einer Person tangieren, und heimlich gemachte Bilder sind unzulässig. Es gilt auch hier der Grundsatz der Einwilligung, wobei Amtspersonen und Personen der Zeitgeschichte mehr Eingriffe in ihre Persönlichkeit dulden müssen als Privatpersonen.

Heimliche Aufnahmen sind unter äusserst restriktiven Bedingungen dann zulässig, wenn die Abgebildeten nicht erkennbar sind, d.h. mit Augenbalken oder künstlicher Unschärfe unkenntlich gemacht werden. Für eine Persönlichkeitsverletzung reicht es jedoch aus, wenn nähere Bekannte (Familienangehörige, Freundinnen und Freunde, Nachbarn oder Arbeitskolleginnen und -kollegen) die Abgebildeten identifizieren können.

5.5 Satire

Satire, die definitionsgemäss zum Ziel hat, die Wirklichkeit zu verzerren, zu verfremden und zu übersteigern, muss hingenommen werden, auch wenn sie im Einzelfall möglicherweise als taktlos oder übertrieben empfunden wird. Satire kann nur unter restriktiven Voraussetzungen eine widerrechtliche Persönlichkeitsverletzung darstellen, nämlich dann, wenn sie die Grenzen des Genres in unerträglichem Mass überschreitet (zur Satire vgl. Entscheid der UBI b.302 vom 1. Dezember 1995; Stellungnahme des Presserates vom 7. November 1996 i.S. „medienethische Grenzen satirischer Medienbeiträge"; Urteil des Obergerichts des Kantons Zürich vom 31. Januar 2003 i.S. Knie-Fotomontage [SB020136/U]).

5.6 Online-Journalismus

Internet- und andere Online-Publikationen können den gleichen Zweck verfolgen wie die klassischen Medien: Sie dienen der Informationsvermittlung und richten sich an die Öffentlichkeit. Aus diesem Grund gelten die Regeln zum Persönlichkeitsschutz für den Online-Bereich gleichermassen wie für die Presse bzw. Radio und Fernsehen.

6. Subjekt des Persönlichkeitsschutzes

6.1 Aktivlegitimation

Eine Klage auf Persönlichkeitsverletzung kann von jedermann geltend gemacht werden, der sich in seiner Persönlichkeit verletzt fühlt *(Aktivlegitimiert = Klägerin/Kläger)*. Das gilt für *natürliche* wie auch für *juristische Personen*. Nicht rechtsfähige Personenmehrheiten (ein Verwaltungsrat, eine Regierung, eine ethische oder soziale Gruppe, welche rechtlich nicht weiter organisiert ist) sind nicht klagelegitimiert; die *einzelnen Mitglieder* solcher Personenmehrheiten können jedoch Klage einreichen.

Umstritten ist die Frage, inwieweit auch einem Verstorbenen Persönlichkeitsrechte zukommen. Das Bundesgericht verneint (anders als in Deutschland) einen sog. *postmortalen Persönlichkeitsschutz*. Jedoch können nahe Angehörige eine Verletzung ihres eigenen Persönlichkeitsrechts geltend machen, wenn die Verletzung in einem gewissen Umfang auch die Wahrung des Ansehens des Verstorbenen umfasst. Die Verletzung der Persönlichkeit eines Verstorbenen kann somit zugleich auch die Persönlichkeitsrechte eines nahen Verwandten oder Bekannten verletzen (BGE 129 I 302).

6.2 Passivlegitimation

Eine Klage auf Persönlichkeitsverletzung richtet sich in erster Linie gegen den Urheber einer Verletzung, d.h. diejenige Person, von der die verletzende Handlung ausgeht *(Passivlegitimiert = Beklagte/Beklagter)*. Persönlichkeitsverletzungen durch die Medien werden in der Regel von mehreren Personen begangen, weshalb *alle* Personen, die an der Verletzung mitwirken, diese dulden oder begünstigen, beklagt werden können. Neben dem Verfasser eines persönlichkeitsverletzenden Artikels können daher auch der verantwortliche Redaktor, die Verlegerin oder das Medienunternehmen selbst beklagt werden.

7. Sanktionen bei einer widerrechtlichen Persönlichkeitsverletzung

Wer in seiner Persönlichkeit widerrechtlich verletzt wird – sei es durch eine tatsächlich eingetretene oder bloss drohende Verletzung – kann zu seinem Schutz gegen jeden, der an der Verletzung mitwirkt, das Gericht anrufen. Art. 28a Abs. 1 ZGB enthält verschiedene Arten von Klagen, mit denen die Persönlichkeitsrechte geltend gemacht werden. Es sind dies die *Unterlassungs-, die Beseitigungs- und die Feststellungsklage*, sowie *Klage auf Berichtigung und Urteils-*

publikation. In seinem Absatz 3 verweist Art. 28a ZGB zudem auf die Klagen auf *Schadenersatz, Genugtuung* und *Gewinnherausgabe*.

7.1 Unterlassungsklage

Der Unterlassungsanspruch kann geltend gemacht werden, sobald eine Person von einer *Störung bedroht* wird. Die bedrohte Person kann vom Gericht verlangen, dass der Urheber der Verletzung unter Androhung strafrechtlicher Folgen (Art. 292 StGB) angehalten wird, die störende Handlung zu unterlassen (Art. 28a Abs. 1 Ziff. 1 ZGB).

7.2 Beseitigungsklage

Dauert eine Störung der Persönlichkeit an, so steht der betroffenen Person ein Beseitigungsanspruch zu. Sie kann beim Gericht beantragen, dass die noch bestehende Verletzung beseitigt werde (Art. 28a Abs. 1 Ziff. 2 ZGB).

7.3 Feststellungsklage

Ist eine *Persönlichkeitsverletzung bereits eingetreten*, kann das Opfer dennoch ein Interesse daran haben, die mit der Verletzungshandlung verbundenen oder noch weiter andauernden Störungen zu beenden; in diesem Fall kann der Verletzte beim Gericht auf Feststellung der Persönlichkeitsverletzung klagen (Art. 28a Abs. 1 Ziff. 2 ZGB).

7.4 Klage auf Berichtigung und Urteilspublikation

Die Berichtigung und die Urteilspublikation (Art. 28a Abs. 2 ZGB) *bezwecken die Beseitigung eines Störungszustandes* infolge einer Persönlichkeitsverletzung. Mittels einer Berichtigung wird der objektiv richtige Sachverhalt einer nachweislich unrichtigen Veröffentlichung bekannt gegeben. Die Veröffentlichung der Berichtigung erfolgt durch die Medien oder durch das Gericht selbst. Die Publikation einer Berichtigung ist oft das adäquateste Mittel, um einen Störungszustand zu beseitigen.

Mit dem Begehren um Urteilspublikation kann der in seiner Persönlichkeit Verletzte verlangen, dass ein Teil des Urteilstextes oder das Urteilsdispositiv des gegen den Beklagten ergangenen Urteils veröffentlicht wird.

II. Zivilrechtlicher Persönlichkeitsschutz

7.5 Schadenersatz, Genugtuung, Gewinnherausgabe

Gemäss Art. 28a Abs. 3 ZGB hat der Verletzte die Möglichkeit, zusätzlich zu den Klagen zum Schutz der Persönlichkeit (vgl. Teil II 7.1–7.4) *Schadenersatz* und *Genugtuung* geltend zu machen sowie auf die *Herausgabe eines Gewinns* zu klagen (Art. 41, 49, 423 OR). Im Gegensatz zur Unterlassungs-, Beseitigungs- und Feststellungsklage, bei denen das Vorliegen einer widerrechtlichen Verletzung genügt, wird für Schadenersatz und Genugtuung (jedoch nicht bei der Gewinnherausgabe) ein *Schaden* und ein *Verschulden* seitens des Beklagten vorausgesetzt.

Schadenersatz (Art. 41 OR) kann dann geltend gemacht werden, wenn der Verletzte infolge der Persönlichkeitsverletzung in kausalem Zusammenhang einen wirtschaftlich messbaren *Schaden* erleidet (z.B. Vermögensverminderung, Lohneinbusse). Darüber hinaus muss dem Beklagten ein *Verschulden* nachgewiesen werden, d.h. es ist zu beweisen, dass der Beklagte die Persönlichkeitsverletzung *absichtlich* oder *fahrlässig* (d.h. aufgrund mangelnder Sorgfalt) herbeigeführt hat.

Im Herbst 2004 lastete die Zeitschrift „Cash" einem Banker in einer dreiteiligen Arikelserie dubiose Geschäfte an. Der betroffene Banker hatte kurz vor Erscheinen der Artikelserie seine Stelle gekündet und konnte infolge der diffamierenden Berichterstattung eine neue, ihm in Aussicht gestellte Stelle nicht antreten. Das Bundesgericht stellte eine Persönlichkeitsverletzung fest und verurteilte Ringier AG, die Herausgeberin der Zeitschrift „Cash", zur Zahlung von CHF 1,12 Mio. für entgangenen Gewinn (BGE 123 III 385 und Entscheid 5C.57/2004 vom 2. September 2004).

Bei *besonders schweren Persönlichkeitsverletzungen* hat der Geschädigte infolge eines seelischen (immateriellen) Schadens Anspruch auf eine Geldsumme zur *Genugtuung* (Art. 49 OR). In der Schweiz fallen Genugtuungszahlungen an Opfer einer persönlichkeitsverletzenden Berichterstattung verhältnismässig klein aus.

Bei der *Herausgabe eines Gewinns* (Art. 423 OR) kann der durch die Persönlichkeitsverletzung erzielte Nettogewinn (Steigerung der Auflage) abgeschöpft werden. Bei der Ermittlung des Gewinns ist gemäss einem jüngeren Bundesgerichtsentscheids nicht die jeweilige Tagesauflage massgebend, sondern die längerfristige Informationsstrategie eines Mediums, wenn damit durch „permanente persönlichkeitsrechtliche Gratwanderungen" die Neugier des Publikums geweckt und so die Absätze gesteigert werden (BGE 5C.66/2006 vom 7.12.2006, vgl. auch NZZ Nr. 97 vom 27.4.2007).

8. Vorsorgliche Massnahmen

8.1 Verfahren

Wer glaubhaft darlegt, dass er in seiner Persönlichkeit verletzt ist oder eine solche Verletzung befürchten muss und dass ihm aus der Verletzung ein *nicht wiedergutzumachender Nachteil* droht, kann durch das Gericht die Anordnung vorsorglicher Massnahmen verlangen (Art. 28c ff OR). Vorsorgliche Massnahmen sichern einer Person bis zur Fällung des Endurteils einen vorläufigen (d.h. provisorischen) Rechtsschutz zu.

Die Möglichkeit, eine vorsorgliche Massnahme zu verfügen, wurde zugunsten der periodisch erscheinenden Medien erheblich eingeschränkt (Art. 28c Abs. 3 ZGB). Das Gericht kann einen Beitrag nur dann vorsorglich verbieten, wenn der drohende Nachteil (1) *besonders schwer* wiegt, (2) offensichtlich *kein Rechtfertigungsgrund* vorliegt (Einwilligung, Gesetz oder öffentliches Interesse) und (3) die *Massnahme nicht unverhältnismässig* ist. Mit dieser Bestimmung wollte man der Gefahr eines Missbrauchs vorbeugen, da vorsorgliche Massnahmen regelmässig einen schweren Eingriff in die Medienfreiheit darstellen, der einer Zensurierung gleichkommen kann.

Das Gericht hat im Falle eines Gesuchs um vorsorgliche Massnahmen zwei Möglichkeiten, diese anzuordnen. Einerseits kann es eine provisorische, andererseits eine superprovisorische Massnahme verfügen. Bei der *provisorischen Massnahme* erlauben es die Zeitverhältnisse, den Verursacher der Verletzung kurz um eine Stellungnahme anzugehen; bei der *superprovisorischen Massnahme* ordnet das Gericht aus Dringlichkeitsgründen ohne vorgängige Anhörung der Parteien eine vorsorgliche Massnahme an (sog. superprovisorische Verfügung).

II. Zivilrechtlicher Persönlichkeitsschutz

8.2 Überblick

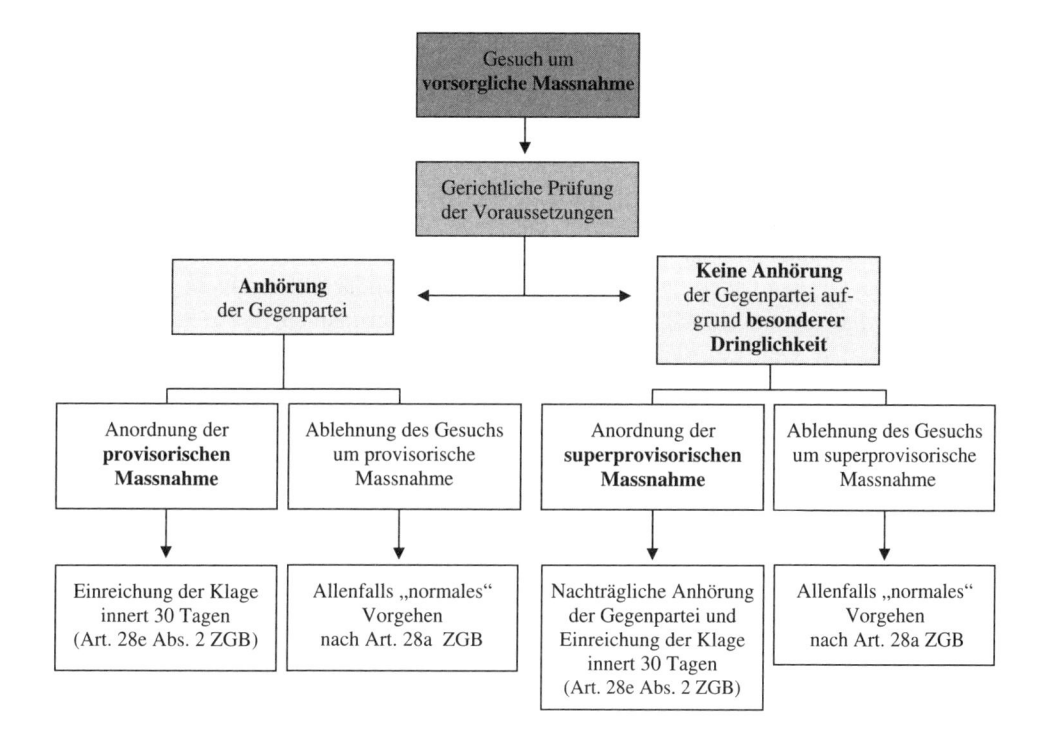

```
                    ┌─────────────────────┐
                    │ Gesuch um           │
                    │ vorsorgliche Massnahme │
                    └──────────┬──────────┘
                               ▼
                    ┌─────────────────────┐
                    │ Gerichtliche Prüfung │
                    │ der Voraussetzungen │
                    └──────────┬──────────┘
           ┌───────────────────┴───────────────────┐
           ▼                                       ▼
  ┌─────────────────┐                   ┌─────────────────────┐
  │   Anhörung      │◄─────────────────►│ Keine Anhörung      │
  │ der Gegenpartei │                   │ der Gegenpartei auf-│
  │                 │                   │ grund besonderer    │
  │                 │                   │ Dringlichkeit       │
  └────────┬────────┘                   └──────────┬──────────┘
       ┌───┴───┐                              ┌────┴────┐
       ▼       ▼                              ▼         ▼
```

Anordnung der **provisorischen** Massnahme	Ablehnung des Gesuchs um provisorische Massnahme	Anordnung der **superprovisorischen** Massnahme	Ablehnung des Gesuchs um superprovisorische Massnahme
Einreichung der Klage innert 30 Tagen (Art. 28e Abs. 2 ZGB)	Allenfalls „normales" Vorgehen nach Art. 28a ZGB	Nachträgliche Anhörung der Gegenpartei und Einreichung der Klage innert 30 Tagen (Art. 28e Abs. 2 ZGB)	Allenfalls „normales" Vorgehen nach Art. 28a ZGB

9. Recht auf Gegendarstellung

9.1 Allgemeines

Das Recht auf Gegendarstellung ist ein *Element des Persönlichkeitsschutzes*. Es dient dem durch *Tatsachenbehauptungen* in *periodisch erscheinenden Medien unmittelbar Betroffenen* als Sofortmassnahme zur Verteidigung seiner Persönlichkeit. Dem Betroffenen wird das erzwingbare Recht eingeräumt, im gleichen Medium, von dem der diffamierende Beitrag ausgegangen ist, zu Wort zu kommen, um die Sachlage aus seiner Sicht darzustellen und somit die Aussage des Mediums zu *neutralisieren*. Damit will das Gegendarstellungsrecht *Waffengleichheit* im Meinungskampf zwischen Medienunternehmen und Betroffenem erreichen. Die Gegendarstellung sagt nichts über die Wahrheit oder Unwahrheit der Erstmitteilung aus; sie ist auch nicht als Eingeständnis des betreffenden Medienunternehmens zu werten, einen Fehler begangen zu haben.

Die Durchsetzung der Gegendarstellung erfolgt *ohne Inanspruchnahme der Justiz*. Erst bei Verweigerung des Anspruchs seitens des Medienunternehmens bzw. bei nicht gesetzeskonformer Publikation wird das Gericht angerufen.

Das Gegendarstellungsrecht wurde erlassen, weil bei einer Persönlichkeitsverletzung der gerichtliche Weg oft nicht den angestrebten Erfolg zeitigt. Ein Verfahren vor dem Gericht dauert in der Regel einige Monate, was im schnelllebigen Medienbereich teilweise als unbefriedigend empfunden wird.

> *Art. 28g ZGB: Recht auf Gegendarstellung, Grundsatz*
> [1] Wer durch Tatsachendarstellungen in periodisch erscheinenden Medien, insbesondere Presse, Radio und Fernsehen, in seiner Persönlichkeit unmittelbar betroffen ist, hat Anspruch auf Gegendarstellung.
> [2] Kein Anspruch auf Gegendarstellung besteht, wenn über öffentliche Verhandlungen einer Behörde wahrheitsgetreu berichtet wurde und die betroffene Person an den Verhandlungen teilgenommen hat.
>
> *Art. 28h ZGB: Form und Inhalt*
> [1] Der Text der Gegendarstellung ist in knapper Form auf den Gegenstand der beanstandeten Darstellung zu beschränken.
> [2] Die Gegendarstellung kann verweigert werden, wenn sie offensichtlich unrichtig ist oder wenn sie gegen das Recht oder die guten Sitten verstösst.

Art. 28i ZGB: Verfahren
1 Der Betroffene muss den Text der Gegendarstellung innert 20 Tagen, nachdem er von der beanstandeten Tatsachendarstellung Kenntnis erhalten hat, spätestens jedoch drei Monate nach der Verbreitung, an das Medienunternehmen absenden.
2 Das Medienunternehmen teilt dem Betroffenen unverzüglich mit, wann es die Gegendarstellung veröffentlicht oder weshalb es sie zurückweist.

Art. 28k ZGB: Veröffentlichung
1 Die Gegendarstellung ist sobald als möglich zu veröffentlichen, und zwar so, dass sie den gleichen Personenkreis wie die beanstandete Tatsachendarstellung erreicht.
2 Die Gegendarstellung ist als solche zu kennzeichnen; das Medienunternehmen darf dazu nur die Erklärung beifügen, ob es an seiner Tatsachendarstellung festhält oder auf welche Quellen es sich stützt.
3 Die Veröffentlichung der Gegendarstellung erfolgt kostenlos.

Art. 28l ZGB: Anrufung des Gerichts
1 Verhindert das Medienunternehmen die Ausübung des Gegendarstellungsrechts, verweigert es die Gegendarstellung oder veröffentlicht es diese nicht korrekt, so kann der Betroffene das Gericht anrufen.
2 Aufgehoben
3 Das Gericht entscheidet unverzüglich aufgrund der verfügbaren Beweismittel.
4 Rechtsmittel haben keine aufschiebende Wirkung.

9.2 Grundsätze des Gegendarstellungsrechts

Art. 28g ZGB umschreibt in *sachlicher* und *persönlicher* Hinsicht die Voraussetzungen zum Recht auf Gegendarstellung: „Wer durch Tatsachendarstellungen in periodisch erscheinenden Medien, insbesondere Presse, Radio und Fernsehen, in seiner Persönlichkeit unmittelbar betroffen ist, hat Anspruch auf Gegendarstellung". Verlangt werden also drei Voraussetzungen:

1. Tatsachendarstellung
2. Veröffentlichung in einem periodisch erscheinenden Medium
3. Unmittelbare Betroffenheit der Persönlichkeit

9.2.1 Tatsachendarstellung

Als Tatsachendarstellung gilt alles, was der *Beweisführung zugänglich* und *objektiv feststellbar* ist. Damit sind nicht nur Äusserungen im eigentlichen Sinne gemeint, sondern auch Andeutungen, die der Durchschnittsbetrachter mit einer bestimmten Person in Verbindung bringt. Nicht gegendarstellungsfähig sind Kommentare, Wertungen, Werturteile, blosse Vermutungen oder Voraussagen über zukünftige Ereignisse.

Radio- und Fernsehbeiträge, journalistisch aufbereitete Meldungen auf dem Internet sowie Fotografien und Zeichnungen sind ebenfalls gegendarstellungsfähig. Erforderlich ist stets, dass sich die gegendarstellungsfähige Tatsache direkt aus der fraglichen Darstellung ergibt. Das Medienunternehmen hat auch Gegendarstellungen zu publizieren, die sich auf Äusserungen von Dritten beziehen, z.B. auf einen Leserbrief oder auf ein Inserat. Eine Gegendarstellung zu einer Gegendarstellung ist grundsätzlich ausgeschlossen, da die Medien nicht dazu missbraucht werden sollen, beliebige Wiederholungen umstrittener Sachverhaltsversionen wiederzugeben.

9.2.2 Periodisch erscheinende Medien

Eine Gegendarstellung ist gemäss Art. 28g ZGB nur gegenüber „periodisch erscheinenden Medien, insbesondere Presse, Radio und Fernsehen", durchsetzbar. Die Liste der in Art. 28g ZGB aufgeführten Medien ist nicht abschliessend. Gemeint sind alle an die Öffentlichkeit gerichteten oder der Öffentlichkeit zugänglichen Kommunikationsmittel, d.h., dass z.B. auch eine Meldung im Teletext oder im Internet gegendarstellungsfähig ist.

Entscheidend ist die *Periodizität* (tägliches, wöchentliches, monatliches Erscheinen) eines Beitrages, d.h., dass sich ein Medium in mehr oder weniger regelmässigen Abständen an ein relativ gleiches Publikum wendet. Bei über das Internet verbreiteten Inhalten ist das Merkmal der Periodizität erfüllt, wenn der Inhalt der betreffenden Web-Site regelmässig überarbeitet wird.

9.2.3 Unmittelbare Betroffenheit der Persönlichkeit

Um eine Gegendarstellung zu erwirken, muss die Persönlichkeit *unmittelbar betroffen* sein. Das bedeutet, dass die Tatsachendarstellung das Persönlichkeitsrecht *direkt berühren* muss. Immerhin hat das Bundesgericht festgehalten, dass nicht *jedes* Berührtsein genügt, da es nicht darum gehen kann, jeder veröffentlichten Sachdarstellung die eigene Version gegenüberzustellen. Eine Betroffenheit, die zu einer Gegendarstellung berechtigt, liegt nur dann vor, wenn die Tatsachendarstellung in der Öffentlichkeit ein *ungünstiges Bild* der angesprochenen Person erweckt oder sie im *Zwielicht* erscheinen lässt. Die beanstandete Äusserung muss daher die Persönlichkeit nicht *verletzen*, sondern lediglich geeignet sein, ein persönlichkeitsgeschütztes Rechtsgut zu *beeinträchtigen*.

Kein Anspruch auf Gegendarstellung besteht, wenn über *öffentliche Verhandlungen einer Behörde* (z.B. Parlament, Gericht) wahrheitsgetreu berichtet wird und der Betroffene an diesen Verhandlungen teilgenommen hat (Art. 28g Abs. 2 ZGB).

9.3 Form und Inhalt

Die Gegendarstellung hat in *knapper Form* zu erfolgen und soll sich auf die *beanstandete Darstellung* beschränken (Art. 28h ZGB). Letzteres bedeutet, dass die in der Gegendarstellung angeführten Tatsachen zu denjenigen, die vom Medium behauptet worden sind, in einem direkten Zusammenhang stehen müssen. Weitergehende Ausführungen sind unzulässig.

Wie erwähnt sind auch *Bilder, Fotografien* u.Ä. gegendarstellungsfähig. Auf ein Bild, das in einem periodisch erscheinenden Medium eine Tatsachenbehauptung verbreitet, kann mit einem Bild als Gegendarstellung reagiert werden. Voraussetzung ist allerdings, dass die bildliche Darstellung für die Gegendarstellung unerlässlich, mithin geeignet und erforderlich ist. Die Gegendarstellung in Form eines Bildes muss immer eine der Tatsachenbehauptung der veröffentlichten Aufnahme entgegengesetzte Tatsachenbehauptung enthalten (BGE 130 III 12). Zulässig wäre z.B. die Gegendarstellung der „richtigen" Fotografie als Reaktion auf eine verletzende Fotomontage.

Die Veröffentlichung der Gegendarstellung kann seitens des Medienunternehmens aus zwei Gründen verweigert werden (Art. 28h Abs. 2 ZGB). Einerseits bei einer offensichtlich unrichtigen Gegendarstellung. Erforderlich ist in diesem Fall, dass das Medienunternehmen sofort und auf unwiderlegbare Art die offensichtliche Unrichtigkeit aufzudecken vermag. Andererseits ist die Verweigerung der Publikation bei einer gegen die guten Sitten verstossenden Gegendarstellung möglich. So ist beispielsweise die Berufung auf das Gegendarstellungsrecht rechtsmissbräuchlich, wenn der Betroffene im fraglichen Medium bereits Gelegenheit hatte, seine Sicht der Dinge darzulegen (z.B. in einem Interview), oder wenn die Gegendarstellung zu reinen Werbezwecken verwendet wird (BGE 120 II 273).

Für das Verfassen einer Gegendarstellung kann folgendes Schema hilfreich sein:

- Überschrift: „Gegendarstellung"
- Präzise Bezeichnung der beanstandeten Ausgangsmeldung (Erscheinungsort, Datum, Seitenzahl, eventuell Verfasser)
- Knappe Zusammenfassung der beanstandeten Tatsachen
- Gegenüberstellung der eigenen Tatsachendarstellung
- Namentliche Kennzeichnung (Unterschrift)

II. Zivilrechtlicher Persönlichkeitsschutz

9.4 Verfahren

Der Betroffene hat beim *Medienunternehmen*, das den diffamierenden Bericht publizierte, um Veröffentlichung der Gegendarstellung nachzusuchen (Art. 28i Abs. 1 ZGB).

Für das Gegendarstellungsbegehren sind zwei Fristen zu berücksichtigen:

1. Die Frist von **20 Tagen** *(relative Frist)* seit Kenntnisnahme der beanstandeten Tatsachendarstellung entspricht der Zeit, die notwendig ist, um auf die diffamierende Äusserung zu reagieren, d.h. um den Text der Gegendarstellung vorzubereiten und dem Medienunternehmen zukommen zu lassen.
2. Die Frist von **drei Monaten** *(absolute Frist)* seit Veröffentlichung des Beitrages entspricht der Zeit, während der das Gegendarstellungsrecht das Ziel noch erreichen dürfte, das ihr das Gesetz zuschreibt.

Nach Ablauf der absoluten Frist kann der Abdruck einer Gegendarstellung nicht mehr verlangt werden. Der Betroffene muss dann versuchen, nach den allgemeinen Bestimmungen von Art. 28 und 28a ZGB zu seinem Recht zu kommen. Ein solches Vorgehen setzt jedoch die Widerrechtlichkeit der Verletzung voraus (vgl. Teil II 4).

Das Medienunternehmen hat *unverzüglich* zum Gegendarstellungsbegehren Stellung zu nehmen (Art. 28i Abs. 2 ZGB). Mit „unverzüglich" wird festgelegt, dass das Unternehmen den Entscheid nicht hinauszögern darf; in der Regel ist damit ein Zeitraum von wenigen Tagen gemeint. Es bestehen drei Möglichkeiten, auf das Gegendarstellungsbegehren zu reagieren: Ablehnung, Annahme oder Erklärung von Vorbehalten. Sowohl die Ablehnung wie auch die Erklärung von Vorbehalten bedürfen einer Begründung. Bei Zustimmung zur Publikation muss der Verfasser über deren Zeitpunkt informiert werden.

9.5 Veröffentlichung der Gegendarstellung

Die Gegendarstellung ist *so bald als möglich* zu veröffentlichen (Art. 28k Abs. 1 ZGB), wobei sowohl die Art des Mediums als auch technische und publizistische Rahmenbedingungen zu berücksichtigen sind. Dem ist grundsätzlich Genüge getan, wenn die Gegendarstellung nach Entgegennahme in der nächsten, jedenfalls übernächsten Nummer der Zeitung oder Zeitschrift publiziert bzw. in der nächsten gleichartigen Sendung ausgestrahlt wird.

Die Gegendarstellung muss den *gleichen Personenkreis* wie die beanstandete Tatsachendarstellung erreichen (Art. 28k Abs. 1 ZGB). Aus diesem Grund hat die Gegendarstellung räumlich etwa dort zu erscheinen, wo die Ausgangsmeldung veröffentlicht wurde. Die Gegendarstellung zu einer Nachricht aus dem Wirtschaftsteil muss in dieser gleichen Rubrik veröffentlicht werden; der Abdruck auf der Witzseite wäre unzulässig. Bei der Presse ist die Gegendarstellung zu drucken, bei den audiovisuellen Medien zu verlesen. Die Ankündigung einer Gegendarstellung auf der Titelseite kann notwendig sein, wenn auch dort die beanstandete Ausgangsmeldung publiziert war. Da *Leserbriefseiten* erfahrungsgemäss zu den meistgelesenen Seiten eines Presseproduktes gehören, ist die weit verbreitete Praxis, Gegendarstellungen dort abzudrucken, zulässig. Zudem kann der um Gegendarstellung Ersuchende verlangen, dass seine Gegendarstellung zu einem in der Printausgabe eines Mediums erschienenen Artikel auch online publiziert wird. Vorausgesetzt ist, dass auch der Hauptartikel online veröffentlicht wurde und auf diesem Weg (z.B. über ein online zugängliches Archiv) weiterhin verfügbar ist (vgl. auch Stellungnahme des Presserates vom 1. November 2001 i.S. „Gegendarstellungen und Berichtigungen in Online-Archiven").

Die Gegendarstellung ist *als solche zu kennzeichnen,* d.h. mit „Gegendarstellung" zu überschreiben. Das Gesetz gibt dem Medienunternehmen zwei Möglichkeiten zur Stellungnahme zuhanden des Publikums. In einem sog. „*Redaktionsschwanz*" kann das Unternehmen erklären, es halte an seiner Version fest, oder es kann offen legen, auf welche *Quellen* sich der Ausgangsartikel stützte (wobei der Inhalt der Quelle nicht wieder erwähnt werden darf). Laut Bundesgericht ist zudem ein Hinweis auf die gesetzlichen Bestimmungen des Gegendarstellungsrechts zulässig (BGE 112 II 194).

Beispiele zulässiger Redaktionsanmerkungen

- „Laut Art. 28g ZGB hat jedermann, der sich durch eine Veröffentlichung in einem periodisch erscheinenden Medium direkt in seiner Persönlichkeit betroffen fühlt, Anspruch auf Gegendarstellung. Der Anspruch ist auf die Darstellung von Tatsachen beschränkt und gibt dem Betroffenen Gelegenheit zu einer sachbezogenen Wiedergabe seines Standpunktes. Die Frage, welche Version die richtige ist, bleibt offen (BGE 112 II 194)."
- „Die Redaktion hält an ihrer Tatsachendarstellung fest und verweist auf die in Nr. 42 publizierten Dokumente."

Die Veröffentlichung einer Gegendarstellung ist für den Betroffenen *kostenlos* (Art. 28k Abs. 3). Damit soll ein psychologisches und ökonomisches Hindernis beseitigt werden. Das Medienunternehmen hat den finanziellen Mehraufwand selbst zu tragen.

9.6 Anrufung des Gerichts

Die nicht gesetzeskonforme Ausübung des Gegendarstellungsrechts (Verweigerung oder unkorrekte Veröffentlichung) kann vor das Gericht getragen werden. Erst mit diesem Schritt wird die Justiz in das Gegendarstellungsverfahren eingeschaltet. Vor diesem Zeitpunkt ist es Aufgabe der Parteien (Betroffener und Medienunternehmen), die vom Gesetz aufgestellten Regeln anzuwenden.

Für Streitigkeiten, die sich aus dem Gegendarstellungsrecht ergeben, ist das Gericht am Wohnsitz oder Sitz einer der Parteien zuständig (Art. 12 lit. b GestG). Eine Frist zur Klageerhebung sieht das Gesetz nicht vor; gemäss Bundesgericht muss aber innerhalb von 20 Tagen nach Ablehnung des Gegendarstellungsbegehrens Klage eingereicht werden (116 II 5 f).

Das Gericht muss aufgrund der verfügbaren Beweismittel *unverzüglich* entscheiden, ob die Gegendarstellung zu publizieren ist (Art. 28l Abs. 3 ZGB). Sind die Voraussetzungen zur Publikation gegeben, ist das Medienunternehmen verpflichtet, die Gegendarstellung so schnell wie möglich zu veröffentlichen (Art. 28l Abs. 3 ZGB). Wird die Gegendarstellung nicht an der richtigen Stelle, mit einem unzulässigen Redaktionsschwanz, verkürzt oder sonst entstellt bzw. entwertet publiziert, kann der Betroffene die *Wiederholung* der Veröffentlichung verlangen (BGE 115 II 4 f).

II. Zivilrechtlicher Persönlichkeitsschutz

9.7 Übersicht über den Umgang mit Gegendarstellungsbegehren

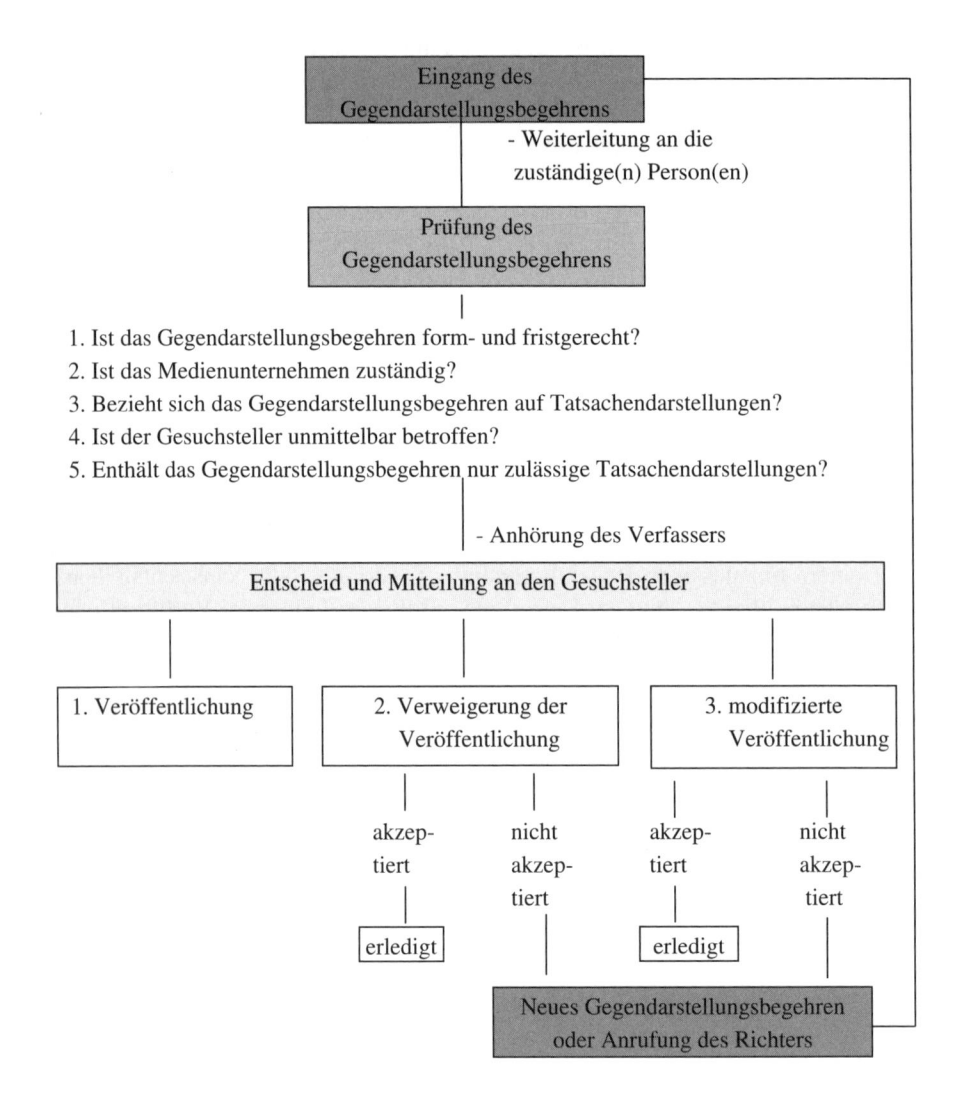

```
        ┌─────────────────────────┐
        │ Eingang des             │────────────────┐
        │ Gegendarstellungsbegehrens │             │
        └─────────────────────────┘                │
              - Weiterleitung an die               │
                zuständige(n) Person(en)           │
                                                   │
        ┌─────────────────────────┐                │
        │ Prüfung des             │                │
        │ Gegendarstellungsbegehrens │             │
        └─────────────────────────┘                │
                    │                              │
```

1. Ist das Gegendarstellungsbegehren form- und fristgerecht?
2. Ist das Medienunternehmen zuständig?
3. Bezieht sich das Gegendarstellungsbegehren auf Tatsachendarstellungen?
4. Ist der Gesuchsteller unmittelbar betroffen?
5. Enthält das Gegendarstellungsbegehren nur zulässige Tatsachendarstellungen?

- Anhörung des Verfassers

Entscheid und Mitteilung an den Gesuchsteller

1. Veröffentlichung	2. Verweigerung der Veröffentlichung	3. modifizierte Veröffentlichung
	akzep-tiert / nicht akzep-tiert	akzep-tiert / nicht akzep-tiert
erledigt		erledigt

Neues Gegendarstellungsbegehren oder Anrufung des Richters

Quelle: Merkblatt B des Verbands Schweizer Presse

10. Publizistische Möglichkeiten oder wer Recht hat, hat nicht immer Recht

In der Praxis ist ein *gerichtliches* Vorgehen gegen eine persönlichkeitsverletzende Berichterstattung nicht immer das effizienteste Mittel, diese abzuwenden. Neben rechtlichen Hürden, die es zu bewältigen gilt, muss stets damit gerechnet werden, dass mit einem Prozess eine Publizität erzielt wird, die sich kontraproduktiv auswirken kann. Grosse Publizität ist in Fällen angebracht, wo der Ausgang der Angelegenheit eindeutig vorauszusagen ist und der Schaden auf der eigenen Seite sich voraussichtlich in einem vertretbaren Rahmen hält. Aus diesem Grund ist im Medienbereich der Gang vor das Gericht in der Regel als letztes Mittel in Betracht zu ziehen.

Um sich gegen diffamierende mediale Äusserungen zu wehren, können *publizistische Massnahmen* geeignet erscheinen. Im Vordergrund steht der *Leserbrief*, der jedermann die Möglichkeit gibt, seine Meinung frei zu äussern oder Tatsachenbehauptungen und Meinungen zu verbreiten. Vorteilhaft ist hierbei insbesondere, dass weder Fristen noch Formvorschriften oder Legitimationsvoraussetzungen zu beachten sind. Leserbriefe finden bei der Leserschaft viel Beachtung und gehören zu den meistgelesenen Beiträgen in Presseerzeugnissen. Das Medienunternehmen veröffentlicht Leserbriefe allerdings nach freiem Ermessen, d.h. es gibt keinen Anspruch auf Abdruck eines Leserbriefs. Wird in einem Leserbrief eine Persönlichkeitsverletzung begangen oder sonstwie eine Rechtsvorschrift (z.B. Rassendiskriminierungsverbot) missachtet, so kann neben dem Verfasser des Leserbriefes auch das Medienunternehmen zur Rechenschaft gezogen werden.

Neben dem Leserbrief sind weitere publizistische Massnahmen in Betracht zu ziehen, wie beispielsweise das Verfassen eines *Pressekommuniqués*, das Anbieten eines *Interviews*, das Starten einer *Inseratenkampagne*, die Aushandlung eines *Vertrages* bezüglich bestimmter Verhaltensvorschriften (z.B. für das Mediengespräch) oder das Aufsuchen des *Dialoges,* um unter „vier Augen" eine befriedigende Lösung zu suchen. Viele Medienunternehmen unterhalten zudem Ombudsstellen, die angerufen werden können (vgl. auch Teil X 3.3).

11. Abgrenzungsfragen

11.1 Allgemeines

Angesichts der Verwandtschaft zwischen *Berichtigung, Gegendarstellung* und *Leserbrief* werden nachfolgend deren Unterscheidungsmerkmale dargestellt.

11.2 Gegendarstellung

Definition
Entgegnung auf Tatsachenbehauptungen in periodisch erscheinenden Medien der in ihrer Persönlichkeit unmittelbar Betroffenen.

Vorteile für den Betroffenen
- Klare Kennzeichnung als Standpunkt des direkt Betroffenen.
- Die Redaktion ist grundsätzlich verpflichtet, eine Gegendarstellung zu veröffentlichen.
- Platzierung möglichst am gleichen Ort wie beanstandete Äusserung.
- Rasche Wirksamkeit.
- Kostenlose Veröffentlichung für den Betroffenen.
- Keine Persönlichkeitsverletzung nötig.

Nachteile für den Betroffenen
- Nur direkt Betroffene haben Anspruch auf Gegendarstellung.
- Inhaltliche Beschränkung: Nur Tatsachenbehauptungen sind gegendarstellungsfähig, nicht aber Wertungen.
- Sachlicher Ton ist verlangt.
- Zeitliche Befristung.
- Es bleibt offen, wer in der Sache Recht hat.

11.3 Berichtigung

Definition
Bekanntgabe des objektiv richtigen Sachverhalts einer nachgewiesenen unrichtigen Veröffentlichung.

Vorteile für den Verletzten
- Es wird objektiv festgestellt, wer in der umstrittenen Sache Recht hat.
- Platzierung meistens am gleichen Ort wie beanstandete Äusserung.
- Text wird von der Redaktion selbständig verfasst oder in einem Prozess durch ein Gericht festgelegt.

Nachteile für den Verletzten
- Kann im Rahmen eines Gerichtsverfahrens nur bei einer Persönlichkeitsverletzung geltend gemacht werden.
- Der Verletzte muss den Beweis für seine Tatsachendarstellung liefern.
- Es geht meist nicht so rasch, weil der Sachverhalt zuerst genau abgeklärt werden muss.
- Keine Meinungsäusserungen und Wertungen möglich.
- Umfang muss auf das Notwendigste beschränkt sein.

11.4 Leserbrief

Definition
Möglichkeit zur freien Meinungsäusserung in den Medien.

Vorteile für den Verfasser
- Jedermann kann einen Leserbrief schreiben.
- Freie Form.
- Meinungsäusserungen sind erlaubt/erwünscht.
- Hohe Beachtung der Leserbriefseiten.
- Keine Befristung.

Nachteile für den Verfasser
- Es gibt keinen Anspruch auf Publikation eines Leserbriefes, d.h. die Redaktion kann den Leserbrief (auch ohne nähere Begründung, z.B. bei Platzmangel) zurücksenden.
- Redaktion kann in Umfang und Text eingreifen (z.B. kürzen), nicht aber den Sinn verändern.
- Platzierung nicht am gleichen Ort wie beanstandete Äusserung.
- Längere Wartezeiten bis zum Abdruck möglich.

12. Zusammenfassung

Gegenstand des *Persönlichkeitsschutzes* ist die Persönlichkeit. Persönlichkeitsgüter sind mit einer Person fest verbunden; dazu gehören die Ehre, das Recht am eigenen Bild, das Recht am eigenen Wort, das Recht an der eigenen Stimme und das Recht am eigenen Namen. Die Persönlichkeit ist verletzt, wenn eine Person in einem falschen Licht gezeigt wird bzw. wenn das Bild einer Person spürbar verfälscht wird. Eine Verletzung ist dann nicht widerrechtlich, wenn sie durch *Einwilligung, Gesetz* oder durch ein *überwiegendes privates oder öffentliches Interesse* gerechtfertigt ist. Bei der Analyse, ob infolge einer persönlichkeitsverletzenden Äusserung das private bzw. das öffentliche Interesse überwiegt, wird zwischen verschiedenen Bereichen einerseits (Geheim- oder Intimbereich, Zwischen- oder Privatbereich, Gemein- oder Öffentlichkeitsbereich) und verschiedenen Personen andererseits (Amtsperson, Person der Zeitgeschichte, Privatperson) unterschieden.

Wer in seiner Persönlichkeit widerrechtlich verletzt wird, kann zu seinem Schutz gegen jeden, der an der Verletzung mitwirkt, an das Gericht gelangen. Das Gesetz kennt die Unterlassungs-, Beseitigungs-, Feststellungs- und Berichtigungsklage sowie den Anspruch auf Urteilspublikation, Schadenersatz, Genugtuung und Herausgabe eines Gewinns.

Wer glaubhaft darlegt, dass er in seiner Persönlichkeit widerrechtlich verletzt ist oder eine solche Verletzung befürchten muss und dass ihm aus der Verletzung ein nicht wiedergutzumachender Nachteil droht, kann vom Gericht die Anordnung *vorsorglicher Massnahmen* verlangen. Vorsorgliche Massnahmen sichern einer Person bis zur Fällung des Endurteils einen vorläufigen Rechtsschutz.

Das *Recht auf Gegendarstellung* dient dem durch Tatsachenbehauptungen in periodisch erscheinenden Medien unmittelbar Betroffenen als Sofortmassnahme zur Verteidigung seiner Persönlichkeit. Dem Betroffenen wird das erzwingbare Recht eingeräumt, im gleichen Medium, von dem der diffamierende Beitrag ausgegangen ist, zu Wort zu kommen, um die Sachlage aus seiner Sicht darzustellen und somit die Aussage des Mediums zu neutralisieren. Die Durchsetzung der Gegendarstellung erfolgt ohne Inanspruchnahme der Justiz. Erst bei Verweigerung des Anspruchs seitens des Medienunternehmens bzw. bei nicht gesetzeskonformer Publikation wird das Gericht angerufen.

Um sich gegen diffamierende mediale Äusserungen zu wehren, können *publizistische Massnahmen* geeignet sein. Im Vordergrund steht der Leserbrief, der jedermann die Möglichkeit gibt, seine Meinung frei zu äussern.

13. Repetitionsfragen zum zivilrechtlichen Persönlichkeitsschutz

1. Was versteht man unter Persönlichkeitsschutz?
2. Wie definiert man die Persönlichkeit?
3. Welche Rechtsgüter sind durch den zivilrechtlichen Persönlichkeitsschutz geschützt?
4. Unter welchen Voraussetzungen ist eine Verletzung der Persönlichkeit nicht widerrechtlich, mithin legitim?
5. Was besagt die Sphärentheorie?
6. Welchen Bereich umfasst die Geheim- oder Intimsphäre?
7. Welchen Bereich umfasst der Zwischen- oder Privatbereich?
8. Welchen Bereich umfasst der Gemein- oder Öffentlichkeitsbereich?
9. Weshalb wird beim Rechtfertigungsgrund der Wahrung höherer Interessen zwischen Amtsperson, Person der Zeitgeschichte und Privatperson unterschieden?
10. Welches sind die Sanktionsmöglichkeiten bei einer widerrechtlichen Persönlichkeitsverletzung?
11. Wer ist bei einer Persönlichkeitsverletzung zur Klage berechtigt und wer ist Beklagter?
12. Welche rechtlichen Möglichkeiten bestehen, wenn jemand in seiner Persönlichkeit eine widerrechtliche Verletzung befürchten muss, um einen vorläufigen Schutz zu erlangen?
13. Unter welchen Voraussetzungen können vorsorgliche Massnahmen gegen periodisch erscheinende Medien ergriffen werden?
14. Welche sachlichen und persönlichen Voraussetzungen werden für das Recht auf Gegendarstellung verlangt?
15. Was wird mit einer Gegendarstellung bezweckt?
16. Gibt es neben den juristischen Rechtsmitteln auch andere Handlungsoptionen zum Schutz der Persönlichkeit?

III. Medienstrafrecht

1. Allgemeines

Das *Strafrecht* umfasst alle jene Rechtsnormen, die ein bestimmtes, von der Rechtsordnung nicht zugelassenes Verhalten mit Strafe bedrohen. Im *Strafgesetzbuch* sind diejenigen Tatbestände (Delikte) normiert, die vom Staat unter Strafe gestellt werden. Strafrechtlich verpöntes Verhalten sanktioniert das Gesetz mit Geldstrafe oder Freiheitsstrafe. Vereinzelt sind strafrechtliche Bestimmungen auch in anderen Spezialgesetzen, z.B. im Gesetz gegen den unlauteren Wettbewerb (Art. 23 UWG, vgl. Teil V 1.5.2), zu finden.

Das Strafrecht enthält die schärfsten Sanktionen, die dem Staat zur Verfügung stehen. Aus diesem Grunde kommt es nur zur Anwendung, wenn wichtige Rechtsgüter verletzt werden. Es gelten die Grundsätze „Keine Strafe ohne Gesetz" und „Im Zweifel für den Angeklagten".

Die für die Medien relevanten Bestimmungen sind im Strafgesetzbuch sehr verstreut zu finden, Beispiele: Art. 28a StGB (Zeugnisverweigerungsrecht, vgl. Teil III 5); Art. 173 ff StGB (Ehrverletzungsdelikte, vgl. Teil III 2.1); Art. 293 StGB (Veröffentlichung amtlicher geheimer Verhandlungen, vgl. Teil III 4); Art. 322 StGB (Auskunfts- und Impressumspflicht, vgl. Teil III 3).

Die nachfolgende Darstellung der wichtigsten medienrechtlichen Bestimmungen zeigt, welche Zielgruppen (Staat, Öffentlichkeit, natürliche und juristische Personen, Jugend) durch welche Normen geschützt werden.

III. Medienstrafrecht

Übersicht der medienrechtlich relevanten Straftatbestände gegliedert nach Zielgruppe des Schutzes

Staat	Öffentlichkeit	Medium	Natürliche und Juristische Personen	Jugend
Art. 272 – 274 Verbotener Nachrichtendienst	Art. 135 Gewaltdarstellung	Art. 27 Strafbarkeit der Medien	Art. 143 Unbefugte Datenbeschaffung	Art. 135 Gewaltdarstellung
Art. 275 – 275bis Gefährdung der verfassungsmässigen Ordnung	Art. 197 Pornographie	Art. 27bis Quellenschutz	Art. 143bis Unbefugtes Eindringen in ein Datenverarbeitungssystem	Art. 197 Pornographie
Art. 292 Ungehorsam gegen amtliche Verfügungen	Art. 258 Schreckung der Bevölkerung	Art. 322 Auskunftspflicht der Medien	Art. 144bis Datenbeschädigung	
Art. 293 Veröffentlichung amtlich geheimer Verhandlungen	Art. 259 Öffentliche Aufforderung zu Verbrechen oder zu Gewalttätigkeiten	Art. 322bis Nichtverhinderung einer strafbaren Veröffentlichung	Art. 147 Betrügerischer Missbrauch einer Datenverarbeitungsanlage	
Art. 301 Nachrichtendienst gegen fremde Staaten	Art. 261 Störung der Glaubens- und Kultusfreiheit	Art. 347 Gerichtsstand bei Delikten durch Medien	Art. 150bis Herstellen und Inverkehrbringen von Materialien zur unbefugten Entschlüsselung codierter Angebote	
Art. 320 Verletzung des Amtsgeheimnisses	Art. 261bis Rassendiskriminierung	Verantwortlichkeit von Internet-Providern	Art. 173 – 178 Ehrverletzung	
Art. 329 Verletzung militärischer Geheimnisse	Art. 321ter Verletzung des Post- und Fernmeldegeheimnisses		Art. 251 Urkundenfälschung	
			Art. 179 – 179^{novies} Strafbare Handlungen gegen Geheim- und Privatbereich	
			Art. 303 Falsche Anschuldigung	
			Art. 304 Irreführung der Rechtspflege	

2. Strafrechtlicher Persönlichkeitsschutz

Das Strafrecht enthält, wie das Zivilgesetzbuch in Art. 28 ff ZGB, Bestimmungen, die den Schutz der Persönlichkeit bezwecken. Es sind dies die Bestimmungen über die Ehrverletzung (Art. 173–178 StGB) und diejenigen zum Schutze des Geheim- oder Privatbereichs (Art. 179–179^{novies} StGB).

2.1 Ehrverletzungsdelikte

Ehrverletzungsdelikte sind *Antragsdelikte,* d.h. bei der Strafverfolgungsbehörde muss innert dreier Monate ein Strafantrag gestellt werden. Die Frist beginnt mit dem Tag, an welchem der Täter dem Antragsberechtigten bekannt wird. Ehrverletzungsdelikte verjähren innerhalb von vier Jahren.

Art. 173 StGB: Üble Nachrede
1. Wer jemanden bei einem andern eines unehrenhaften Verhaltens oder anderer Tatsachen, die geeignet sind, seinen Ruf zu schädigen, beschuldigt oder verdächtigt,
wer eine solche Beschuldigung oder Verdächtigung weiterverbreitet, wird, auf Antrag, mit Geldstrafe bis zu 180 Tagessätzen bestraft.
2. Beweist der Beschuldigte, dass die von ihm vorgebrachte oder weiterverbreitete Äusserung der Wahrheit entspricht, oder dass er ernsthafte Gründe hatte, sie in guten Treuen für wahr zu halten, so ist er nicht strafbar.
3. Der Beschuldigte wird zum Beweis nicht zugelassen und ist strafbar für Äusserungen, die ohne Wahrung öffentlicher Interessen oder sonst wie ohne begründete Veranlassung, vorwiegend in der Absicht vorgebracht oder verbreitet werden, jemandem Übles vorzuwerfen, insbesondere, wenn sich die Äusserungen auf das Privat- oder Familienleben beziehen.
4. Nimmt der Täter seine Äusserung als unwahr zurück, so kann er milder bestraft oder ganz von Strafe befreit werden.
5. Hat der Beschuldigte den Wahrheitsbeweis nicht erbracht oder sind seine Äusserungen unwahr oder nimmt der Beschuldigte sie zurück, so hat der Richter dies im Urteil oder in einer andern Urkunde festzustellen.

III. Medienstrafrecht

Art. 174 StGB: Verleumdung
1. Wer jemanden wider besseres Wissen bei einem andern eines unehrenhaften Verhaltens oder anderer Tatsachen, die geeignet sind, seinen Ruf zu schädigen, beschuldigt oder verdächtigt,
   wer eine solche Beschuldigung oder Verdächtigung wider besseres Wissen verbreitet,
   wird, auf Antrag, mit Freiheitsstrafe bis zu drei Jahren oder Geldstrafe bestraft.
2. Ist der Täter planmässig darauf ausgegangen, den guten Ruf einer Person zu untergraben, so wird er mit Freiheitsstrafe bis zu drei Jahren oder mit Geldstrafe nicht unter 30 Tagesansätzen bestraft.
3. Zieht der Täter seine Äusserungen vor dem Richter als unwahr zurück, so kann er milder bestraft werden. Der Richter stellt dem Verletzten über den Rückzug eine Urkunde aus.

Art. 177 StGB: Beschimpfung
[1] Wer jemanden in anderer Weise durch Wort, Schrift, Bild, Gebärde oder Tätlichkeiten in seiner Ehre angreift, wird, auf Antrag, mit Geldstrafe bis zu 90 Tagesätzen bestraft.
[2] Hat der Beschimpfte durch sein ungebührliches Verhalten zu der Beschimpfung unmittelbar Anlass gegeben, so kann der Richter den Täter von Strafe befreien.
[3] Ist die Beschimpfung unmittelbar mit einer Beschimpfung oder Tätlichkeit erwidert worden, so kann der Richter einen oder beide Täter von Strafe befreien.

III. Medienstrafrecht

2.1.1 Üble Nachrede

Eine üble Nachrede (Art. 173 StGB) ist die Behauptung ehrenrühriger *Tatsachen* gegenüber einem *Dritten* oder gegenüber der *Öffentlichkeit*. Die Behauptung muss sich auf Tatsachen beziehen (im Gegensatz zu reinen Werturteilen). Tatsachenbehauptungen sind Äusserungen, die geeignet sind, die Ehre und den guten Ruf einer Person in der Öffentlichkeit zu diskreditieren: So sind z.B. Bezeichnungen wie „Dieb", „Brandstifter", „Dirne", „Gauner im Frack" oder „schmutzige Machenschaften" als Tatsachenbehauptung zu qualifizieren; als Werturteile gelten hingegen Ausdrücke wie „Sauhund" oder „Oberclown". Die üble Nachrede stellt das Verbreiten von falschen Tatsachenbehauptungen unter Strafe, da diese, aufgrund möglicher Rückschlüsse des Empfängers der Botschaft, eine gewisse Gefährlichkeit entfalten, wenn sie verbreitet werden.

Geschütztes Rechtsgut ist die *Ehre*. Der Ehrbegriff ist im Strafrecht aber enger definiert als im Zivilrecht (Art. 28 ZGB, vgl. Teil II 3.2). Das Strafrecht schützt nämlich lediglich das *sittliche* Ansehen einer Person, während die *gesellschaftliche* und *soziale* Ehre durch das Strafrecht grundsätzlich nicht gedeckt werden. Das bedeutet, dass Äusserungen, die eine Person in ihrer politischen oder beruflichen Funktion herabsetzen, aus strafrechtlicher Sicht nicht ehrverletzend sind, es sei denn, die Kritik treffe zugleich den sittlichen Bereich (z.B. wenn jemandem das Verantwortungsbewusstsein oder Pflichtgefühl als Ganzes abgesprochen wird; vgl. BGE 105 IV 112). Bei der Beurteilung einer Äusserung ist darauf abzustellen, welchen Sinn ein unbefangener Durchschnittsleser, -hörer oder -zuschauer der Äusserung nach den Umständen beilegen muss, nicht wie sie der Betroffene selbst versteht.

Wahrheits- und Gutglaubensbeweis
Der Täter macht sich gemäss Gesetz *nicht* strafbar, wenn er die Äusserung *ohne Beleidigungsabsicht* ausgesprochen hat und *begründete Veranlassung* für seine Behauptung hatte. Das bedeutet, dass der Täter darlegen muss, dass er die Äusserung unter Wahrung *öffentlicher* oder *privater Interessen* gemacht hat und dass er selbst an die *Wahrheit* seiner Behauptung glaubte oder doch zumindest *ernsthafte Gründe* hatte, an die Richtigkeit seiner Äusserung zu glauben. Gelingt ihm dies, so ist er zum sog. *Entlastungsbeweis* zugelassen, der sich aus dem *Wahrheits- und Gutglaubensbeweis* zusammensetzt. Damit der Täter strafrechtlich nicht belangt wird, muss er beweisen (z.B. durch Vorlage von Dokumenten), dass seine Äusserung der Wahrheit entspricht (Wahrheitsbeweis) oder dass er nach Treu und Glauben gute Gründe hatte, in die Richtigkeit seiner Äusserung zu glauben (Gutglaubensbeweis). Im Rahmen des Gutglaubensbeweises muss der Täter darlegen, dass er bei der Recherche alle erforderliche Sorgfalt aufgewendet hat, die ihm aufgrund seiner persönlichen Verhältnisse möglich

und zumutbar war. Das Mass der erforderlichen *Sorgfalt,* das der Täter im Vorfeld seiner Äusserung zu beachten hat, hängt einerseits vom Vorwurf selbst und anderseits vom Verbreitungsgrad des Kommunikationsmittels ab. Je unwahrscheinlicher die aufgestellte Behauptung ist, desto gründlicher muss ihre Berechtigung geprüft werden. Je höher und legitimierter die wahrgenommenen öffentlichen Interessen sind, desto geringer fallen die Anforderungen an die *Abklärungspflicht* aus (BGE 116 IV 205).

Beispiele
1. Mit der Frage „Ist X der Brandstifter?" wird dem Durchschnittsleser, -hörer oder -zuschauer suggeriert, der Betroffene *könnte* das betreffende Verhalten an den Tag gelegt haben, weshalb die Äusserung, auch in der Frageform, strafrechtlich verboten ist (Vorverurteilung).
2. Die Wiedergabe der Erklärung einer Behörde, gegen einen hohen Beamten sei wegen schwerer Verfehlungen ein Disziplinarverfahren eingeleitet worden, ist straffrei, da der Journalist bzw. die Journalistin in gutem Glauben annehmen kann, die Meldung sei richtig.

2.1.2 Verleumdung

Der Tatbestand der Verleumdung (Art. 174 StGB) ist erfüllt, wenn der Täter gegenüber einem Dritten bzw. der Öffentlichkeit eine ehrenrührige Tatsachenbehauptung *wider besseren Wissens* verbreitet. Dem Täter muss also nachgewiesen werden, dass er um die *Unwahrheit* der von ihm verbreiteten Tatsachen wusste. Die Verleumdung unterscheidet sich von der üblen Nachrede dadurch, dass der Täter *weiss*, dass seine Aussage nicht der Wahrheit entspricht.

2.1.3 Beschimpfung

Beschimpfungen (Art. 177 StGB) sind Beleidigungen *(Werturteile),* die zwischen zwei Personen, gegenüber Dritten oder der Öffentlichkeit geäussert werden. Ebenso fallen darunter ehrverletzende Tatsachenbehauptungen, die zwischen zwei Personen, d.h. unter „vier Augen", geäussert werden. Als Beschimpfung zu qualifizieren ist z.B. der Vorwurf, jemand sei ein „Schwein", ein „Depp" oder ein „Luder". Durch das Werturteil muss das sittliche Ansehen des Beschimpften herabgewürdigt werden.

2.1.4 Übersicht

Die *Abgrenzung* zwischen der üblen Nachrede, der Verleumdung und der Beschimpfung kann vereinfacht wie folgt dargestellt werden:

	gegenüber Dritten	"unter vier Augen"
Tatsachenbehauptungen	Üble Nachrede, Verleumdung	Beschimpfung
reine Werturteile	Beschimpfung	Beschimpfung

2.2 Strafbare Handlungen gegen den Geheim- oder Privatbereich

Art. 179 StGB: Verletzung des Schriftgeheimnisses
Wer, ohne dazu berechtigt zu sein, eine verschlossene Schrift oder Sendung öffnet, um von ihrem Inhalte Kenntnis zu nehmen,
wer Tatsachen, deren Kenntnis er durch Öffnen einer nicht für ihn bestimmten verschlossenen Schrift oder Sendung erlangt hat, verbreitet oder ausnützt,
wird, auf Antrag, mit Busse bestraft.

Art. 179bis StGB: Abhören und Aufnehmen fremder Gespräche
Wer ein fremdes nichtöffentliches Gespräch, ohne die Einwilligung aller daran Beteiligten, mit einem Abhörgerät abhört oder auf einen Tonträger aufnimmt,
wer eine Tatsache, von der er weiss oder annehmen muss, dass sie auf Grund einer nach Absatz 1 strafbaren Handlung zu seiner Kenntnis gelangte, auswertet oder einem Dritten bekannt gibt,
wer eine Aufnahme, von der er weiss oder annehmen muss, dass sie durch eine nach Absatz 1 strafbare Handlung hergestellt wurde, aufbewahrt oder einem Dritten zugänglich macht,
wird, auf Antrag, mit Freiheitsstrafe bis zu drei Jahren oder mit Geldstrafe bestraft.

Art. 179ter StGB: Unbefugtes Aufnehmen von Gesprächen
Wer als Gesprächsteilnehmer ein nichtöffentliches Gespräch, ohne die Einwilligung der andern daran Beteiligten, auf einen Tonträger aufnimmt,
wer eine Aufnahme, von der er weiss oder annehmen muss, dass sie durch eine nach Absatz 1 strafbare Handlung hergestellt wurde, aufbewahrt, auswertet, einem Dritten zugänglich macht oder einem Dritten vom Inhalt der Aufnahme Kenntnis gibt,
wird, auf Antrag, mit Freiheitsstrafe bis zu einem Jahr oder mit Geldstrafe bestraft.

Art. 179^{quater} StGB: Verletzung des Geheim- oder Privatbereichs durch Aufnahmegeräte
Wer eine Tatsache aus dem Geheimbereich eines andern oder eine nicht jedermann ohne weiteres zugängliche Tatsache aus dem Privatbereich eines andern ohne dessen Einwilligung mit einem Aufnahmegerät beobachtet oder auf einen Bildträger aufnimmt,
wer eine Tatsache, von der er weiss oder annehmen muss, dass sie auf Grund einer nach Absatz 1 strafbaren Handlung zu seiner Kenntnis gelangte, auswertet oder einem Dritten bekannt gibt,
wer eine Aufnahme, von der er weiss oder annehmen muss, dass sie durch eine nach Absatz 1 strafbare Handlung hergestellt wurde, aufbewahrt oder einem Dritten zugänglich macht,
wird, auf Antrag, mit Freiheitsstrafe bis zu drei Jahren oder mit Geldstrafe bestraft.

Art. 179^{quinquies} StGB: Nicht strafbares Aufnehmen
1   Weder nach Artikel 179bis Absatz 1 noch nach Artikel 179ter Absatz 1 macht sich strafbar, wer als Gesprächsteilnehmer oder Abonnent eines beteiligten Anschlusses Fernmeldegespräche:
   a.   mit Hilfs-, Rettungs- und Sicherheitsdiensten aufnimmt;
   b.   im Geschäftsverkehr aufnimmt, welche Bestellungen, Aufträge, Reservationen und ähnliche Geschäftsvorfälle zum Inhalt haben.
2   Hinsichtlich der Verwertung der Aufnahmen gemäss Absatz 1 sind die Artikel 179bis Absätze 2 und 3 sowie 179ter Absatz 2 sinngemäss anwendbar.

Art. 179^{sexies} StGB: Inverkehrbringen und Anpreisen von Abhör-, Ton- und Bildaufnahmegeräten
1.   Wer technische Geräte, die insbesondere dem widerrechtlichen Abhören oder der widerrechtlichen Ton- oder Bildaufnahme dienen, herstellt, einführt, ausführt, erwirbt, lagert, besitzt, weiterschafft, einem andern übergibt, verkauft, vermietet, verleiht oder sonst wie in Verkehr bringt oder anpreist oder zur Herstellung solcher Geräte Anleitung gibt,
   wird mit Freiheitsstrafe bis zu drei Jahren oder Geldstrafe bestraft.
2.   Handelt der Täter im Interesse eines Dritten, so untersteht der Dritte, der die Widerhandlung kannte und sie nicht nach seinen Möglichkeiten verhindert hat, derselben Strafandrohung wie der Täter.
   Ist der Dritte eine juristische Person, eine Kollektiv- oder eine Kommanditgesellschaft oder eine Einzelfirma, so findet Absatz 1 auf diejenigen Personen Anwendung, die für sie gehandelt haben oder hätten handeln sollen.

Art. 179^{septies} StGB: Missbrauch einer Fernmeldeanlage
Wer aus Bosheit oder Mutwillen eine Fernmeldeanlage zur Beunruhigung oder Belästigung missbraucht, wird, auf Antrag, mit Busse bestraft.

III. Medienstrafrecht

> *Art. 179^{octies} StGB: Amtliche Überwachung, Straflosigkeit*
>
> 1 Wer in Ausübung ausdrücklicher, gesetzlicher Befugnis die Überwachung des Post- und Fernmeldeverkehrs einer Person anordnet oder durchführt oder technische Überwachungsgeräte (Art. 179bis ff.) einsetzt, ist nicht strafbar, wenn unverzüglich die Genehmigung des zuständigen Richters eingeholt wird.
>
> 2 Die Voraussetzungen der Überwachung des Post- und Fernmeldeverkehrs und das Verfahren richten sich nach dem Bundesgesetz vom 6. Oktober 2000 betreffend die Überwachung des Post- und Fernmeldeverkehrs.

> *Art. 179^{novies} StGB: Unbefugtes Beschaffen von Personendaten*
>
> Wer unbefugt besonders schützenswerte Personendaten oder Persönlichkeitsprofile, die nicht frei zugänglich sind, aus einer Datensammlung beschafft, wird auf Antrag mit Freiheitsstrafe bis zu drei Jahren oder Geldstrafe bestraft.

Die Delikte gegen den Geheim- oder Privatbereich bauen den strafrechtlichen Persönlichkeitsschutz aus. Bestraft wird das Öffnen verschlossener Schriften (Art. 179 StGB), das Abhören und Aufnehmen fremder Gespräche (Art. 179bis ff StGB), das Inverkehrbringen und Anpreisen von Abhörgeräten (Art. 179^{sexies} StGB), die Benutzung einer Fernmeldeanlage zur Belästigung anderer (Art. 179^{septies} StGB) sowie die unbefugte Beschaffung besonders schützenswerter Personendaten oder Persönlichkeitsprofile aus einer Datensammlung (Art. 197^{novies} StGB). Der Journalist, der 1987 den deutschen Politiker Uwe Barschel tot in der Badewanne eines Genfer Hotels fotografierte, wurde aufgrund von Art. 179^{quater} StGB (Verletzung des Geheim- oder Privatbereichs durch Aufnahmegeräte) bestraft (BGE 118 IV 319).

Seit Anfang 1998 ist gemäss Art. 179^{quinquies} StGB die *Aufzeichnung eines Telefongesprächs* ohne Einwilligung des Gesprächspartners strafbar. Das Gesetz macht nur für die Aufzeichnungen von Notrufen für Hilfs-, Rettungs- und Sicherheitsdienste sowie die Aufnahme von Bestellungen, Reservationen und dergleichen eine Ausnahme (vgl. Art. 179^{quinquies} i.V.m. Art. 179bis Abs. 1 i.V.m. Art. 179ter Abs. 1 StGB).

Die Medien empfinden diese Bestimmung als *problematisch*. Journalistinnen und Journalisten werden angehalten, vor jedem telefonischen Gespräch die Einwilligung des Gesprächspartners zur Aufzeichnung einzuholen. In Medienkreisen wird befürchtet, dass mancher Gesprächspartner stutzig, entsprechend vorsichtig und somit weniger spontan reagieren wird. Die Unbefangenheit der Äusserung kann verloren gehen, was vermehrt standardisierte und stromlinienförmige Statements zur Folge haben könnte.

Ein Weg aus dem Problem wird in Medienkreisen in der *konkludenten Einwilligung* gesehen. Muss der Gesprächspartner *aufgrund der Umstände erwarten*, dass seine Aussage aufgenommen wird, können Medienschaffende von einer konkludenten Einwilligung ausgehen. Die konkludente Einwilligung dürfte regelmässig bei Personen vorausgesetzt werden, die Erfahrung im Umgang mit Medien haben, also bei Amtspersonen, Personen der Zeitgeschichte sowie Vertretern von Presse- und Informationsstellen. Personen, die keine oder wenig Erfahrung im Umgang mit den Medien haben, müssen vorgängig immer um ihre Einwilligung in die Aufnahme angegangen werden.

3. Auskunfts- und Impressumspflicht

Art. 322 StGB: Verletzung der Auskunftspflicht der Medien

[1] Medienunternehmen sind verpflichtet, jeder Person auf Anfrage unverzüglich und schriftlich ihren Sitz sowie die Identität des Verantwortlichen (Art. 28 Abs. 2 und 3) bekannt zu geben.

[2] Zeitungen und Zeitschriften müssen zudem in einem Impressum den Sitz des Medienunternehmens, namhafte Beteiligungen an anderen Unternehmungen sowie den verantwortlichen Redaktor angeben. Ist ein Redaktor nur für einen Teil der Zeitung oder Zeitschrift verantwortlich, so ist er als verantwortlicher Redaktor dieses Teils anzugeben. Für jeden Teil einer solchen Zeitung oder Zeitschrift muss ein verantwortlicher Redaktor angegeben werden.

[3] Bei Verstössen gegen die Vorschriften dieses Artikels wird der Leiter des Medienunternehmens mit Busse bestraft. Ein Verstoss liegt auch vor, wenn eine vorgeschobene Person als verantwortlich für die Veröffentlichung (Art. 28 Abs. 2 und 3) angegeben wird.

Die Auskunfts- und Impressumspflicht soll bei Delikten, an denen ein Medienunternehmen beteiligt ist (z.B. Verstoss gegen das Brutaloverbot), die *Rechtsdurchsetzung* erleichtern. Die *Auskunftspflicht* trifft Print- und audiovisuelle Medien gleichermassen, während die *Impressumspflicht* lediglich von Zeitungen und Zeitschriften zu beachten ist.

3.1 Auskunftspflicht

Die Auskunftspflicht verpflichtet Medienunternehmen, den *Sitz* des Unternehmens und die *Identität* der Person, welche für eine Veröffentlichung verantwortlich ist, auf Anfrage bekannt zu geben. Der Sitz bestimmt sich nach den Statuten des Unternehmens; fehlt eine Regelung, so ist der Ort massgebend, an dem die Verwaltung niedergelassen ist. Für eine Veröffentlichung verantwortlich ist grundsätzlich die Chefredaktorin oder der Chefredaktor.

III. Medienstrafrecht

3.2 Impressumspflicht

Periodisch erscheinende Zeitungen und Zeitschriften haben neben der Auskunftspflicht zusätzlich die Impressumspflicht zu beachten. Sie müssen den *Sitz* des Medienunternehmens, die *verantwortliche Redaktorin* bzw. den *verantwortlichen Redaktor* sowie *namhafte Beteiligungen an anderen Unternehmungen* bekannt geben. Für den Sitz gelten die gleichen Voraussetzungen wie bei der Auskunftspflicht: Verantwortlicher Redaktor ist, wer die Gesamtredaktion leitet (also ebenfalls die Chefredaktorin/der Chefredaktor). Leitet eine Redaktorin bzw. ein Redaktor nur die Redaktion eines Teils einer Zeitung oder Zeitschrift (Ressort), so ist sie bzw. er als verantwortliche/r Redaktor/in dieses Teils zu bezeichnen. In diesem Fall ist für jeden Teil ein verantwortlicher Redaktor anzugeben. Beteiligungen an anderen Unternehmungen sind Anteile am Kapital anderer Unternehmen, insbesondere an Aktiengesellschaften.

3.3 Musterimpressum

DIE ZEITUNG

Eine Publikation der Mediengruppe XY

ChefredaktorIn: Name der Chefredaktorin/des Chefredaktors
StellvertreterIn: Name der Stellvertreterin/des Stellvertreters
Spezialaufgaben: Falls vorhanden, Name der Leiterin/des Leiters für Spezialaufgaben
Koordination: Name der Leiterin/des Leiters für die Koordination

Inlandredaktion: Name der Leiterin/des Leiters der Inlandredaktion
Auslandredaktion: Name der Leiterin/des Leiters der Auslandredaktion
Wirtschaftsredaktion: Name der Leiterin/des Leiters der Wirtschaftsredaktion
Lokalredaktion: Name der Leiterin/des Leiters der Lokalredaktion
Feuilletonredaktion: Name der Leiterin/des Leiters der Feuilletonredaktion
Sportredaktion: Name der Leiterin/des Leiters der Sportredaktion

Redaktionsadresse: Adresse der Redaktion
Verlagsadresse: Name und Adresse des Verlages
Anzeigeabteilung: Name und Adresse der Anzeigeabteilung
Druckerei: Name und Adresse der Druckerei
Abonnements- und Zustelldienst: Adresse des Abonnements- und Zustelldienstes
Geschäftsstellen: Adresse von allfälligen Geschäftsstellen
Bekanntgabe von namhaften Beteiligungen: Namen von Unternehmen, an denen „Die Zeitung" beteiligt ist (z.B. X AG, Y AG und Z AG)

4. Strafbare Handlungen gegen den Staat

Art. 293 StGB: Veröffentlichung amtlicher geheimer Verhandlungen
1. Wer, ohne dazu berechtigt zu sein, aus Akten, Verhandlungen oder Untersuchungen einer Behörde, die durch Gesetz oder durch Beschluss der Behörde im Rahmen ihrer Befugnis als geheim erklärt worden sind, etwas an die Öffentlichkeit bringt, wird mit Busse bestraft.
2. Die Gehilfenschaft ist strafbar.
3. Der Richter kann von jeglicher Strafe absehen, wenn das an die Öffentlichkeit gebrachte Geheimnis von geringer Bedeutung ist.

Art. 320 StGB: Verletzung des Amtsgeheimnisses
1. Wer ein Geheimnis offenbart, das ihm in seiner Eigenschaft als Mitglied einer Behörde oder als Beamter anvertraut worden ist, oder das er in seiner amtlichen oder dienstlichen Stellung wahrgenommen hat, wird mit Freiheitsstrafe bis zu drei Jahren oder Geldstrafe bestraft.
Die Verletzung des Amtsgeheimnisses ist auch nach Beendigung des amtlichen oder dienstlichen Verhältnisses strafbar.
2. Der Täter ist nicht strafbar, wenn er das Geheimnis mit schriftlicher Einwilligung seiner vorgesetzten Behörde geoffenbart hat.

Der Tatbestand der *Veröffentlichung amtlicher geheimer Verhandlungen* stellt journalistische *Indiskretionen* unter Strafe. Die Veröffentlichung von Akten einer Behörde, die für geheim erklärt worden sind, zieht eine Strafbarkeit nach sich, unabhängig davon, ob an den Akten ein Geheimhaltungsinteresse besteht oder nicht. Die Bestimmung wird in Medienkreisen heftig kritisiert, da sie Journalistinnen und Journalisten zu „Prügelknaben" der Strafverfolgungsbehörden macht, während die primären Geheimnisbrecher (z.B. Beamte und Parlamentarier) oft nicht identifiziert und zur Rechenschaft gezogen werden können. Obschon der primäre Geheimnisverrat (Verletzung des Amtsgeheimnisses durch einen Beamten, Art. 320 StGB) strafbar ist, wurde die Bestimmung (Art. 293 StGB) anlässlich der Medienstrafrechtsrevision 1997 unter dem Eindruck des Falls „Jagmetti/SonntagsZeitung" nicht gestrichen (vgl. Beispiel 1 unten).

Die *Verletzung des Amtsgeheimnisses* ist ein Delikt, welches nur von Staatsorganen (Beamte) begangen werden kann. Medienschaffende können sich aber u.U. der *Anstiftung* zur Verletzung des Amtsgeheimnisses strafbar machen, wenn sie einen Staatsangestellten zur Verletzung eines Amtsgeheimnisses motivieren bzw. beeinflussen. Von einer Anstiftung wird gesprochen, wenn der Staatsangestellte die Tat nicht aus eigenem Willen verübt hat, d.h. wenn er von einem Dritten dazu bewogen worden ist. Der Anstifter erscheint sozusagen als der intellektuelle Urheber der Geheimnisverletzung.

III. Medienstrafrecht

Beispiele

1. Im Januar 1997 publizierte ein Journalist der „Sonntags-Zeitung" Auszüge aus einem als vertraulich klassifizierten Papier des damaligen Schweizer Botschafters Carlo Jagmetti in den USA („Botschafter Jagmetti beleidigt die Juden/Geheimpapier: Man kann dem Gegner nicht vertrauen"). Das Dokument enthielt Strategien zum Verhalten im Konflikt zwischen den Schweizer Banken und dem Jüdischen Weltkongress über die Entschädigung von Holocaust-Opfern für nachrichtenlose jüdische Vermögen auf Schweizer Bankkonten. Mit der Enthüllung wollte die „SonntagsZeitung" zeigen, dass Botschafter Jagmetti wegen seiner aggressiven Wortwahl als Botschafter „nicht mehr tragbar" sei (so Chefredaktor Ueli Haldimann im Kommentar). Es wurden Passagen des Strategiepapiers zitiert, in denen die Rede war vom „Krieg, den die Schweiz an der Aussen- und Innenfront führen und gewinnen muss" und von Jagmettis Vorschlag, die jüdischen Kreise mit einem Deal „per saldo aller Ansprüche" zu entschädigen. Das *Zürcher Bezirksgericht* verurteilte den für den Artikel verantwortlichen Journalisten wegen Veröffentlichung amtlicher geheimer Verhandlungen zu 800 Franken Busse. Das *Bundesgericht* bestätigte diesen Schuldspruch Ende 2000. Der *Presserat* war bei der Beurteilung des Falls zum Schluss gekommen, dass die Veröffentlichung des Dokuments grundsätzlich legitim gewesen sei, dass aber durch die verkürzte Darstellung und die ungenügende Einordnung des Strategiepapiers die Ansichten Jagmettis auf unverantwortliche Weise dramatisiert und skandalisiert worden seien. Der *Europäische Gerichtshof für Menschenrechte* urteilte, dass das Urteil des Bundesgerichts einen Eingriff in die Meinungsäusserungsfreiheit gemäss Art. 10 der Europäischen Menschenrechtskonvention (EMRK) darstelle. Der Eingriff sei in einer demokratischen Gesellschaft nicht notwendig gewesen, zumal die Öffentlichkeit ein legitimes Interesse daran habe, Informationen über den mit dem betreffenden Dossier betrauten Beamten, seinen Stil und seine Verhandlungsstrategie zu erhalten (BGE 126 IV 236; Stellungnahme des Presserates vom 4. April 1997 i.S. „Veröffentlichung vertraulicher Informationen"; Urteil des EGMR vom 25.4.2006, 69698/01)

2. Im Mai 2001 verurteilte das Bundesgericht einen „Blick"-Journalisten wegen Anstiftung zur Verletzung des Amtsgeheimnisses, weil er bei einer Verwaltungsassistentin nachgefragt hatte, ob sie ihm allfällige Vorstrafen der Tatverdächtigen des spektakulären Fraumünster Post-Raubs mitteilen könnte. Die Verwaltungsassistentin händigte ihm das Dokument aus. Der verurteilte Journalist gelangte an den Europäischen Gerichtshof für Menschenrechte (EGMR), der zum Schluss gekommen ist, dass eine Verletzung des Rechts auf freie Meinungsäusserung gemäss

Art. 10 der Europäischen Menschenrechtskonvention (EMRK) vorliegt. Der Journalist hatte lediglich nach einer Auskunft gefragt, ohne die Verwaltungsassistentin zu überreden oder sonst wie zu überzeugen, ihm die nachgefragten Informationen zu liefern (BGE 127 IV 122 sowie Urteil des EGMR vom 25.4.2006, 77551/05).

5. Zeugnisverweigerungsrecht

Art. 28a StGB: Quellenschutz
[1] **Verweigern Personen, die sich beruflich mit der Veröffentlichung von Informationen im redaktionellen Teil eines periodisch erscheinenden Mediums befassen, oder ihre Hilfspersonen das Zeugnis über die Identität des Autors oder über Inhalt und Quellen ihrer Informationen, so dürfen weder Strafen noch prozessuale Zwangsmassnahmen gegen sie verhängt werden.**
[2] **Absatz 1 gilt nicht, wenn der Richter feststellt, dass:**
    a. **das Zeugnis erforderlich ist, um eine Person aus einer unmittelbaren Gefahr für Leib und Leben zu retten; oder**
    b. **ohne das Zeugnis ein Tötungsdelikt im Sinne der Artikel 111–113 oder ein anderes Verbrechen, das mit einer Mindeststrafe von drei Jahren Freiheitsstrafe bedroht ist, oder eine Straftat nach den Artikeln 187, 189–191, 197 Ziffer 3, 260ter, $260^{quinquies}$, 305bis, 305ter und 322ter–$322^{septies}$ des vorliegenden Gesetzes sowie nach Artikel 19 Ziffer 2 des Betäubungsmittelgesetzes vom 3. Oktober 1951 nicht aufgeklärt werden oder der einer solchen Tat Beschuldigte nicht ergriffen werden kann.**

Das Zeugnisverweigerungsrecht umschreibt den Grundsatz, wonach Medienschaffende nicht bestraft werden dürfen, wenn sie sich als Zeugen in einem Strafverfahren weigern, über den Inhalt oder die Quelle einer Information auszusagen. Journalistinnen und Journalisten sind demnach grundsätzlich berechtigt, ihre Informationsquellen geheim zu halten.

Dieses auch *Quellenschutz* genannte Recht kennt *Ausnahmen*: Journalistinnen und Journalisten müssen ihre Quellen bekannt geben, wenn wichtige andere Rechtsgüter auf dem Spiel stehen, namentlich bei folgenden Delikten: Gewaltdelikte (Tötungsdelikte, Körperverletzung, Raub etc.), harte Pornographie, Geldwäscherei, Mitgliedschaften in kriminellen Organisationen sowie schwerer Drogenhandel. Die Bekanntgabe einer Quelle muss gemäss Rechtsprechung unentbehrlich sein, um das in Frage stehende Delikt aufzuklären. Medienschaffende dürfen ihre Quellen geheim halten, solange ebenbürtige Beweise auch auf andere Weise erhoben werden können, auch wenn dies ein langwieriger und mühsamer Aufwand für die Behörde bedeutet (BGE-Urteil 6P.45/2006 vom 11. Mai 2006).

6. Strafbare Handlung durch Veröffentlichung in einem Medium

Art. 28 StGB: Strafbarkeit der Medien
1 Wird eine strafbare Handlung durch Veröffentlichung in einem Medium begangen und erschöpft sie sich in dieser Veröffentlichung, so ist, unter Vorbehalt der nachfolgenden Bestimmungen, der Autor allein strafbar.
2 Kann der Autor nicht ermittelt werden oder in der Schweiz nicht vor Gericht gestellt werden, so ist der verantwortliche Redaktor nach Artikel 322bis strafbar. Fehlt ein verantwortlicher Redaktor, so ist jene Person nach Artikel 322bis strafbar, die für die Veröffentlichung verantwortlich ist.
3 Hat die Veröffentlichung ohne Wissen oder gegen den Wille des Autors stattgefunden, so ist der Redaktor oder, wenn ein solcher fehlt, die für die Veröffentlichung verantwortliche Person als Täter strafbar.
4 Die wahrheitsgetreue Berichterstattung über öffentliche Verhandlungen und amtliche Mitteilungen einer Behörde ist straflos.

Art. 322bis StGB: Nichtverhinderung einer strafbaren Veröffentlichung
Wer als Verantwortlicher nach Artikel 28 Absätze 2 und 3 eine Veröffentlichung, durch die eine strafbare Handlung begangen wird, vorsätzlich nicht verhindert, wird mit Freiheitsstrafe bis zu drei Jahren oder Geldstrafe bestraft. Handelt der Täter fahrlässig, so ist die Strafe Busse.

Da an der Herstellung eines Medienerzeugnisses mehrere Personen beteiligt sind, ist es nicht immer leicht festzustellen, wer in welchem Mass an einem Delikt beteiligt war, das durch die Veröffentlichung in einem Medium begangen worden ist. Dies ist insbesondere der Fall bei anonymen Medienmitteilungen oder Äusserungen, bei denen der Autor ein Pseudonym verwendet.

Wird eine strafbare Handlung durch die Veröffentlichung in einem Medium begangen, so ist primär der *Autor*, der den Beitrag verfasst hat, strafbar. Kann dieser nicht ermittelt oder in der Schweiz nicht vor Gericht gestellt werden, so wird der *verantwortliche Redaktor* belangt, wenn er sich selbst schuldhaft verhalten hat, d.h. wenn er die Veröffentlichung eines strafbaren Beitrages vorsätzlich oder fahrlässig nicht verhindert hat. Kann auch kein Redaktor ermittelt werden, wird die für die Veröffentlichung verantwortliche Person strafbar.

Diese stufenweise Verantwortlichkeit nennt man *Kaskadenhaftung*. Sie wurde geschaffen, damit der Öffentlichkeit wichtige Informationen nicht vorenthalten bleiben. Journalistinnen und Journalisten können kritische Beiträge anonym publizieren, ohne dabei strafrechtliche Konsequenzen zu fürchten. Die blosse Möglichkeit, in heiklen Fällen einer strafrechtlichen Verfolgung und den damit verbundenen persönlichen Nachteilen ausgesetzt zu sein, kann Medienschaffende unter Umständen einschüchtern. Dank der Kaskadenhaftung kann dieses Risiko auf eine für das Medienerzeugnis verantwortliche Person abgewälzt werden. Die verantwortliche Redaktorin bzw. der verantwortliche Redaktor haftet aber nicht für das begangene Delikt, sondern nach Art. 28 i.V.m. Art. 322bis für das Nichtverhindern einer strafbaren Publikation. Dieses Haftungssystem soll die Furcht vor staatlicher und allenfalls gesellschaftlicher Repression dämpfen und die Kommunikationsbereitschaft der Journalistinnen und Journalisten erhöhen. Für ein allfälliges Opfer bleibt die strafrechtliche Verfolgbarkeit gewährleistet, da es aufgrund der Auskunfts- und Impressumspflicht der Medien (vgl. III 3) die für ein Medienerzeugnis verantwortlichen Personen ermitteln kann.

Das Bundesgericht hat in seiner Rechtsprechung einzelne Ausnahmen von der Kaskadenhaftung entwickelt. Seit einem Entscheid aus dem Jahr 1999 (BGE 125 IV 206) schliessen Gerichte das Pornographieverbot (Art. 197 Ziff. 3 StGB), das Brutaloverbot (Art. 135 StGB) und das Rassendiskriminierungsverbot (261bis Abs. 4 StGB) von der privilegierten Haftung aus. Das Bundesgericht begründet seine Rechtsprechung damit, dass die besagten Normen gerade die Veröffentlichung selbst unter Strafe stellen, weshalb *jede* Person, die an deren Veröffentlichung mitwirkt, strafrechtlich zur Rechenschaft gezogen werden soll.

Übersicht Kaskadenhaftung

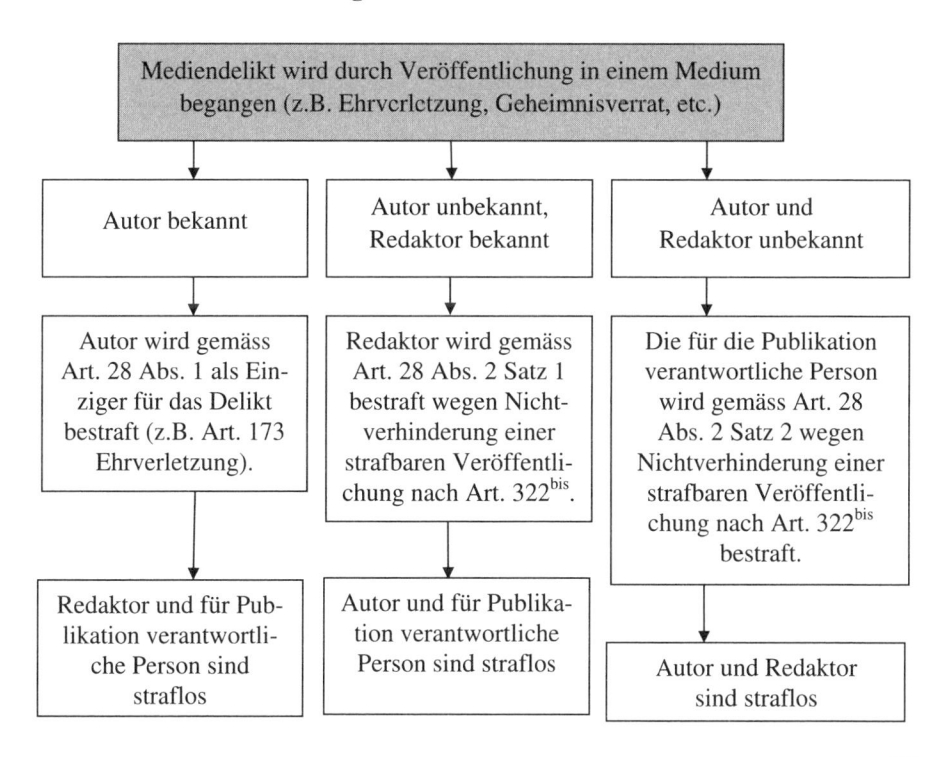

Mediendelikt wird durch Veröffentlichung in einem Medium begangen (z.B. Ehrverletzung, Geheimnisverrat, etc.)		
Autor bekannt	Autor unbekannt, Redaktor bekannt	Autor und Redaktor unbekannt
Autor wird gemäss Art. 28 Abs. 1 als Einziger für das Delikt bestraft (z.B. Art. 173 Ehrverletzung).	Redaktor wird gemäss Art. 28 Abs. 2 Satz 1 bestraft wegen Nichtverhinderung einer strafbaren Veröffentlichung nach Art. 322bis.	Die für die Publikation verantwortliche Person wird gemäss Art. 28 Abs. 2 Satz 2 wegen Nichtverhinderung einer strafbaren Veröffentlichung nach Art. 322bis bestraft.
Redaktor und für Publikation verantwortliche Person sind straflos	Autor und für Publikation verantwortliche Person sind straflos	Autor und Redaktor sind straflos

7. Pornographieverbot

Art. 197 StGB: Pornographie
1. Wer pornographische Schriften, Ton- oder Bildaufnahmen, Abbildungen, andere Gegenstände solcher Art oder pornographische Vorführungen einer Person unter 16 Jahren anbietet, zeigt, überlässt, zugänglich macht oder durch Radio oder Fernsehen verbreitet, wird mit Freiheitsstrafe bis zu drei Jahren oder Geldstrafe bestraft.
2. Wer Gegenstände oder Vorführungen im Sinne von Ziffer 1 öffentlich ausstellt oder zeigt oder sie sonst jemandem unaufgefordert anbietet, wird mit Busse bestraft.
Wer die Besucher von Ausstellungen oder Vorführungen in geschlossenen Räumen im Voraus auf deren pornographischen Charakter hinweist, bleibt straflos.
3. Wer Gegenstände oder Vorführungen im Sinne von Ziffer l, die sexuelle Handlungen mit Kindern oder mit Tieren, menschlichen Ausscheidungen oder Gewalttätigkeiten zum Inhalt haben, herstellt, einführt, lagert, in Verkehr bringt, anpreist, ausstellt, anbietet, zeigt, überlässt oder zugänglich macht, wird mit Freiheitsstrafe bis zu drei Jahren oder Geldstrafe bestraft.
Die Gegenstände werden eingezogen.

3bis. Mit Freiheitsstrafe bis zu einem Jahr oder mit Geldstrafe wird bestraft, wer Gegenstände oder Vorführungen im Sinne von Ziffer 1, die sexuelle Handlungen mit Kindern oder Tieren oder sexuelle Handlungen mit Gewalttätigkeiten zum Inhalt haben, erwirbt, sich über elektronische Mittel oder sonst wie beschafft oder besitzt.
Die Gegenstände werden eingezogen.
4. Handelt der Täter aus Gewinnsucht, so ist die Strafe Freiheitsstrafe bis zu drei Jahren oder Geldstrafe. Mit Freiheitsstrafe ist eine Geldstrafe zu verbinden.
5. Gegenstände oder Vorführungen im Sinne der Ziffern 1–3 sind nicht pornographisch, wenn sie einen schutzwürdigen kulturellen oder wissenschaftlichen Wert haben.

Das Pornographieverbot hat zum Ziel, junge Menschen vor der Wahrnehmung pornographischer Darstellungen zu schützen (Jugendschutz) und zu verhindern, dass jemand gegen seinen Willen Darstellungen sexuellen Inhalts zur Kenntnis nehmen muss. Es wird zwischen weicher und harter Pornographie unterschieden.

Unter sog. *weicher Pornographie* (Art. 197 StGB Ziff. 1 und 2) versteht man Darstellungen, die objektiv betrachtet darauf ausgelegt sind, den Betrachter sexuell aufzureizen. Die dargestellte Sexualität muss dabei so stark aus ihren menschlichen und emotionalen Bezügen herausgetrennt sein, dass die gezeigte(n) Person(en) als reine(s) Sexualobjekt(e) erscheinen. Das Anbieten und Zeigen von weicher Pornographie ist strafbar, wenn eine solche Darstellung einer Person unter 16 Jahren zugänglich gemacht oder durch Radio und Fernsehen verbreitet wird. Weiche Pornographie ist daher nur dann erlaubt, wenn sichergestellt ist, dass Jugendlichen unter 16 Jahren der „Zutritt" verwehrt ist und niemand unfreiwillig mit pornographischen Darstellungen konfrontiert wird.

Gemäss Art. 197 Ziff. 3 StGB ist das Vorführen sog. *harter Pornographie* in der Schweiz generell verboten. Unter den Begriff der harten Pornographie fallen alle sexuellen Handlungen mit Kindern und Tieren sowie solche, die Gewalttätigkeiten oder menschliche Ausscheidungen beinhalten.

Die seit April 2002 geltende Ziff. 3bis des Pornographie-Tatbestandes stellt das Beschaffen, den Erwerb und den Besitz von pornographischen Darstellungen mit Kindern oder Tieren und von pornographischen Gewalttätigkeiten unter Strafe. Die Bestimmung wurde mit Blick auf das Internet erlassen, über das immer mehr pornographisches Material verbreitet wird. Werden pornographische Bilder z.B. vom Internet auf einen Computer geladen, so macht sich dessen Benutzer strafbar.

8. Brutaloverbot

Art. 135 StGB: Gewaltdarstellungen
[1] Wer Ton- oder Bildaufnahmen, Abbildungen, andere Gegenstände oder Vorführungen, die, ohne schutzwürdigen kulturellen oder wissenschaftlichen Wert zu haben, grausame Gewalttätigkeiten gegen Menschen oder Tiere eindringlich darstellen und dabei die elementare Würde des Menschen in schwerer Weise verletzen, herstellt, einführt, lagert, in Verkehr bringt, anpreist, ausstellt, anbietet, zeigt, überlässt oder zugänglich macht, wird mit Freiheitsstrafe bis zu drei Jahren oder Geldstrafe bestraft.
[1bis] Mit Freiheitsstrafe bis zu einem Jahr oder mit Geldstrafe wird bestraft, wer Gegenstände oder Vorführungen nach Absatz 1, soweit sie Gewalttätigkeiten gegen Menschen oder Tiere darstellen, erwirbt, sich über elektronische Mittel oder sonst wie beschafft oder besitzt.
[2] Die Gegenstände werden eingezogen.
[3] Handelt der Täter aus Gewinnsucht, so ist die Strafe Freiheitsstrafe bis zu drei Jahren oder Geldstrafe. Mit Freiheitsstrafe ist eine Geldstrafe zu verbinden.

Das sog. Brutaloverbot will verhindern, dass insbesondere Jugendliche durch Gewaltdarstellungen negativ beeinflusst und zu gewalttätigem Verhalten gegenüber Mitmenschen verleitet werden. Die Bestimmung stellt Darstellungen unter Strafe, die eindringlich grausame Gewalthandlungen ohne schutzwürdigen kulturellen oder wissenschaftlichen Wert zeigen (z.B. Stanley Kubrick, A Clockwork Orange, informative Kriegsberichterstattung, Anti-Folter Kampagne).

Grausam ist eine Darstellung dann, wenn dem Opfer besondere physische und psychische Leiden zugefügt werden. Die Gewaltdarstellung muss völlig aus dem

Zusammenhang gerissen sein und um ihrer Selbstwillen dargestellt werden. Von der Vorschrift ausgenommen sind Gewaltdarstellungen in Schriftform, d.h. nur die bildhafte Darstellung von Gewalt ist strafbar.

9. Rassendiskriminierungsverbot

Art. 261bis StGB: Rassendiskriminierung
 Wer öffentlich gegen eine Person oder eine Gruppe von Personen wegen ihrer Rasse, Ethnie oder Religion zu Hass oder Diskriminierung aufruft,
 wer öffentlich Ideologien verbreitet, die auf die systematische Herabsetzung oder Verleumdung der Angehörigen einer Rasse, Ethnie oder Religion gerichtet sind,
 wer mit dem gleichen Ziel Propagandaaktionen organisiert, fördert oder daran teilnimmt,
 wer öffentlich durch Wort, Schrift, Bild, Gebärden, Tätlichkeiten oder in anderer Weise eine Person oder eine Gruppe von Personen wegen ihrer Rasse, Ethnie oder Religion in einer gegen die Menschenwürde verstossenden Weise herabsetzt oder diskriminiert oder aus einem dieser Gründe Völkermord oder andere Verbrechen gegen die Menschlichkeit leugnet, gröblich verharmlost oder zu rechtfertigen sucht,
 wer eine von ihm angebotene Leistung, die für die Allgemeinheit bestimmt ist, einer Person oder einer Gruppe von Personen wegen ihrer Rasse, Ethnie oder Religion verweigert,
 wird mit Freiheitsstrafe bis zu drei Jahren oder Geldstrafe bestraft.

Das Rassendiskriminierungsverbot hat zum Ziel, rassistische Propaganda und Rassenhetze zu bekämpfen. Äusserungen in Wort, Schrift, Bild, Gebärde oder Tätlichkeiten, die eine Person oder eine Gruppe von Personen wegen ihrer Rasse, Ethnie oder Religion diskriminieren, werden mit Freiheitsstrafe oder Geldstrafe bestraft.

Im Medienbereich stellt sich insbesondere die Frage, ob Journalistinnen und Journalisten im Rahmen einer Berichterstattung für rassistische Äusserungen Dritter strafrechtlich zur Rechenschaft gezogen werden können. Bei der Beantwortung dieser Frage muss im Einzelfall eine Abwägung zwischen der Meinungsäusserungsfreiheit und der Strafrechtsnorm vorgenommen werden. Zu berücksichtigen sind der Adressatenkreis, die Art und Dauer einer Äusserung sowie die Präsentation des Inhalts. Medienschaffenden ist zu empfehlen, bei rassistischen Äusserungen Dritter klar Stellung zu beziehen (keine kommentarlose Wiedergabe) oder sich von den Äusserungen zu distanzieren (z.B. mit Hinweisen auf die Gefahr des Rassismus).

III. Medienstrafrecht

10. Zusammenfassung

Der strafrechtliche Persönlichkeitsschutz unterscheidet die *üble Nachrede*, die *Verleumdung* und die *Beschimpfung*. Eine üble Nachrede ist die Behauptung ehrenrühriger Tatsachen gegenüber einem Dritten oder gegenüber der Öffentlichkeit. Bei der Verleumdung handelt der Täter wider besseren Wissens, d.h. er weiss, dass seine Aussage nicht der Wahrheit entspricht. Beschimpfungen sind Beleidigungen bzw. Werturteile oder ehrverletzende Tatsachenbehauptungen, die zwischen zwei Personen geäussert werden.

Die *Auskunfts- und Impressumspflicht* soll bei Delikten, an denen ein Medienunternehmen beteiligt ist, die Rechtsdurchsetzung erleichtern. Die Auskunftspflicht verpflichtet Medienunternehmen, den Sitz des Unternehmens und die Identität der Person, welche für eine Veröffentlichung zuständig ist, auf Anfrage bekannt zu geben. Das Impressum hat den Sitz des Medienunternehmens, den verantwortlichen Redaktor sowie namhafte Beteiligungen an anderen Unternehmen anzugeben.

Der Tatbestand der *Veröffentlichung amtlicher geheimer Verhandlungen* stellt journalistische Indiskretionen unter Strafe. Die Veröffentlichung von Akten einer Behörde, die für geheim erklärt worden sind, zieht eine Strafbarkeit nach sich, unabhängig davon, ob an den Akten ein Geheimhaltungsinteresse besteht oder nicht.

Das *Zeugnisverweigerungsrecht* schützt journalistische Informationsquellen. Medienschaffende müssen ihre Quellen ausnahmsweise bekannt geben, wenn wichtige andere Rechtsgüter auf dem Spiel stehen, insbesondere bei Gewaltdelikten, harter Pornographie, Geldwäscherei, Drogenhandel etc.

Wird eine *strafbare Handlung durch die Veröffentlichung in einem Medium* begangen, so ist gemäss der Kaskadenhaftung primär der Autor, der den Beitrag verfasst hat, strafbar. Kann dieser nicht ermittelt oder in der Schweiz nicht vor Gericht gestellt werden, so wird der verantwortliche Redaktor belangt, wenn er sich selbst schuldhaft verhalten hat, d.h. wenn er die Veröffentlichung eines strafbaren Beitrages vorsätzlich oder fahrlässig nicht verhindert hat. Fehlt ein verantwortlicher Redaktor, so ist jene Person strafbar, die für die Veröffentlichung verantwortlich ist.

11. Repetitionsfragen zum Medienstrafecht

1. Worin unterscheiden sich der strafrechtliche und der zivilrechtliche Ehrbegriff?
2. Welche Ehrverletzungsdelikte enthält das Strafgesetzbuch?
3. Was versteht das Strafgesetzbuch unter übler Nachrede?
4. Worin unterscheidet sich die Verleumdung von der üblen Nachrede?
5. Worin unterscheiden sich üble Nachrede und Verleumdung von der Beschimpfung?
6. Benötigen Medienschaffende bei telefonischen Anfragen eine Einwilligung in die Aufnahme des Gesprächs?
7. Worin besteht der Sinn der Auskunfts- und Impressumspflicht?
8. Weshalb ist die Bestrafung von Medienschaffenden in Bezug auf die Veröffentlichung amtlicher geheimer Dokumente umstritten?
9. Was besagt das Zeugnisverweigerungsrecht?
10. Kennt das Zeugnisverweigerungsrecht Ausnahmen? Wenn ja, welche?
11. Wer ist primär strafbar, wenn eine strafbare Handlung durch Veröffentlichung in einem Medium begangen wird?
12. Wer kann auch noch strafrechtlich belangt werden, wenn der Verfasser eines Beitrages nicht ermittelt werden kann?
13. Was versteht man unter dem Pornographieverbot?
14. Was bezweckt das sog. Brutaloverbot?
15. Können Medienschaffende im Rahmen einer Berichterstattung für rassistische Äusserungen Dritter strafrechtlich zur Verantwortung gezogen werden?

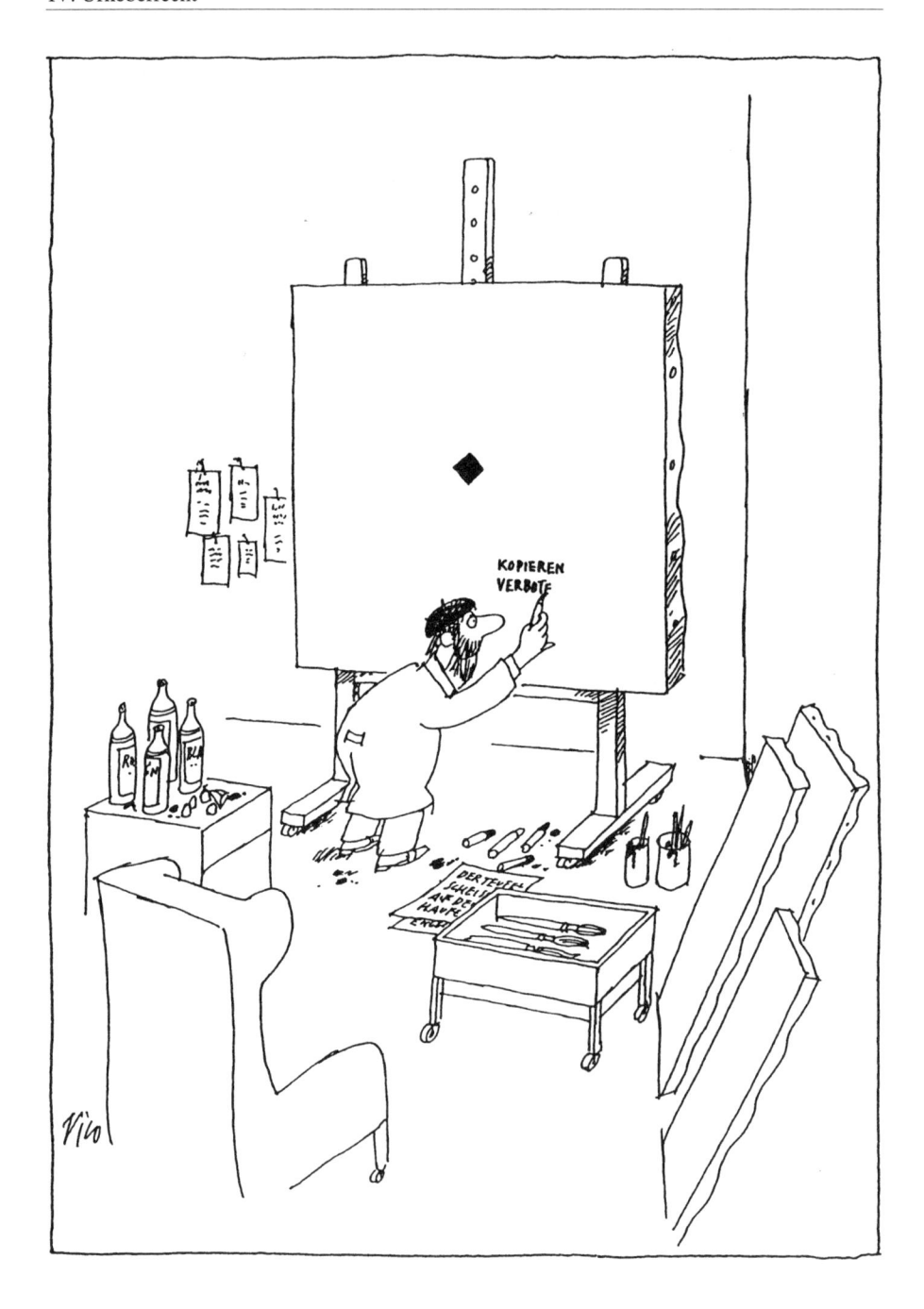

IV. Urheberrecht

IV. Urheberrecht

1. Recht an Sachen – Recht an immateriellen Gütern

Wer Eigentümer einer *Sache* ist, kann über diese nach Belieben verfügen: Er kann sie benutzen, verkaufen, vermieten, verschenken oder auch zerstören.

Das Gleiche gilt grundsätzlich auch für den Eigentümer *immaterieller Güter*: Der Erfinder kann über seine Erfindung, der Journalist über den von ihm verfassten Beitrag, der Designer über das von ihm entworfene Design, der Komponist über das von ihm geschaffene Musikstück nach Belieben verfügen.

Trotzdem besteht ein wesentlicher *Unterschied* zwischen materiellen und immateriellen Gütern. Während der Eigentümer einer Sache sein Recht ausüben kann, indem er körperlich darüber verfügt, d.h. die Sache an sich nimmt oder weggibt, ist dies bei immateriellen Gütern nur sehr beschränkt möglich. Eine Erfindung, ein Text, ein Film, ein Design oder eine Melodie existieren unabhängig von Raum und Zeit; sie können gleichzeitig an verschiedenen Orten von verschiedenen Personen beliebig oft benutzt werden, ohne dass ihre Substanz dabei verändert würde.

Aus diesem Grund sind verschiedene Vorkehrungen nötig, um das Recht an immateriellen Gütern ausüben zu können. Die Gesamtheit dieser Vorkehrungen wird als *Immaterialgüterrecht* bezeichnet. Das *Urheberrecht* ist ein Teil davon. Andere Teile sind etwa das *Markenrecht*, das *Designrecht* oder das *Patentrecht*.

In der Praxis wird ein urheberrechtlich geschütztes Werk häufig mit dem Zeichen „©" gekennzeichnet. Das Zeichen stammt aus dem anglo-amerikanischen Recht und bedeutet „Copyright". Da in der Schweiz ein Werk nicht registriert werden muss/kann, damit ihm urheberrechtlichen Schutz zukommt, ist das Anbringen des Zeichens nicht nötig. In der Praxis wird das Zeichen „©" manchmal gebraucht, um potentielle Urheberrechtsverletzer vor einer Urheberrechtsverletzung zu warnen.

Immaterialgüterrecht	
Urheberrecht	Designrecht
Markenrecht	Patentrecht
Herkunftsangaben	Firmenrecht

IV. Urheberrecht

Im Folgenden werden die wichtigsten Prinzipien des Urheberrechts dargelegt. Es handelt sich dabei um die Fragen: Wer ist Urheber? Was ist ein urheberrechtlich geschütztes Werk? Welche Rechte stehen dem Urheber eines Werks zu? Gibt es allfällige Schranken zu beachten? Wie schützt man ein Urheberrecht?

2. Gegenstand des Urheberrechts

Das *Bundesgesetz über das Urheberrecht und verwandte Schutzrechte (Urheberrechtgesetz)* schützt Werke der Literatur und der Kunst. Das urheberrechtliche *Werk* (= das geistige Eigentum) umschreibt das Gesetz im **Art. 2 Abs. 1 URG** wie folgt:

> *„Werke sind, unabhängig von ihrem Wert oder Zweck, geistige Schöpfungen der Literatur und Kunst, die individuellen Charakter haben."*

Das Urheberrecht verschafft dem Urheber ein umfassendes individuelles *Herrschaftsrecht* an seinen Werken gegenüber Dritten. Es handelt sich dabei um das *Recht auf Anerkennung seiner Urheberschaft*, das *Veröffentlichungsrecht* und das *Recht auf Verwendung seines Werks*, d.h. die Befugnis, Werkexemplare herzustellen, anzubieten, vorzuführen etc. Dritte dürfen das Werk nur verwerten, wenn der Urheber seine *Einwilligung* dazu gibt. Da der Urheber am wirtschaftlichen Nutzen seines Werks teilhaben soll, kann die Einwilligung von finanziellen, aber auch von ideellen Bedingungen abhängig gemacht werden. Eine Verwertung des Werks ohne Einwilligung stellt eine Urheberrechtsverletzung dar.

Das Urheberrecht ist in weiten Teilen international festgelegt (Konventionsrecht). Die meisten Staaten haben sich in *internationalen Abkommen* (Berner Übereinkunft [SR 0.231.15], Welturheberrechtsabkommen [SR 0.231.01] und bilaterale Urheberrechtsabkommen, Rom-Abkommen [SR 0.231.171], Brüsseler Satelliten-Abkommen [SR 0.231.173], Genfer Tonträger-Abkommen [SR 0.231.172] etc.) auf einheitliche Regelungen geeinigt, so dass ein Werk in fast allen Ländern einen vergleichbaren Schutz geniesst. Die grösste Bedeutung kommt der Berner Übereinkunft zu, deren Verwaltungsorgan die *WIPO* (= World Intellectual Property Organisation) bzw. *OMPI* (= Organisation Mondiale de la Propriété Intellectuelle) ist. Bei Abweichungen geht das jeweilige Landesrecht dem der internationalen Konventionen vor.

IV. Urheberrecht

„ER SAGT, ER HEISSE SCHAWINSKI — UND WENN ER ZUDEM SAGT, ER SEI DER ERFINDER DES FERNSEHENS, DANN IST DAS AUCH SCHAWINSKI."

3. Was ist ein Werk?

Art. 2 URG: Werkbegriff
[1] Werke sind, unabhängig von ihrem Wert oder Zweck, geistige Schöpfungen der Literatur und Kunst, die individuellen Charakter haben.
[2] Dazu gehören insbesondere:
    a. literarische, wissenschaftliche und andere Sprachwerke;
    b. Werke der Musik und andere akustische Werke;
    c. Werke der bildenden Kunst, insbesondere der Malerei, der Bildhauerei und der Graphik;
    d. Werke mit wissenschaftlichem oder technischem Inhalt wie Zeichnungen, Pläne, Karten oder plastische Darstellungen;
    e. Werke der Baukunst;
    f. Werke der angewandten Kunst;
    g. fotografische, filmische und andere visuelle oder audiovisuelle Werke;
    h. choreographische Werke und Pantomimen.
[3] Als Werke gelten auch Computerprogramme.
[4] Ebenfalls geschützt sind Entwürfe, Titel und Teile von Werken, sofern es sich um geistige Schöpfungen mit individuellem Charakter handelt.

Art. 3 URG: Werke zweiter Hand
[1] Geistige Schöpfungen mit individuellem Charakter, die unter Verwendung bestehender Werke so geschaffen werden, dass die verwendeten Werke in ihrem individuellen Charakter erkennbar bleiben, sind Werke zweiter Hand.
[2] Solche Werke sind insbesondere Übersetzungen sowie audiovisuelle und andere Bearbeitungen.
[3] Werke zweiter Hand sind selbständig geschützt.
[4] Der Schutz der verwendeten Werke bleibt vorbehalten.

Art. 4 URG: Sammelwerke
[1] Sammlungen sind selbständig geschützt, sofern es sich bezüglich Auswahl oder Anordnung um geistige Schöpfungen mit individuellem Charakter handelt.
[2] Der Schutz von in das Sammelwerk aufgenommenen Werken bleibt vorbehalten.

Art. 5 URG: Nicht geschützte Werke
[1] Durch das Urheberrecht nicht geschützt sind:
    a. Gesetze, Verordnungen, völkerrechtliche Verträge und andere amtliche Erlasse;
    b. Zahlungsmittel;
    c. Entscheidungen, Protokolle und Berichte von Behörden und öffentlichen Verwaltungen;
    d. Patentschriften und veröffentlichte Patentgesuche.
[2] Ebenfalls nicht geschützt sind amtliche oder gesetzlich geforderte Sammlungen und Übersetzungen der Werke nach Absatz 1.

3.1.1 3.1 Allgemeines

Als Werk im Sinne des Urheberrechts gilt jede geistige Schöpfung von *selbständigem Gepräge*. Das Werk muss originell sein, d.h. einen *individuellen Charakter* aufweisen. Auf die künstlerische oder literarische Qualität kommt es dabei grundsätzlich nicht an. In Art. 2 Abs. 2 URG stellt das Gesetz eine nicht abschliessende Liste auf, welche Werke im Besonderen unter den Werkbegriff fallen (literarische, wissenschaftliche und andere Sprachwerke, Werke der Musik und andere akustische Werke, fotografische, kinematografische und andere visuelle oder audiovisuelle Werke, Werke der bildenden Kunst und der Baukunst, Computerprogramme).

Neben Originalschöpfungen gelten auch *Übersetzungen*, *Bearbeitungen* und *Arrangements* als Werke, wenn es sich dabei um eigenständige Leistungen handelt (sog. Werke zweiter Hand). Sowohl das Original als auch das Werk zweiter Hand geniesst einen eigenständigen urheberrechtlichen Schutz. Seit 1993 fallen auch Computerprogramme unter den urheberrechtlichen Werkbegriff.

Werkqualität kann ebenso einer *Sammlung von Werken* zukommen, z.B. einem Gedichtband. Umgekehrt sind Werke nicht nur in ihrer Ganzheit geschützt, sondern auch in ihren Teilen. So gilt etwa das Kapitel eines Buchs oder der Satz einer Symphonie in gleicher Weise als Werk wie das Buch oder die Symphonie als Ganzes.

Keine Werke im Sinne des Urheberrechts sind Gesetze, Verordnungen und andere amtliche Erlasse wie z.B. Protokolle, Berichte oder Entscheidungen einer Behörde. Die Werkqualität fehlt bei Eigenleistungen, denen die Unverwechselbarkeit abgeht, zum Beispiel bei einer Agenturmeldung oder beim Filmen einer Rede (in Abgrenzung zum selbstverfassten Artikel bzw. zur künstlerischen Kameraführung).

3.1.2 3.2 Aktuelle Fälle: Bob Marley und Wachmann Meili

Im Einzelfall kann es schwierig sein, zu bestimmen, ob ein Werk individuellen Charakter hat oder nicht. Nach neuer bundesgerichtlicher Rechtsprechung soll eine Fotografie urheberrechtlichen Schutz geniessen, wenn der individuelle Charakter des Bildes in einem Aspekt liegt wie der Bildkomposition (Wahl der Perspektive oder des Ausschnittes), der Lichtgestaltung (Beleuchtung, Kontraste, Tiefenschärfe, Lichtführung), der Bearbeitung des Negativs bei der Entwicklung oder bei der Auswahl des fotografierten Objektes. Im Einzelnen:

Fall Bob Marley: Eine Firma hat ein Bild eines Fotografen als Poster weltweit verkauft, ohne dass dieser ein Honorar erhalten hätte oder um sein Einverständnis angegangen worden wäre. Das Bild hatte der Fotograf anlässlich eines Open-Air-Konzertes 1978 in Kalifornien geschossen. Es zeigt den Reggae-Sänger Bob Marley, dessen Rasta-Locken in alle Richtungen stehen. Das Bundesgericht sprach dem Bild urheberrechtlichen Schutz zu, namentlich weil es „individuellen Charakter" aufweise und die Fotografie auf einem „menschlichen Gestaltungswille" beruhe. Als „individuellen Charakter" anerkannte das Gericht unter anderem die fliegenden Rasta-Locken des Sängers und „ihre an eine Skulptur gemahnenden Formen, wobei ein besonderer Akzent durch den Schatten gesetzt wird, den eine horizontal fliegende Locke auf das Gesicht wirft". Den „menschlichen Gestaltungswillen" erkannte das Bundesgericht „in der Wahl des Bildausschnittes und dem Zeitpunkt des Auslösens der Bildaufnahme während eines bestimmten Bewegungsablaufs des Sängers" (BGE 130 III 168).

Fall Wachmann Meili: Eine Journalistin hatte den UBS-Wachmann Meili zusammen mit zwei Aktenmappen posierend fotografiert. Die Fotografie wurde von der BBC ohne vorherige Erlaubnis der Journalistin in einem Film ausgestrahlt. Das Bundesgericht entschied, dass die Fotografie des Wachmanns Meili keinen urheberrechtlichen Schutz geniesse und die BBC deshalb das Bild ohne Erlaubnis und ohne finanzielle Abgeltung benutzen durfte. Das Bundesgericht argumentierte, dass es sich bei dem Foto um einen Schnappschuss handle, zumal man Wachmann Meili frontal von vorne die Aktenmappen präsentierend sieht. Gemäss Bundesgericht seien zudem die fototechnischen Mittel, mit denen das Bild hergestellt wurde, banal und entsprächen dem, was eine einfache Fotokamera automatisch als Motiv gewählt hätte. Den für den urheberrechtlichen Schutz unabdingbaren „individuellen Charakter" sah das Bundesgericht als nicht gegeben (BGE 130 III 714).

Das Urteil im Fall Wachmann Meili hat die schweizerische Medienwelt verunsichert, weil mit dieser Rechtsprechung nicht klar ist, wann einem Bild Urheberrechtsschutz zukommt und wann nicht. Es besteht seit dem Urteil nunmehr die Gefahr, dass tausende von „nicht speziell gestalteten" Fotografien, wie sie jede Bildagentur anbietet, von jedermann und ohne Entschädigung genutzt werden können.

4. Inhaber des Urheberrechts

Art. 6 URG: Begriff
Urheber oder Urheberin ist die natürliche Person, die das Werk geschaffen hat.

Art. 7 URG: Miturheberschaft
[1] Haben mehrere Personen als Urheber oder Urheberinnen an der Schaffung eines Werks mitgewirkt, so steht ihnen das Urheberrecht gemeinschaftlich zu.
[2] Haben sie nichts anderes vereinbart, so können sie das Werk nur mit Zustimmung aller verwenden; die Zustimmung darf nicht wider Treu und Glauben verweigert werden.
[3] Jeder Miturheber und jede Miturheberin kann Rechtsverletzungen selbständig verfolgen, jedoch nur Leistung an alle fordern.
[4] Lassen sich die einzelnen Beiträge trennen und ist nichts anderes vereinbart, so darf jeder Miturheber und jede Miturheberin den eigenen Beitrag selbständig verwenden, wenn dadurch die Verwertung des gemeinsamen Werkes nicht beeinträchtigt wird.

Art. 8 URG: Vermutung der Urheberschaft
[1] Solange nichts anderes nachgewiesen ist, gilt als Urheber oder als Urheberin, wer auf den Werkexemplaren oder bei der Veröffentlichung des Werks mit dem eigenen Namen, einem Pseudonym oder einem Kennzeichen genannt wird.
[2] Solange die Urheberschaft ungenannt oder bei einem Pseudonym oder einem Kennzeichen unbekannt bleibt, kann diejenige Person das Urheberrecht ausüben, die das Werk herausgibt. Wird auch diese Person nicht genannt, so kann das Urheberrecht ausüben, wer das Werk veröffentlicht hat.

Das Urheberrecht entsteht primär in derjenigen Person, die das Werk geschaffen hat. Sie ist die *Urheberin* bzw. der *Urheber*. Nach schweizerischem Recht können nur *natürliche Personen* Urheber sein, nicht hingegen juristische Personen. Eine AG etwa kann nie Urheberin sein, wohl aber können ihr von der Urheberin bzw. vom Urheber Nutzungsrechte eingeräumt werden (vgl. Teil IV 5.1).

Schaffen mehrere Personen gemeinsam ein Werk, so dass sich die Beiträge der einzelnen Beteiligten nicht voneinander trennen lassen, gelten alle als *Miturheber*. Sie können das Urheberrecht gemeinsam geltend machen.

Wie die Rechte an Sachen können auch Urheberrechte verkauft, verschenkt oder sonstwie veräussert werden. Der *Urheber* eines Werks ist deshalb nicht notwendigerweise auch der *Inhaber des Urheberrechts*. Der Urheber kann nämlich seine Nutzungsrechte einem anderen abtreten und zwar sowohl einer *natürlichen* als auch einer *juristischen Person*. So kann z.B. die als Verein organisierte SRG/SSR zwar nicht Urheberin, wohl aber Inhaberin von Urhebernutzungsrechten sein.

Wird ein Werk interpretiert, beispielsweise durch Kabarettisten, Schauspielern oder Musikern, entsteht – im Gesetz aufgeführt unter dem Titel der *„verwandten Schutzrechte"* bzw. der *„ausübenden Künstlerinnen und Künstler"* – ein urheberrechtsähnliches Schutzrecht (Art. 33–39 URG). Es geht dabei um den Schutz geistiger Leistungen, die keine Schöpfungen darstellen und daher auch keine Werke sind, die aber mit solchen zu tun haben. Neben den *Interpreten* kommt dieser Schutz den *Herstellern von Ton- und Tonbildträgern* (in Bezug auf kaufmännisch-organisatorische Leistung wie z.B. der Herstellung eines Films) sowie den *Rundfunk-Sendeunternehmen* (in Bezug auf die Nutzung z.B. eines Radioprogramms) zu.

5. Vermögensrechte und Persönlichkeitsrechte

Inhaltlich setzt sich das Urheberrecht aus den *Urhebernutzungsrechten* und den *Urheberpersönlichkeitsrechten* zusammen.

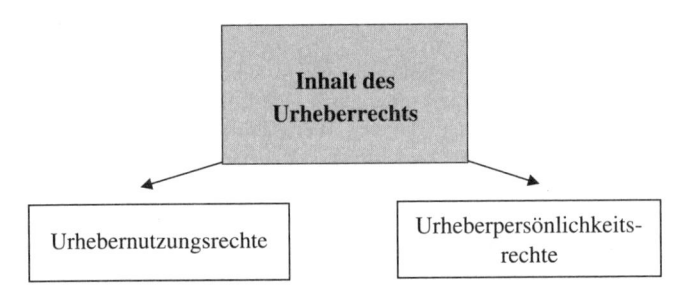

```
                    ┌──────────────┐
                    │  Inhalt des  │
                    │ Urheberrechts│
                    └──────┬───────┘
              ┌────────────┴────────────┐
              ▼                         ▼
    ┌──────────────────┐      ┌──────────────────────┐
    │Urhebernutzungs-  │      │Urheberpersönlichkeits-│
    │rechte            │      │rechte                 │
    └──────────────────┘      └──────────────────────┘
```

5.1 Urhebernutzungsrechte

Die Urhebernutzungsrechte ermöglichen dem Inhaber des Urheberrechts, aus dem Werk einen wirtschaftlichen Vorteil zu ziehen, indem er das Urheberrecht entweder selbst nutzt oder einem anderen die Nutzung gegen Entschädigung überlässt. Zu den Urhebernutzungsrechten werden gezählt: das *Vervielfältigungsrecht* (Recht, Vervielfältigungsexemplare – z.B. Bücher, Zeitschriften, CD-ROMs – herzustellen); *das Verbreitungsrecht* (Recht, das Original oder Vervielfältigungsstücke von Werken in Verkehr zu bringen); *das Vortrags-, Aufführungs- und Vorführungsrecht* (Recht, ein Werk z.B. auf einem öffentlichen Platz, einer Bühne oder einem Bildschirm vorzuführen); *das Senderecht, das Recht zur Weitersendung und zur öffentlichen Wahrnehmbarmachung* (Befugnis des Urhebers zu erlauben bzw. zu untersagen, dass sein Werk über Rundfunk gesendet bzw. weiterverwertet wird) sowie *das Verfügungsrecht* (Recht, das Werk zu verkaufen, zu verschenken, zu zerstören, zu vermieten etc.).

5.2 Urheberpersönlichkeitsrechte

Neben den Nutzungsrechten kennt das Urheberrecht auch persönlichkeitsrechtliche Elemente, welche die ideelle Beziehung des Urhebers zu seinem Werk schützen. Urheberpersönlichkeitsrechte beinhalten den Anspruch, die Erstveröffentlichung des Werks zu bestimmen sowie *als Urheber* des Werks *genannt* und *anerkannt* zu werden, d.h. die Urheberschaft an seinem Werk zu beanspruchen und sich gegen Dritte, die es als ihr eigenes ausgeben (Plagiat), zur Wehr zu setzen. Dem Urheber kommt zudem das Recht zu, die *Entstellung oder Verstümmelung* des Werks zu verbieten (sog. Recht auf Werkintegrität). Grundsätzlich ist jede Änderung ohne Einwilligung des Urhebers verboten, es sei denn, es handelt sich um Änderungen, zu denen der Urheber seine Zustimmung nach Treu und Glauben nicht versagen kann (z.B. Korrekturen von Druckfehlern bei einem Artikel).

5.3 Bedeutung der Unterscheidung

Die *Abtretung* eines Urheberrechts (z.B. an einen Zeitungsverlag) umfasst nur die *vermögensrechtlichen*, nicht aber die persönlichkeitsrechtlichen Elemente, d.h. die Urheberpersönlichkeitsrechte können nicht abgetreten werden und sind daher *unverzichtbar*. Der Urheber kann lediglich die wirtschaftliche Nutzung des Werks einem anderen überlassen, behält aber selbst das Recht, als Urheber anerkannt zu werden und die Werkintegrität zu verteidigen.

6. Übertragung des Urheberrechts

Die Übertragung des Urhebernutzungsrechts erfolgt mittels *Vertrag*. Im Medienbereich findet die Übertragung von den Medienschaffenden auf das Medienunternehmen in der Regel im Rahmen eines *Arbeitsvertrages, Auftrages oder Verlagvertrages* statt.

Liegt kein Vertrag oder ein unklarer Vertrag vor, ist davon auszugehen, dass der Urheber seine Rechte nicht einfach pauschal abtritt, sondern die Nutzung nur gemäss dem Zweck der Übertragung erlaubt (Art. 16 Abs. 2 URG). Diese Regel wird „Zweckübertragungstheorie" genannt. So wird z.B. vermutet, dass – gegenteilige Absprachen vorbehalten – der Artikel eines Journalisten nur einmal von derselben Redaktion veröffentlicht werden darf.

7. Schranken des Urheberrechts

Ausnahmsweise erlaubt das Gesetz die *zustimmungslose Nutzung* eines Werks. In diesem Fall verbleiben dem Urheber lediglich die Urheberpersönlichkeitsrechte (vgl. Teil IV 5.2).

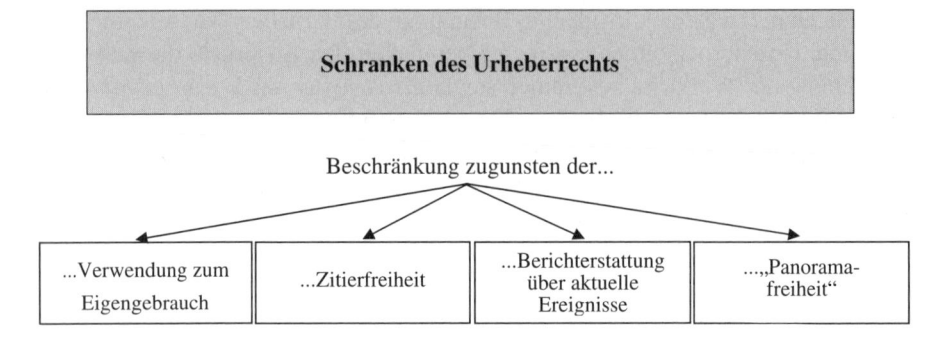

Schranken des Urheberrechts

Beschränkung zugunsten der...

...Verwendung zum Eigengebrauch	...Zitierfreiheit	...Berichterstattung über aktuelle Ereignisse	..."Panoramafreiheit"

7.1 Beschränkung zugunsten des Eigengebrauchs

Art. 19 URG: Verwendung zum Eigengebrauch

1. Veröffentlichte Werke dürfen zum Eigengebrauch verwendet werden. Als Eigengebrauch gilt:
   a. jede Werkverwendung im persönlichen Bereich und im Kreis von Personen, die unter sich eng verbunden sind, wie Verwandte oder Freunde;
   b. jede Werkverwendung der Lehrperson für den Unterricht in der Klasse;
   c. das Vervielfältigen von Werkexemplaren in Betrieben, öffentlichen Verwaltungen, Instituten, Kommissionen und ähnlichen Einrichtungen für die interne Information oder Dokumentation.
2. Wer zum Eigengebrauch berechtigt ist, darf die dazu erforderlichen Werkexemplare auch durch Dritte herstellen lassen; als Dritte im Sinne dieses Absatzes gelten auch Bibliotheken, die ihren Benützern Kopiergeräte zur Verfügung stellen.
3. Ausserhalb des privaten Kreises sind nicht zulässig:
   a. die vollständige oder weitgehend vollständige Vervielfältigung im Handel erhältlicher Werkexemplare;
   b. die Vervielfältigung von Werken der bildenden Kunst;
   c. die Vervielfältigung von graphischen Aufzeichnungen von Werken der Musik;
   d. die Aufnahme von Vorträgen, Aufführungen oder Vorführungen eines Werkes auf Ton-, Tonbild- oder Datenträger.
4. Dieser Artikel findet keine Anwendung auf Computerprogramme.

Die Nutzung und Vervielfältigung eines veröffentlichten, urheberrechtlich geschützten Werks ist frei, solange sie dem Eigengebrauch dient. Eigengebrauch ist die Verwendung des Werks im *Privatbereich,* an *Schulen* innerhalb des Unterrichts sowie in *öffentlichen Verwaltungen, Instituten, Kommissionen* etc. für die interne Information und Dokumentation. Der Eigengebrauch an Schulen und in öffentlichen Institutionen ist jedoch entschädigungspflichtig (Kopierabgabe).

7.2 Zitierfreiheit

Art. 25 URG: Zitate
1 **Veröffentlichte Werke dürfen zitiert werden, wenn das Zitat zur Erläuterung, als Hinweis oder zur Veranschaulichung dient und der Umfang des Zitats durch diesen Zweck gerechtfertigt ist.**
2 **Das Zitat als solches und die Quelle müssen bezeichnet werden. Wird in der Quelle auf die Urheberschaft hingewiesen, so ist diese ebenfalls anzugeben.**

Werke dürfen zitiert werden, wenn das Zitat zur *Erläuterung*, als *Hinweis* bzw. zur *Veranschaulichung* dient und der *Umfang* des Zitats durch dessen Zweck als *gerechtfertigt* erscheint. Eine wörtlich übernommene Stelle ist entweder in Anführungszeichen oder in indirekte Rede zu setzen. Der Name des Autors sowie die Bezeichnung des Werks sind mit der Angabe der Fundstelle wiederzugeben.

7.3 Berichterstattung über aktuelle Ereignisse

Art. 28 URG: Berichterstattung über aktuelle Ereignisse
1 **Soweit es für die Berichterstattung über aktuelle Ereignisse erforderlich ist, dürfen die dabei wahrgenommenen Werke aufgezeichnet, vervielfältigt, vorgeführt, gesendet, verbreitet oder sonstwie wahrnehmbar gemacht werden.**
2 **Zum Zweck der Information über aktuelle Fragen dürfen kurze Ausschnitte aus Presseartikeln sowie aus Radio- und Fernsehberichten vervielfältigt, verbreitet und gesendet oder weitergesendet werden; der Ausschnitt und die Quelle müssen bezeichnet werden. Wird in der Quelle auf die Urheberschaft hingewiesen, so ist diese ebenfalls anzugeben.**

Bei der Berichterstattung über aktuelle Ereignisse dürfen urheberrechtlich geschützte Werke ohne Einwilligung veröffentlicht werden. Im Rahmen von *Ausstellungen, Messen, Vernissagen* u.Ä. dürfen Medienschaffende die dabei wahrgenommenen Werke aufzeichnen, vervielfältigen, vorführen bzw. senden. Einschränkend gilt jedoch, dass ohne gegenteilige Vereinbarung nicht das *ganze* aktuelle Ereignis, sondern lediglich Teile davon wiedergegeben werden dürfen. So kann z.B. das an einer Veranstaltung gehaltene Referat für einen Artikel verwendet werden, die Wiedergabe des gesamten Vortrages muss aber mit dem Referenten vereinbart werden. Art. 28 Abs. 2 URG sieht zudem vor, dass zum Zwecke der Information über aktuelle Ereignisse kurze Ausschnitte aus Presseartikeln sowie aus Radio- und Fernsehberichten verbreitet werden dürfen; die Bestimmung dient der Unterstützung der lokalen und regionalen Medien.

IV. Urheberrecht

7.4 Werke auf allgemein zugänglichem Grund

Art. 27 URG: Werke auf allgemein zugänglichem Grund
¹ **Ein Werk, das sich bleibend an oder auf allgemein zugänglichem Grund befindet, darf abgebildet werden; die Abbildung darf angeboten, veräussert, gesendet oder sonstwie verbreitet werden.**
² **Die Abbildung darf nicht dreidimensional und auch nicht zum gleichen Zweck wie das Original verwendbar sein.**

Diese auch *„Panoramafreiheit"* bezeichnete Bestimmung besagt, dass auf öffentlichen Strassen und Plätzen aufgestellte Kunstwerke keinen unbeschränkten Urheberrechtsschutz geniessen. Sie gehören zur Landschaft und somit zum Allgemeingut. Werke, die bleibend und nicht nur zufällig an einer betreffenden Stelle ausgestellt sind, dürfen daher abgebildet und verbreitet werden.

8. Multimedia und Urheberrecht

Aufgrund der Digitaltechnik ist es heute leicht möglich, urheberrechtlich geschützte Werke zu reproduzieren und für neue Zwecke zu verwenden. Bestehende Werke können z.B. auf eine CD-ROM gespeichert und von dieser abgerufen werden (*Offline-Nutzung*) oder in ein elektronisches Datensystem, z.B. ins Internet, eingespeist und über einen Computer audiovisuell wahrnehmbar gemacht werden (*Online-Nutzung*).

Das Urheberrecht gilt für die Offline- und Online-Nutzung gleichermassen. Die Verwendung eines urheberrechtlich geschützten Werks erfordert auch im multimedialen Bereich die Zustimmung des Urhebers bzw. des Inhabers des Urheberrechts (vorbehältlich die Verwendung eines Werkes im Rahmen der Schranken des Urheberrechts, vgl. Teil IV 7). Dennoch sieht das Urheberrecht für den Multimediabereich einige spezielle Bestimmungen vor, wovon nachstehend nur die wichtigsten erwähnt werden:

Als Werke gelten auch Computerprogramme (Art. 2 Abs. 3 URG). Dem Urheberrechtsinhaber eines Computerprogramms kommt das ausschliessliche Recht zu, dieses weiterzugeben. Wird innerhalb eines Arbeitsverhältnisses ein Computerprogramm geschaffen, so steht dem Arbeitgeber die exklusive Ausübung der Nutzungsrechte zu. Die Schrankenregel zugunsten des Eigengebrauchs (vgl. Teil IV 7.1) gilt für Computerprogramme nicht (Art. 19 Abs. 4 URG). Wer das Recht hat, ein Computerprogramm zu gebrauchen, darf davon eine Sicherungskopie herstellen; diese Befugnis kann vertraglich nicht wegbedungen werden. Die Schutzdauer für Computerprogramme beträgt 50 Jahre ab dem Tod des Urhebers (Art. 29 Abs. 2 lit. a URG).

IV. Urheberrecht

In den letzten Jahren ist vor allem die Internetpiraterie zu einem grossen Problem geworden. Der illegale Upload und Download von Musik und Filmen hat der Industrie grosse Schäden verursacht. Im März 2006 hat der Bundesrat die Botschaft zu einer Teilrevision des Urheberrechtsgesetzes verabschiedet. Ziel der Revision ist es, das Schutzniveau anzuheben und an internationale Standards anzupassen. Dabei wird vor allem darauf gesetzt, die illegale Weiterverbreitung von urheberrechtlich geschützten Werken durch ein Verbot der Umgehung von technischen Massnahmen wie Zugangsschranken bei Internetdiensten oder Kopiersperren auf CDs und DVDs zu unterbinden. Strafbar wird, wer Programme entwickelt, um solche Zugangsschranken und Kopiersperren zu umgehen. Strafbar macht sich ebenso derjenige Benutzer, der Werke durch einen Upload auf einer Tauschbörse zur Verfügung anderer bereitstellt. Straflos bleibt hingegen der Download von Werken für den persönlichen Gebrauch, unabhängig davon, ob das Werk auf illegale oder legale Weise zur Verfügung gestellt wurde; dem Benutzer kann nicht zugemutet werden, eine allfällig illegale Herkunft eines Werkes zu überprüfen.

9. Schutzdauer

Art. 29 URG: Im allgemeinen
[1] Ein Werk ist urheberrechtlich geschützt, sobald es geschaffen ist, unabhängig davon, ob es auf einem Träger festgehalten ist oder nicht.
[2] Der Schutz erlischt:
   a. 50 Jahre nach dem Tod des Urhebers oder der Urheberin für Computerprogramme;
   b. 70 Jahre nach dem Tod des Urhebers oder der Urheberin für alle anderen Werke.
[3] Muss angenommen werden, der Urheber oder die Urheberin sei seit mehr als 50 beziehungsweise 70 Jahren tot, so besteht kein Schutz mehr.

Art. 30 URG: Miturheberschaft
[1] Haben mehrere Personen an der Schaffung eines Werks mitgewirkt (Art. 7), so erlischt der Schutz:
   a. 50 Jahre nach dem Tod der zuletzt verstorbenen Person für Computerprogramme;
   b. 70 Jahre nach dem Tod der zuletzt verstorbenen Person für alle anderen Werke.
[2] Lassen sich die einzelnen Beiträge trennen, so erlischt der Schutz der selbständig verwendbaren Beiträge 50 beziehungsweise 70 Jahre nach dem Tod des jeweiligen Urhebers oder der jeweiligen Urheberin.
[3] Bei Filmen und anderen audiovisuellen Werken fällt für die Berechnung der Schutzdauer nur der Regisseur oder die Regisseurin in Betracht.

Art. 32 URG: Berechnung
Die Schutzdauer wird vom 31. Dezember desjenigen Jahres an berechnet, in dem das für die Berechnung massgebende Ereignis eingetreten ist.

Das Urheberrecht ist zeitlich beschränkt. Die Schutzfrist beginnt mit Schaffung des urheberrechtlich geschützten Werks und dauert *70 Jahre* (bei Computerprogrammen *50 Jahre*) über den Tod des Urhebers hinaus fort. Bei Werken, die in Miturheberschaft entstanden sind, ist der Todeszeitpunkt des zuletzt verstorbenen Miturhebers massgebend.

10. Verwertungsgesellschaften

10.1 Allgemeines

In der Praxis ist die Wahrnehmung und Verwertung von Urheberrechten eine sehr *aufwendige*, vom einzelnen Rechteinhaber oft kaum zu bewältigende Aufgabe. Verwertungsgesellschaften sind private Gesellschaften, die von Urhebern und Inhabern verwandter Schutzrechte mit dem Ziel gegründet wurden, ihre Nutzungsrechte stellvertretend dort wahrzunehmen, wo eine individuelle Verwertung nicht möglich ist (z.B. bei der Verwendung von Musikstücken für Radiosendungen).

Die Verwertungsgesellschaften schliessen mit ausländischen Verwertungsgesellschaften *Gegenseitigkeitsverträge* ab und ermöglichen dadurch eine *internationale Rechtswahrnehmung*. Sie ziehen bei den Nutzern urheberrechtlich geschützter Werke das Entgelt ein, das nach einem bestimmten Tarif berechnet wird, und verrechnen dieses mit den Einnahmen ausländischer Gesellschaften. So können die Verwertungsgesellschaften ein *Weltrepertoire* zur Nutzung anbieten. Dies hat zur Folge, dass die Urheber bzw. die Inhaber verwandter Schutzrechte nur mit einer einzigen Verwertungsgesellschaft verhandeln müssen, um weltweit die Wahrnehmung ihrer Rechte zu sichern. Umgekehrt profitieren ebenso die Werknutzer, die sich an eine einzige Stelle wenden können, um die von ihnen benötigten Rechte zu erwerben.

Das Institut für geistiges Eigentum überwacht als Aufsichtsbehörde die Geschäftsführung der Verwertungsgesellschaften. Die Eidgenössische Schiedskommission für die Verwertung von Urheberrechten und verwandten Schutzrechten prüft und genehmigt die Tarife, die zwischen den Verwertungsgesellschaften und den Nutzerverbänden in den verschiedenen Nutzungsbereichen ausgehandelt wurden.

10.2 Verwertungsgesellschaften in der Schweiz

Zurzeit gibt es in der Schweiz fünf Verwertungsgesellschaften: Die Suisa für musikalische, nicht theatralische Werke, die ProLitteris für Literatur, Fotografie und bildende Kunst, die Suissimage für audiovisuelle Werke, die SSA für wort- und musikdramatische sowie audiovisuelle Werke und die Swissperform für die verwandten Schutzrechte (Adressen der Verwertungsgesellschaften vgl. Service-Teil).

10.2.1 Suisa

Die Suisa (Schweizerische Gesellschaft für die Rechte der Urheber musikalischer Werke) ist eine privatrechtliche schweizerische Genossenschaft. Sie verwaltet die Rechte an *musikalischen Werken mit und ohne Text*. Ihre Mitgliedschaft besteht aus Komponisten, Textautoren der nichttheatralischen Musik sowie Musikverlegern.

10.2.2 ProLitteris

Die ProLitteris (Schweizerische Urheberrechtsgesellschaft für Literatur und bildende Kunst) befasst sich mit den *Sende- und Weitersenderechten*, dem Recht der *öffentlichen Wahrnehmbarmachung*, den *mechanischen Rechten,* dem *Reprografierecht* (Fotokopierentschädigung) an *dramatischen Werken* und an *nichttheatralischer Literatur* sowie den *Reproduktions-, Sende- und Weitersenderechten* an Werken der *bildenden Künste* und der *Fotografie*. Die ProLitteris ist somit Ansprechpartnerin für Journalistinnen, Schriftsteller, Fotografinnen, Grafiker sowie Buch-, Zeitungs- und Kunstverlage.

10.2.3 Suissimage

Die Suissimage (Schweizerische Gesellschaft für die Urheberrechte an audiovisuellen Werken) vertritt die *Filmbranche*. Sie verwaltet deren *Weitersenderechte* sowie *Rechte der öffentlichen Wahrnehmbarmachung*. Neben Regisseuren sind ihr Drehbuchautoren, Produzenten und Verleiher der Filmbranche angeschlossen.

10.2.4 SSA

Die SSA (Société Suisse des Auteurs) verwaltet die *Aufführungs-, Sende- und Weitersenderechte* von *musik-* und *wortdramatischen Werken* der *französischen SACD* (Société des Auteurs et Compositeurs Dramatiques). Ihr Aufgabenbereich konkurrenziert zum Teil denjenigen der Suissimage.

10.2.5 Swissperform

Die Swissperform befasst sich mit den *Rechten der Interpreten, Ton- und Tonbildherstellern sowie Sendeunternehmen*. Die Swissperform wurde mit der Aufnahme der verwandten Schutzrechte im Urheberrechtsgesetz gegründet (vgl. Teil IV 3).

11. Rechtsschutz

11.1 Zivilrechtliche Ansprüche

Werden Urheberrechte verletzt, so kann der Berechtigte sich mittels *Feststellungs-, Unterlassungs-* oder *Beseitigungsklage* zur Wehr setzen (Art. 61f URG), *Schadenersatz* und *Genugtuung* fordern (Art. 62 URG i.V.m. 41 OR und 49 OR) und in Fällen von Dringlichkeit eine *vorsorgliche Massnahme* (Art. 65 URG) beim Gericht erwirken (vgl. die analogen Klagen im zivilrechtlichen Persönlichkeitsschutz [Teil II 7] und im Lauterkeitsrecht [Teil V 1.5]).

11.2 Strafrechtliche Ansprüche

Neben den zivilrechtlichen Klagen kennt das Urheberrechtsgesetz auch strafrechtliche Sanktionen. Gewerbsmässig organisierte Urheberrechtsverletzungen (Pirateieware, z.B. Raubdruck) verfolgen die kantonalen Strafverfolgungsbehörden *von Amtes wegen*. Bei nicht gewerbsmässiger Urheberrechtsverletzung wird die Strafverfolgungsbehörde nur auf *Antrag* aktiv. Der Strafrahmen beträgt Gefängnis bis zu einem Jahr und Busse bis zu CHF 100'000.– (Art. 61 ff URG).

IV. Urheberrecht

12. Zusammenfassung

Das *Urheberrecht* schützt Werke, d.h. geistige Schöpfungen der Literatur und der Kunst, die individuellen Charakter haben. Das Urheberrecht verschafft dem Urheber ein umfassendes individuelles Herrschaftsrecht an seinen Werken gegenüber Dritten. Dritte dürfen das Werk nur verwerten, wenn der Urheber seine Einwilligung dazu gibt. Das Urheberrecht entsteht primär in derjenigen Person, die das Werk geschaffen hat. Nach schweizerischem Recht können nur natürliche Personen Urheber sein. Der *Urheber eines Werkes* ist aber nicht notwendigerweise auch der *Inhaber des Urheberrechts*; der Urheber kann sein Urhebernutzungsrecht einer natürlichen oder juristischen Person abtreten.

Inhaltlich setzt sich das Urheberrecht aus den *Urhebernutzungsrechten* und den *Urheberpersönlichkeitsrechten* zusammen. Die Urhebernutzungsrechte ermöglichen dem Inhaber des Urheberrechts, aus dem Werk einen wirtschaftlichen Vorteil zu ziehen, indem er das Urheberrecht entweder selbst nutzt oder einem anderen die Nutzung gegen Entschädigung überlässt. Die Urheberpersönlichkeitsrechte schützen die ideelle Beziehung des Urhebers zu seinem Werk. Sie beinhalten den Anspruch, als Urheber des Werks anerkannt und genannt zu werden, dessen Erstveröffentlichung zu bestimmen und das Recht, die Entstellung oder Verstümmelung des Werks zu verbieten. Die Urheberpersönlichkeitsrechte können nicht abgetreten werden.

Ausnahmsweise erlaubt das Gesetz die *zustimmungslose Nutzung* eines Werks. Diese Beschränkung gilt insbesondere zugunsten der Verwendung eines Werks zum Eigengebrauch, der Zitierfreiheit, der Berichterstattung über aktuelle Ereignisse sowie der sog. „Panoramafreiheit".

Das Urheberrecht ist zeitlich beschränkt. Die *Schutzfrist* beginnt mit Schaffung des urheberrechtlich geschützten Werks und dauert 70 Jahre (bei Computerprogrammen 50 Jahre) über den Tod des Urhebers hinaus fort.

Da die Wahrnehmung und Verwertung von Urheberrechten eine aufwendige, vom einzelnen Rechteinhaber kaum zu bewältigende Aufgabe ist, haben sich die Urheberinnen und Urheber in Verwertungsgesellschaften zusammengeschlossen, die stellvertretend für sie ihre Rechte wahrnehmen. In der Schweiz gibt es fünf Verwertungsgesellschaften: Die Suisa, die ProLitteris, die Suissimage, die SSA und die Swissperform.

13. Repetitionsfragen zum Urheberrecht

1. Was ist der Unterschied zwischen einem materiellen und einem immateriellen Gut?
2. Was ist ein urheberrechtsgeschütztes Werk?
3. Wer ist Inhaber des Urheberrechts?
4. Welches ist der Unterschied zwischen Urhebernutzungs- und Urheberpersönlichkeitsrechten?
5. Worin liegt die Bedeutung dieser Unterscheidung?
6. Wie wird das Urheberrecht übertragen?
7. Zugunsten welcher Bereiche bestehen im Urheberrecht Schranken?
8. Welche Schutzdauer erfahren Werke im Urheberrecht?
9. Was ist eine Verwertungsgesellschaft?

V. Wettbewerbsrecht

Das Wettbewerbsrecht ist im Gesetz gegen den unlauteren Wettbewerb (UWG, nachfolgend Lauterkeitsrecht genannt) und im Kartellgesetz (KG) geregelt. Beide Gesetze sind vom Grundgedanken eines liberalen Wettbewerbs geprägt. Der Markt, an dem unlauter handelnde Wettbewerber teilnehmen, reguliert sich nur begrenzt selber, weshalb das Wettbewerbsrecht zum Ziel hat, Missbräuche zu verhindern.

1. Lauterkeitsrecht

1.1 Einführung

Art. 2 UWG: Grundsatz
Unlauter und widerrechtlich ist jedes täuschende oder in anderer Weise gegen den Grundsatz von Treu und Glauben verstossende Verhalten oder Geschäftsgebaren, welches das Verhältnis zwischen Mitbewerbern oder zwischen Anbietern und Abnehmern beeinflusst.

Unlauterer und damit widerrechtlicher Wettbewerb liegt gemäss der Generalklausel von Art. 2 UWG dann vor, wenn ein Verhalten gegen *Treu und Glauben* verstösst und damit den Wettbewerb beeinflusst. Mit dem Verweis auf den Grundsatz von Treu und Glauben werden vor allem die berufliche Korrektheit (Geschäftsmoral, Fairness) unter Berücksichtigung der Funktionsregeln des Wettbewerbs angesprochen.

Im Anschluss an die Generalklausel regelt das Gesetz in zahlreichen Spezialtatbeständen (Art. 3–8 UWG) die wichtigsten Wettbewerbsbeeinflussungen, die gegen Treu und Glauben verstossen. Für Medienschaffende steht dabei Art. 3 lit. a UWG im Vordergrund, wonach unlauter und widerrechtlich handelt, wer andere *„durch unrichtige, irreführende oder unnötig verletzende Äusserungen herabsetzt"*.

1.2 Typische unlautere Handlungen

Im Folgenden werden lediglich diejenigen Tatbestände dargestellt, die für Medienschaffende von Bedeutung sind.

1.2.1 Herabsetzung

Art. 3 lit. a UWG: Unlautere Werbe- und Verkaufsmethoden und anderes widerrechtliches Verhalten
Unlauter handelt insbesondere, wer:
a. andere, ihre Waren, Werke, Leistungen, deren Preise oder ihre Geschäftsverhältnisse durch unrichtige, irreführende oder unnötig verletzende Äusserungen herabsetzt.

Bei der Herabsetzung geht es um die Verletzung des *guten Rufs* eines anderen. Herabsetzend ist das *negative Einwirken* auf das Bild des Wettbewerbers oder seiner Leistungen. Die Herabsetzung muss unrichtig sein (d.h. nicht der Wirklichkeit entsprechend), irreführend oder unnötig verletzend. Die negative Aussage hat eine gewisse Schwere aufzuweisen, d.h. sie muss den Anbieter anschwärzen oder verächtlich machen. Eine Herabsetzung kann auch auf dem Wege einer einmaligen Entgleisung geschehen, z.B. indem eine Äusserung über das hinaus geht, was aufgrund des ihr zum Anlass dienenden Vorfalls als angemessen erscheint.

Die *Praxis* hat eine Reihe von Begriffen als herabsetzend qualifiziert, wobei für die Beurteilung der Gesamtzusammenhang, in dem die Äusserung gemacht wurde, eine Rolle spielte.

Beispiele, die als Herabsetzung beanstandet wurden:
Der Vorwurf der „sklavischen Nachahmung"; die Mitteilung, gegen leitende Angestellte des Konkurrenzunternehmens sei ein Strafverfahren eingeleitet worden, das voraussichtlich zu einer Verurteilung führen werde; Vorbehalte gegenüber der Konkurrenz wegen Lügens, Betrügens und Wuchers; der Vorwurf unrichtiger Bilanzen und unkorrekten Geschäftsgebarens; Äusserungen wie, das Tabakkartell „schröpfe" die Schweizer Raucher „nach Strich und Faden", die Zigarettenfabrikanten hätten „Angst vor der Wahrheit" und würden den Konsumenten „viel zu viel Geld" abnehmen.

Beispiele, die keine Herabsetzung darstellen:
Die sachliche Behauptung, Anteile eines bestimmten Fonds seien für eine bestimmte Anlagestrategie nicht geeignet; die zutreffende Behauptung, ein Kartell zerstöre kleine Betriebe und setze konsumentenfeindliche Verkaufspreise durch; die mit einem Kreuz durchgestrichene Abbildung einer Zahnprothese in einem mit Flüssigkeit gefüllten Zahnglas ohne Nennung der Marke der Reinigungsflüssigkeit, die sich im Zahnglas befindet.

1.2.2 Vergleich

Art. 3 lit. e UWG: Unlautere Werbe- und Verkaufsmethoden und anderes widerrechtliches Verhalten
Unlauter handelt insbesondere, wer:
e. sich, seine Waren, Werke, Leistungen oder deren Preise in unrichtiger, irreführender, unnötig herabsetzender oder anlehnender Weise mit anderen, ihren Waren, Werken, Leistungen oder deren Preisen vergleicht oder in entsprechender Weise Dritte im Wettbewerb begünstigt.

Der Vergleich ist eine *Gegenüberstellung* von Aussagen über Produkte oder Dienstleistungen von mehreren Wettbewerbsteilnehmern mit *wertender Wirkung*. Unlauter sind nur Leistungsvergleiche, die unrichtig, irreführend, unnötig herabsetzend, anlehnend oder drittbegünstigend sind. Anders ausgedrückt bedeutet dies, dass *vergleichende Warentests* und *vergleichende Werbung* in der Schweiz grundsätzlich erlaubt sind; die Auseinandersetzung mit gleichartigen Produkten bzw. mit der Leistung des Konkurrenten dient der Transparenz und der Information der Konsumentinnen und Konsumenten. Es dürfen jedoch nur Vergleiche mit gleichartigen Waren oder Dienstleistungen gemacht werden, weshalb nur Produkte gleicher Qualität und Quantität als vergleichbar gelten (zur vergleichenden Werbung vgl. auch Teil IX 5.2).

Rechtlich problematisch an vergleichenden Warentests ist regelmässig ihre wertende Wirkung. Da Kritik aber erwünscht ist, sollte ein Test technisch einwandfrei, fachkundig und neutral durchgeführt werden. Den betroffenen Unternehmungen ist u.U. ein Anhörungsrecht zu gewähren. Bei der Auswahl eines Themas ist das Informationsbedürfnis der Konsumentinnen und Konsumenten zu berücksichtigen. Die Präsentation des Ergebnisses hat auf verletzende Äusserungen zu verzichten; dabei können z.B. relativierende Zusätze helfen.

Bei der Durchführung eines vergleichenden Warentests sind folgende Grundsätze zu beachten (BGE 129 III 434 f):

- Der Vergleich muss objektiv, wahrheitsgemäss und wirklichkeitsgetreu sein.
- Unrichtig ist ein Vergleich, wenn er entweder auf falschen Angaben beruht oder wenn er sich zwar auf wahrheitsgemässe Angaben stützt, diese Angaben aber ungenau, nebensächlich oder unvollständig und damit geeignet sind, bei einem wesentlichen Teil der Öffentlichkeit einen Irrtum hervorzurufen.
- Irreführend ist ein Vergleich, wenn er nebensächliche Elemente berücksichtigt, ohne wesentliche Umstände anzuführen.

V. Wettbewerbsrecht

126

- Nur Vergleichbares kann verglichen werden. Preise sind nur bei gleicher Menge und Güte vergleichbar. Um Fehlschlüsse des Publikums zu verhindern, sind unter Umständen die rechnerischen Grundlagen des Preisvergleichs anzugeben. Die für einen Vergleich festgestellten Preisarten müssen transparent dargelegt werden. Es ist z.B. ausgeschlossen, den Preis eines Spezialangebots (Einführungspreis, Ausverkaufspreis, Grosshandelspreis etc.) mit einem Normalpreis zu vergleichen, ohne deutlich auf die Besonderheit dieses Angebots hinzuweisen.

Nebst dem UWG liefert das *Bundesgesetz über die Information der Konsumentinnen und Konsumenten (KIG)* weitere Hinweise, wie vergleichende Warentests durchzuführen sind. Gemäss dessen Bestimmungen sollen Tests auf *wesentliche* und *eindeutig erfassbare* Eigenschaften von Waren und auf den wesentlichen *Inhalt* von Dienstleistungen ausgerichtet sein; das Resultat hat die objektive Information der Konsumentinnen und Konsumenten zu fördern.

1.2.3 Irreführung

> *Art. 3 lit. b UWG: Unlautere Werbe- und Verkaufsmethoden und anderes widerrechtliches Verhalten*
> Unlauter handelt insbesondere, wer:
> b. über sich, seine Firma, seine Geschäftsbezeichnung, seine Waren, Werke oder Leistungen, deren Preise, die vorrätige Menge, die Art der Verkaufsveranstaltung oder über seine Geschäftsverhältnisse unrichtige oder irreführende Angaben macht oder in entsprechender Weise Dritte im Wettbewerb begünstigt.

> *Art. 3 lit. i UWG: Unlautere Werbe- und Verkaufsmethoden und anderes widerrechtliches Verhalten*
> Unlauter handelt insbesondere, wer:
> i. die Beschaffenheit, die Menge, den Verwendungszweck, den Nutzen oder die Gefährlichkeit von Waren, Werken oder Leistungen verschleiert und dadurch den Kunden täuscht.

Eine Irreführung liegt vor, wenn Konsumentinnen oder Konsumenten entweder durch falsche Angaben oder durch besondere Verwendung an sich richtiger Angaben eine *falsche Vorstellung* über ein Produkt oder eine Dienstleistung erhalten. Irreführend sind insbesondere Angaben, die sich eignen, jemanden zum Kauf zu bewegen bzw. vom Kauf abzuhalten.

Eine Irreführung liegt z.B. vor, wenn falsche Behauptungen verbreitet bzw. an einer anderen, nicht leicht auffindbaren Stelle präzisiert oder berichtigt werden. Sie kann aber auch in einer richtigen Äusserung liegen, z.B. wenn übliche Qualitäten dermassen herausgestrichen werden, dass sie als einmalig empfunden werden. Marktschreierische Übertreibungen von Werturteilen (z.B. „super", „einmalig", „unübertrefflich"), die in ihrem Inhalt ohnehin nicht überprüft werden können, sind gestattet, wenn sie (im Geschäftsverkehr) als klare Übertreibungen erkennbar sind. Wenn jedoch Angaben gemacht werden, die objektiv überprüfbar sind, so haben diese zu stimmen (z.b. der Ausdruck „immer 20% billiger als die Konkurrenz").

1.2.4 Verwertung fremder Leistung

> *Art. 5 UWG: Verwertung fremder Leistung*
> **Unlauter handelt insbesondere, wer:**
> **a. ein ihm anvertrautes Arbeitsergebnis wie Offerten, Berechnungen oder Pläne unbefugt verwertet;**
> **b. ein Arbeitsergebnis eines Dritten wie Offerten, Berechnungen oder Pläne verwertet, obwohl er wissen muss, dass es ihm unbefugterweise überlassen oder zugänglich gemacht worden ist;**
> **c. das marktreife Arbeitsergebnis eines andern ohne angemessenen eigenen Aufwand durch technische Reproduktionsverfahren als solches übernimmt und verwertet.**

Die unbefugte Verwertung des Arbeitsergebnisses eines Dritten ist gemäss Art. 5 UWG unlauter. Wettbewerbswidrig verhält sich, wer z.B. fremde Abbildungen und Texte kopiert oder Ton- und Bildträger sowie Programme überspielt. Blosse Ideen und Erkenntnisse dürfen hingegen übernommen werden, d.h. als unlauter gilt lediglich die Verwertung eines ganz *konkreten, ausgearbeiteten Arbeitserzeugnisses*.

Die Verwertung fremder Arbeitsergebnisse spielt eine Rolle im Zusammenhang mit dem *Urheberrecht*: Wird z.B. einer Fotografie der urheberrechtliche Schutz versagt, weil ihr die nötige Individualität abgeht (vgl. Teil IV 3), kann der betroffene Fotograf immer noch den Tatbestand der Verwertung fremder Arbeitsergebnisse geltend machen, wenn sein Bild ohne Einwilligung übernommen worden ist.

1.3 Anwendungsbereich des UWG

1.3.1 Problematik

Das UWG erfasst gemäss Generalklausel von Art. 2 *„jedes* täuschende oder in anderer Weise gegen den Grundsatz von Treu und Glauben verstossende Verhalten oder Geschäftsgebaren, welches das Verhältnis zwischen Mitbewerbern oder zwischen Anbieter und Abnehmer beeinflusst". Das bedeutet, dass das UWG auf *jedes* Verhalten oder Geschäftsgebaren, das sich auf den wirtschaftlichen Wettbewerb auswirken kann, angewendet wird. Deshalb können auch Dritte, die *faktisch* die Möglichkeit haben, den Wettbewerb zu beeinflussen, nach UWG zur

Rechenschaft gezogen werden; ein *direktes Konkurrenz- oder Wettbewerbsverhältnis ist nicht nötig*. Die Bestimmung tangiert die Medien, insbesondere die Wirtschaftsberichterstattung, direkt: Journalistinnen und Journalisten können lauterkeitsrechtlich belangt werden, z.B. wenn sie falsche Behauptungen verbreiten, selbst wenn sie ohne Wettbewerbsabsicht handeln und obwohl sie weder als Mitbewerber noch als Kunden direkt am Wettbewerb beteiligt sind.

Dieser weite Anwendungsbereich des UWG ist nicht ganz unproblematisch. Der Einbezug Dritter führt insbesondere zu heiklen Fragen bei Publikationen im Bereich des Konsumentenschutzes und von Warentests. Medienschaffende sind nämlich nicht nur für falsche, sondern ebenso für irreführende oder unnötig verletzende Aussagen belangbar, sofern diese als täuschend oder in anderer Weise gegen den Grundsatz von Treu und Glauben verstossend erscheinen (Art. 3 lit. a UWG). Das bedeutet, dass sich Journalistinnen und Journalisten einer gewissen „Selbstzensur" unterziehen müssen. Zusätzlich erschwerend kommt hinzu, dass die Medien auch im Inserateteil die Verantwortung für Äusserungen Dritter zu übernehmen haben, was zu einer Prüfungspflicht für Drittinformationen führt.

Für die Medien sind aufgrund des UWG somit drei Situationen relevant:

1. **Unlauterer Wettbewerb zwischen Medienunternehmen**
   Das Medienunternehmen ist selbst Wettbewerber im Verhältnis zu anderen Medienunternehmen.
2. **Unlautere Beeinflussung des Wettbewerbs durch Medienschaffende als nicht am Wettbewerb beteiligte Dritte**
   Journalistinnen und Journalisten verhalten sich wettbewerbswidrig, wenn sie in ihrer Berichterstattung den Wettbewerb beeinflussen.
3. **Unlauterer Wettbewerb durch Dritte**
   Wettbewerber ist ein Dritter (z.B. ein Inserent), der die Medien als Transportmittel einer unlauteren Äusserung missbraucht.

1.3.2 Entscheide des Bundesgerichts

a) Fall „Bernina"

In einem interviewartig gestalteten Zeitungsartikel erklärte ein Nähmaschinen-Vertreter von „Pfaff" und „Elna", dass „Bernina"-Nähmaschinen zum Zeitpunkt ihres Erscheinens auf dem Markt technisch überholt seien und dass die Konkurrenzprodukte („Pfaff" und „Elna") sowieso „immer eine Nasenspitze voraus" seien. Dem Journalisten, der das Interview veröffentlicht hatte, warf das Bundesgericht unlauteres Verhalten vor (Art. 3 lit. a UWG), weil er in Kauf genommen habe, eine unwahre und damit unlautere Äusserungen zu verbreiten (BGE 117 IV 193).

b) Fall „Contra-Schmerz"

In der Sendung „Kassensturz" vom 20. April 1993 sollte ein Filmbeitrag über schädliche Auswirkungen bestimmter Schmerzmittel gezeigt werden, in dem das Präparat „Contra-Schmerz" stellvertretend für eine ganze Palette von Schmerzmitteln als abschreckendes Beispiel erwähnt wird. Der Vorankündigung einer TV-Programmzeitschrift entnahm der Hersteller von „Contra-Schmerz", die Firma Dr. Wild & Co., dass der „Kassensturz" in seiner nächsten Sendung beabsichtigte, über „Contra-Schmerz" zu berichten. Auf dem Weg einer superprovisorischen Verfügung erreichte der Hersteller beim zuständigen Gericht ein Ausstrahlungsverbot. Der „Kassensturz" zeigte den Beitrag gleichwohl, jedoch ohne Ton und mit grau verdecktem Bild. Dabei wurde eine Zensurschere und der folgende Text eingeblendet: „Superprovisorische Verfügung: Ausstrahlung dieser Filmpassage über ‚Contra-Schmerz' heute verboten. Richteramt Bern, Jürg Hug, SP". Am Ende des Filmbeitrages kommentierte der Moderator die Passage wie folgt: „Sie haben gesehen, wir haben eine Passage über ‚Contra-Schmerz' nicht ausstrahlen dürfen, da dies die Herstellerfirma Wild heute mit einer superprovisorischen Verfügung durchgesetzt hat."

Das Bundesgericht kam in seiner Beurteilung zum Schluss, dass das Vorgehen des „Kassensturzes" gegen das UWG verstosse: Durch die Nennung des Produktes „Contra-Schmerz" werde beim Konsumenten der Eindruck erweckt, das Schmerzmittel sei *besonders* gefährlich. Die Firma Dr. Wild & Co. werde herabgesetzt (Art. 3 lit. a UWG), da das Medikament alleine und ohne repräsentative Gegenüberstellung mit anderen Schmerzmitteln exemplarisch als Vertreter einer ganzen Medikamentenkategorie in Frage gestellt werde. Das Bundesgericht verurteilte die SRG/SSR zu einer Schadenersatzsumme von CHF 480'000.– (BGE 124 III 72).

1.3.3 Konsequenzen für die Praxis

In der journalistischen Praxis sind die Bestimmungen zum UWG – insbesondere bei wirtschaftlichen Themen – immer zu beachten. Aus diesem Grund empfiehlt es sich im konkreten Einzelfall die folgenden *Leitsätze* zu beachten:

Anforderungen an die journalistischen Sorgfaltspflichten:
Es gilt der Grundsatz: Je grösser das Interesse der Allgemeinheit an rascher Berichterstattung, desto geringer die Anforderungen an die journalistischen Sorgfaltspflichten; je grösser das Schadenspotential, desto höher die Anforderungen an die journalistischen Sorgfaltspflichten.

Anforderungen an den Inhalt:
- Tatsachen nicht als wahr darstellen, an deren Richtigkeit nicht selbst geglaubt wird.
- Hinweis auf die Tatsache, dass der Betroffene nicht hat Stellung nehmen können oder wollen.
- Abgrenzung der individuellen, persönlichen journalistischen Aussage von objektiven Kriterien.
- Bei Interviews Aussage des Interviewten anpassen oder mit relativierenden Zusätzen des Verfassers ergänzen.

1.4 Verhältnis Lauterkeitsrecht/Persönlichkeitsrecht

Es finden sich in der Rechtspraxis und -wissenschaft immer wieder Aussagen, das UWG konkretisiere den zivilrechtlichen Persönlichkeitsschutz und gehe daher diesem vor. Diese Ansicht wird in jüngster Zeit vermehrt bezweifelt. Es gibt zahlreiche Fälle, in denen eine Wettbewerbsverletzung nicht zugleich auch eine Persönlichkeitsverletzung darstellt. So kann eine Herabsetzung nach UWG zwar zugleich eine Persönlichkeitsverletzung sein, doch verletzt z.B. irreführende Werbung ohne Bezugnahme auf einen Konkurrenten lediglich den funktionierenden Wettbewerb, nicht aber Persönlichkeitsrechte. Im Unterschied zu Art. 28 ZGB nennt das UWG keine Rechtfertigungsgründe (vgl. Teil II 4.2). Dennoch sind solche – insbesondere das überwiegende öffentliche Interesse – zu berücksichtigen.

1.5 Rechtsschutz

Art. 9 UWG: Klageberechtigung/Grundsatz
1 Wer durch unlauteren Wettbewerb in seiner Kundschaft, seinem Kredit oder beruflichen Ansehen, in seinem Geschäftsbetrieb oder sonst in seinen wirtschaftlichen Interessen bedroht oder verletzt wird, kann dem Richter beantragen:
 a. eine drohende Verletzung zu verbieten;
 b. eine bestehende Verletzung zu beseitigen;
 c. die Widerrechtlichkeit einer Verletzung festzustellen, wenn sich diese weiterhin störend auswirkt.
2 Er kann insbesondere verlangen, dass eine Berichtigung oder das Urteil Dritten mitgeteilt oder veröffentlicht wird.
3 Er kann ausserdem nach Massgabe des Obligationenrechts auf Schadenersatz und Genugtuung sowie auf Herausgabe eines Gewinnes entsprechend den Bestimmungen über die Geschäftsführung ohne Auftrag klagen.

Art. 14 UWG: Vorsorgliche Massnahmen
Auf vorsorgliche Massnahmen sind die Artikel 28c–28f des Zivilgesetzbuches sinngemäss anwendbar.

V. Wettbewerbsrecht

> *Art. 23 UWG: Strafbestimmungen/Unlauterer Wettbewerb*
> **Wer vorsätzlich unlauteren Wettbewerb nach den Artikeln 3, 4, 5 oder 6 begeht, wird auf Antrag mit Gefängnis oder Busse bis zu 100 000 Franken bestraft. Strafantrag stellen kann, wer nach den Artikeln 9 und 10 zur Zivilklage berechtigt ist.**

1.5.1 Zivilrechtliche Ansprüche

Der von einer wettbewerbswidrigen Handlung Betroffene hat die Möglichkeit, mit einer *Unterlassungsklage* eine drohende Verletzung zu verbieten, mit einer *Beseitigungsklage* eine bestehende Verletzung zu beseitigen, mit einer *Feststellungsklage* die Widerrechtlichkeit einer Verletzung festzustellen, wenn diese sich weiterhin störend auswirkt, bzw. mit einer *Berichtigungsklage* zu verlangen, dass eine Meldung korrigiert und der Öffentlichkeit mitgeteilt wird (Art. 9 UWG). Darüber hinaus kann er auf *Schadenersatz, Genugtuung* und *Gewinnherausgabe* (Art. 41, 49, 423 OR) klagen. Wie im zivilrechtlichen Persönlichkeitsschutz besteht gemäss Art. 14 UWG die Möglichkeit, vorsorgliche Massnahmen geltend zu machen (vgl. zum Ganzen auch Teil II 8).

1.5.2 Strafrechtliche Ansprüche

Wer *vorsätzlich* eine wettbewerbswidrige Handlung begeht, kann gemäss Art. 23 UWG auch strafrechtlich zur Rechenschaft gezogen werden. Das Gesetz sieht Gefängnis oder Busse bis zu CHF 100'000.– vor.

2. Kartellrecht

2.1 Allgemeines

Das Kartellgesetz (KG) bezweckt, volkswirtschaftlich oder sozial schädliche Auswirkungen von Kartellen und anderen Wettbewerbsbeschränkungen zu verhindern und damit den Wettbewerb im Interesse einer freiheitlichen marktwirtschaftlichen Ordnung zu fördern (Art. 1 KG).

Unter einem *Kartell* versteht man eine abgestimmte Verhaltensweise von Unternehmen gleicher oder verschiedener Marktstufen, mit dem Ziel, den Wettbewerb auszuschalten oder abzuschwächen. Kartellabsprachen sind *unzulässig*, wenn damit Dritte vom Wettbewerb ausgeschlossen oder in ihrer wirtschaftlichen Tätigkeit erheblich behindert werden (z.B. durch Bezug- und Liefersperren).

V. Wettbewerbsrecht

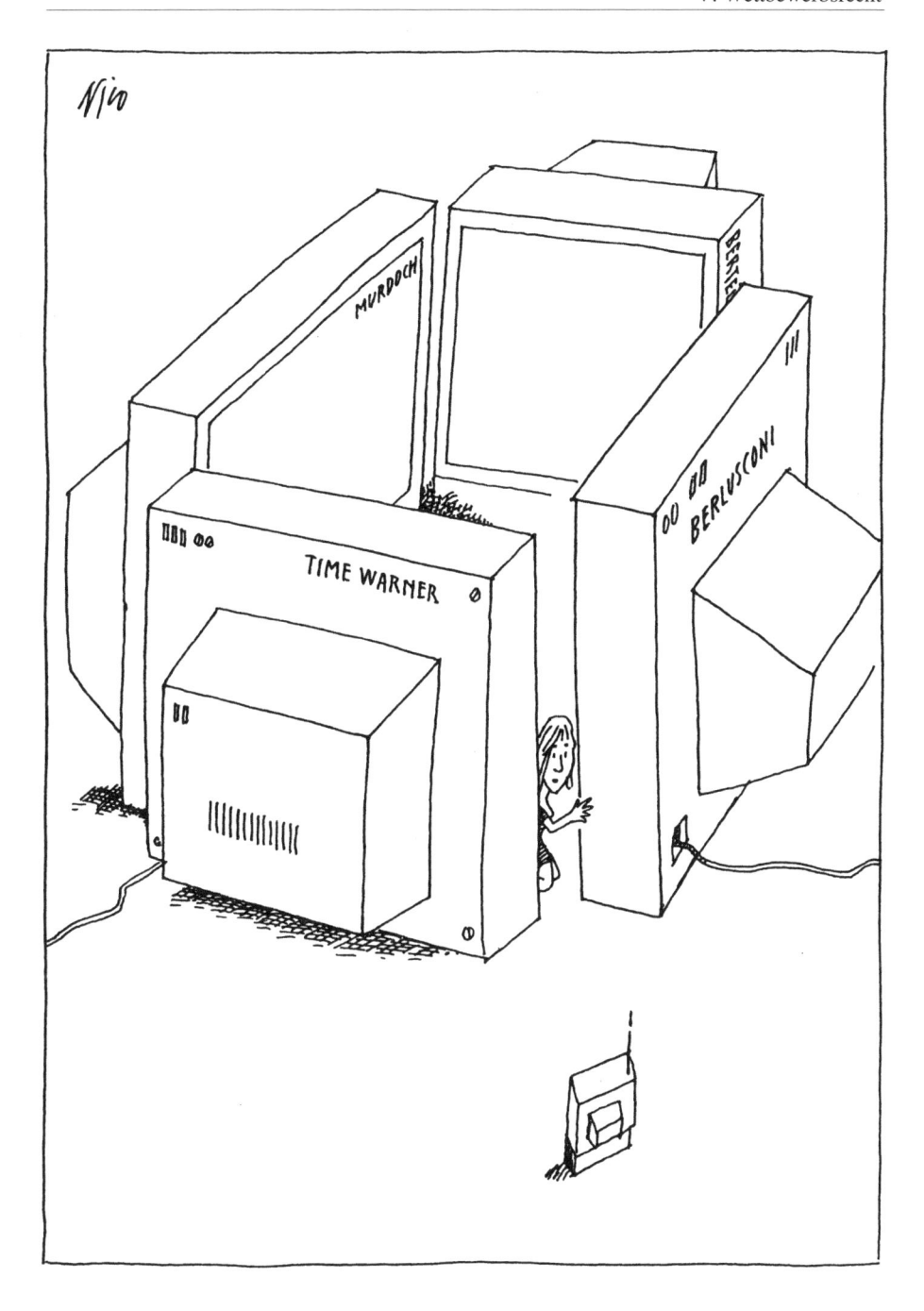

2.2 Drei Säulen des Kartellrechts

Das KG bekämpft *unzulässige Wettbewerbsabreden* sowie *unzulässige Verhaltensweisen marktbeherrschender Unternehmen* und kontrolliert *Unternehmenszusammenschlüsse*.

```
                    ┌─────────────────┐
                    │ Drei Säulen des KG │
                    └─────────────────┘
                    /        |        \
┌──────────────┐  ┌──────────────────────┐  ┌─────────────────────┐
│ Unzulässige  │  │ Missbräuchliches     │  │ Wettbewerbsgefähr-  │
│ Wettbe-      │  │ Verhalten markt-     │  │ dende Unternehmens- │
│ werbsabreden │  │ beherrschender       │  │ zusammenschlüsse    │
│              │  │ Unternehmen          │  │                     │
└──────────────┘  └──────────────────────┘  └─────────────────────┘
```

1. **Unzulässige Wettbewerbsabreden (Art. 5 f KG):**
   Abreden sind unzulässig, wenn sie den Wettbewerb auf einem Markt für bestimmte Waren oder Leistungen erheblich beeinträchtigen und sich nicht durch Gründe der wirtschaftlichen Effizienz rechtfertigen lassen, oder wenn sie zur Beseitigung wirksamen Wettbewerbs führen (z.B. Buchpreisbindung; die zahlreichen Abreden zwischen Verlegern und Buchhändlern wurden vom Bundesgericht als unzulässig erklärt, vgl. Urteil ZA. 430/2006 vom 6. Februar 2007).

2. **Missbräuchliches Verhalten marktbeherrschender Unternehmen (Art. 7 f KG):**
   Marktbeherrschende Unternehmen verhalten sich unzulässig, wenn sie durch den Missbrauch ihrer Stellung auf dem Markt andere Unternehmen in der Aufnahme oder Ausübung des Wettbewerbs behindern oder die Marktgegenseite benachteiligen.

3. **Wettbewerbsgefährdende Unternehmenszusammenschlüsse (Art. 9 ff KG):**
   Ein Unternehmenszusammenschluss wird untersagt, wenn damit eine marktbeherrschende Stellung, durch die wirksamer Wettbewerb beseitigt werden kann, begründet oder verstärkt wird und keine Verbesserung der Wettbewerbsverhältnisse in einem anderen Markt bewirkt, welche die Nachteile der marktbeherrschenden Stellung überwiegt.

Eine unzulässige Wettbewerbsbeschränkung oder ein unzulässiges Zusammenschlussvorhaben kann ausnahmsweise durch den Bundesrat aus *überwiegenden öffentlichen Interessen* (z.B. Kulturpolitik) zugelassen werden (Art. 8 und 11 KG).

2.3 Wettbewerbskommission

Um einen funktionierenden Wettbewerb hinreichend zu garantieren, wurde eine verwaltungsunabhängige *Wettbewerbskommission,* kurz *WEKO,* geschaffen (vgl. Service-Teil). Diese beobachtet laufend die Wettbewerbsverhältnisse, führt im Auftrag oder von sich aus Untersuchungen durch und unterbreitet dem Bundesrat Empfehlungen in wettbewerbspolitischen Angelegenheiten.

2.4 Unternehmenszusammenschlüsse im Medienbereich

Angesichts der zunehmenden Medienkonzentration, insbesondere im Bereich der Presse, werden nachfolgend lediglich die kartellrechtlichen Bestimmungen zu den *Unternehmenszusammenschlüssen* dargestellt.

Unternehmenszusammenschlüsse (Fusionen, Kontrollübernahmen oder Joint Ventures) von grosser wirtschaftlicher Bedeutung sind meldepflichtig.

> *Art. 9 Abs. 1 und 2 KG: Meldung von Zusammenschlussvorhaben*
> [1] **Vorhaben über Zusammenschlüsse von Unternehmen sind vor ihrem Vollzug der Wettbewerbskommission zu melden, sofern im letzten Geschäftsjahr vor dem Zusammenschluss:**
>   **a. die beteiligten Unternehmen einen Umsatz von insgesamt mindestens 2 Milliarden Franken oder einen auf die Schweiz entfallenden Umsatz von insgesamt mindestens 500 Millionen Franken erzielten; und**
>   **b. mindestens zwei der beteiligten Unternehmen einen Umsatz in der Schweiz von je mindestens 100 Millionen Franken erzielten.**
> [2] **Aufgehoben**

Nach Eingang einer Meldung nimmt die WEKO eine vorläufige Prüfung des Unternehmenszusammenschlusses vor. Ergeben sich dabei Anhaltspunkte dafür, dass durch den Zusammenschluss eine marktbeherrschende Stellung begründet oder verstärkt wird, prüft die WEKO den Zusammenschluss umfassend. Je nach Ausgang der Prüfung kann die WEKO das Zusammenschlussvorhaben untersagen, mit Bedingungen oder Auflagen zulassen oder vorbehaltlos bewilligen, wenn sich die anfänglichen Bedenken nicht bestätigt haben.

Angesichts der Internationalisierung drängten sich in jüngster Zeit vermehrt *Medienzusammenschlüsse* oder *strategische Allianzen* zwischen einzelnen Medienunternehmen auf. Solche Medienverflechtungen gefährden – zumindest in Teilmärkten – den Meinungspluralismus. Aus diesem Grund sah aArt. 9 Abs. 2 KG – der im Zuge der Revision 2004 gestrichen wurde – für Medienunternehmungen reduzierte Schwellenwerte vor, wobei die Umsätze der Unternehmen um das Zwanzigfache zu multiplizieren waren. Zusammenschlussvorhaben im Medienbereich unterlagen somit einer verschärften Meldepflicht. Die Bestimmung wurde im Zuge der *Revision* des Kartellgesetzes im Jahre 2004 aufgehoben. Es hat sich gezeigt, dass sich das Kartellrecht, das sich ausschliesslich dem Wettbewerb verpflichtet, schlecht eignet für die Verfolgung medienpolitischer Anliegen. Zudem belastete die Bestimmung die Wirtschaft (KMU) und Verwaltung unnötig (Kosten der Meldungen).

Ein Blick in die Praxis verdeutlicht folgendes: Nach Inkrafttreten des Kartellgesetzes 1995 hatte die WEKO in den ersten 5 Jahren 36 gemeldete Medienzusammenschlüsse zu behandeln. Davon konnten 31 ohne vertiefte Prüfung für unbedenklich erklärt werden. Nur in 5 Fällen wurde eine vertiefte Prüfung vorgenommen: Im Fall „Le Temps" hat die WEKO eine Genehmigung mit Auflage, im Fall "Tamedia/Belcom" eine Genehmigung mit Bedingung erteilt. Die Zusammenschlüsse „Gasser/Tschudi Druck" und „Berner Oberland Medien AG" wurden nach umfassender Prüfung für unbedenklich erklärt. Der Fall „Berner Tagblatt Medien AG/Schaer Thun AG" schliesslich wurde wegen drohender Untersagung zurückgezogen.

Im Fall „Berner Oberland Medien AG" (RPW 200/3, 414 ff) hat die WEKO festgehalten, dass auf lokaler und regionaler Ebene ein gewisser Zwang zur *Konzentration* bestehe, bedingt durch hohe qualitative Erwartungen der Leserinnen und Leser und der Werbetreibenden. Das generiere höhere Kosten, die nur mittels Grössenvorteil ausgeglichen werden könnten, insbesondere durch Kosteneinsparungen aufgrund von Kooperationen und Zusammenschlüssen. Dem Wettbewerb drohten durch die Konzentration im lokalen und regionalen Bereich *keine Gefahren*, weil genügend andere überregionale Pressetitel, potenzielle Konkurrenten, weitere Informationsträger sowie die Werbewirtschaft eine ausreichend disziplinierende Wirkung auf die lokalen und regionalen Zeitungen und Zeitschriften ausübten. Eine Gefahr für die Meinungsvielfalt und den Wettbewerb bestehe nur dann, wenn Zusammenschlüsse zwischen den grossen Verlagen in der Schweiz auftreten. Solche grossen Zusammenschlüsse seien aber aufgrund der erzielten Umsätze auch unter den allgemeinen Kriterien des Art. 9 Abs. 1 KG meldepflichtig und damit der Kontrolle durch die WEKO unterworfen.

Bestimmungen zum Schutz der Meinungsvielfalt und gegen die Medienkonzentration finden sich auch in anderen Erlassen, so z.B. im Postgesetz, welches in Art. 15 die Post verpflichtet, Vorzugspreise für die Beförderung von abonnierten Zeitungen und Zeitschriften zu gewähren. Zahlreiche Bestimmunen zum Schutz der Meinungsvielfalt finden sich zudem im Radio- und Fernsehrecht (vgl. dazu VI). Eine parlamentarische Initiative, die auf Verfassungsebene einen Medienartikel und den Erlass eines Medienvielfaltsgesetzes vorgesehen hat, wurde von den eidgenössischen Räten abgelehnt.

3. Zusammenfassung

Unlauterer und damit widerrechtlicher Wettbewerb liegt gemäss dem Gesetz gegen den unlauteren Wettbewerb dann vor, wenn ein Verhalten gegen Treu und Glauben verstösst und damit den *Wettbewerb beeinflusst*. Dazu gehört insbesondere die Herabsetzung, die Irreführung und die Verwertung fremder Leistungen. Leistungsvergleiche sind erlaubt, solange sie nicht unrichtig, irreführend, unnötig herabsetzend oder anlehnend sind.

Da Medienschaffende faktisch die Möglichkeit haben, den Wettbewerb zu beeinflussen, können sie lauterkeitsrechtlich zur Rechenschaft gezogen werden. Dieser weite Anwendungsbereich des UWG ist für die *Wirtschaftsberichterstattung* und den *Konsumentenschutz* problematisch. Journalistinnen und Journalisten können nach UWG belangt werden, selbst wenn sie ohne Wettbewerbsabsicht handeln und obwohl sie weder als Mitbewerber noch als Kunden direkt am Wettbewerb beteiligt sind.

Das Kartellgesetz (KG) bezweckt, volkswirtschaftlich oder sozial schädliche Auswirkungen von *Kartellen* und anderen *Wettbewerbsbeschränkungen* zu verhindern und damit den Wettbewerb im Interesse einer freiheitlichen marktwirtschaftlichen Ordnung zu fördern.

In praktischer Hinsicht sind für die Medien die Bestimmungen zu den Unternehmenszusammenschlüssen von Bedeutung, da diese meldepflichtig sind und von der Wettbewerbskommission zum Schutz der Medienvielfalt untersagt werden können.

4. Repetitionsfragen zum Wettbewerbsrecht

1. Was bezweckt das Bundesgesetz gegen den unlauteren Wettbewerb (UWG)?
2. Für welche Personen und Organisationen gilt das UWG bzw. wer sind die Adressaten des UWG?
3. Wann spricht man von unlauterer Herabsetzung?
4. Ist vergleichende Werbung in der Schweiz erlaubt?
5. Was muss bei vergleichenden Warentests beachtet werden?
6. Was versteht das UWG unter irreführendem Verhalten?
7. Worin unterscheidet sich der Zweck des Kartellgesetzes von demjenigen des UWG?
8. Was wird durch das KG geschützt und weshalb?

VI. Radio- und Fernsehrecht

1. Verfassungsrechtliche Grundlage

Art. 93 BV: Radio und Fernsehen
[1] Die Gesetzgebung über Radio und Fernsehen sowie über andere Formen der öffentlichen fernmeldetechnischen Verbreitung von Darbietungen und Informationen ist Sache des Bundes.
[2] Radio und Fernsehen tragen zur Bildung und kulturellen Entfaltung, zur freien Meinungsbildung sowie zur Unterhaltung der Zuhörer und Zuschauer bei. Sie berücksichtigen die Besonderheiten des Landes und die Bedürfnisse der Kantone. Sie stellen die Ereignisse sachgerecht dar und bringen die Vielfalt der Ansichten angemessen zum Ausdruck.
[3] Die Unabhängigkeit von Radio und Fernsehen sowie die Autonomie in der Programmgestaltung sind gewährleistet.
[4] Auf die Stellung und die Aufgabe anderer Medien, vor allem der Presse, ist Rücksicht zu nehmen.
[5] Programmbeschwerden können einer unabhängigen Beschwerdeinstanz vorgelegt werden.

Art. 93 BV hält im Bereich von Radio und Fernsehen die wichtigsten *Grundsätze* fest:

1. **Bundeskompetenz (Absatz 1):** Der *Bund* ist im Bereich von Radio und Fernsehen *umfassend zuständig* und kann demzufolge sämtliche rundfunkrechtlichen Aspekte regeln. Konkurrierende Bestimmungen der Kantone sind ausgeschlossen.

2. **Leistungsauftrag (Absatz 2):** Radio und Fernsehen sollen zur Bildung, zur kulturellen Entfaltung sowie zur freien Meinungsbildung beitragen. Sie haben die Besonderheiten der Schweiz sowie die Bedürfnisse der Kantone zu berücksichtigen. Die Bestimmung statuiert den sog. *Leistungsauftrag*, d.h. Radio- und Fernsehveranstalter werden angehalten, Ereignisse sachgerecht darzustellen sowie die Vielfalt der Ansichten und Meinungen angemessen zum Ausdruck zu bringen. Mit der Regelung soll die *freie Meinungsbildung sowie die kulturelle Entfaltung des Publikums* sichergestellt werden.

3. **Unabhängigkeit und Autonomie in der Programmgestaltung (Absatz 3):** Die *Unabhängigkeit* der Radio- und Fernsehveranstalter gegenüber dem *Staat* und *privaten Interessenverbänden* sowie die *Freiheit in der Programmgestaltung* werden durch die Verfassung gewährleiset. Ein staatlich beherrschter Rundfunk wird damit ausgeschlossen; Radio und Fernsehen müssen organisatorisch aus der staatlichen Verwaltung ausgegliedert sein.

4. **Rücksichtnahme auf andere Kommunikationsmittel (Absatz 4):** Radio und Fernsehen haben auf andere Kommunikationsmittel, insbesondere auf die *Printmedien*, *Rücksicht* zu nehmen. Angesichts des tendenziellen Abwanderns der Werbegelder von der Presse zu den elektronischen Medien, sind Werbebeschränkungen für Radio und Fernsehen aufgrund der Verfassungsbestimmung zulässig.

5. **Unabhängige Beschwerdeinstanz (Absatz 5):** Diese Bestimmung verweist auf die *Unabhängige Beschwerdeinstanz für Radio und Fernsehen (UBI)*. Als gerichtsähnliche Instanz beurteilt die UBI Beschwerden gegen ausgestrahlte Radio- und Fernsehsendungen schweizerischer Veranstalter.

2. Das Radio- und Fernsehgesetz

2.1 Revision

Die dargelegte verfassungsrechtliche Grundlage wird durch das *Bundesgesetz über Radio und Fernsehen (RTVG)* sowie die *Radio- und Fernsehverordnung (RTVV)* konkretisiert. Gesetz und Verordnung wurden in zähen und umstrittenen Verhandlungen von 1998 bis 2007 revidiert. Am 1. April 2007 trat das neue Radio- und Fernsehrecht in Kraft.

2.2 Begriffliches

Art. 2 RTVG enthält eine Liste von Begriffen, die das Gesetz wie folgt definiert:

- *Programm*: Folge von Sendungen, die kontinuierlich angeboten, zeitlich angesetzt und fernmeldetechnisch übertragen werden sowie für die Allgemeinheit bestimmt sind.
- *Sendung:* formal und inhaltlich in sich geschlossener Teil eines Programms.

- *Redaktionelle Sendung:* Sendung, die nicht Werbung ist.
- *Programmveranstalter:* die natürliche oder juristische Person, welche die Verantwortung für das Schaffen von Sendungen oder für deren Zusammenstellung zu einem Programm trägt.
- *Fernmeldetechnische Übertragung:* elektrisches, magnetisches, optisches oder anderes elektromagnetisches Senden oder Empfangen von Informationen über Leitungen oder Funk.
- *Verbreitung:* für die Allgemeinheit bestimmte fernmeldetechnische Übertragung.
- *Fernmeldedienst:* fernmeldetechnische Übertragung von Informationen für Dritte.
- *Werbung*: jede öffentliche Äusserung im Programm, welche die Förderung des Abschlusses von Rechtsgeschäften über Waren oder Dienstleistungen, die Unterstützung einer Sache oder Idee oder die Erzielung einer anderen vom Werbetreibenden oder vom Rundfunkveranstalter selbst gewünschten Wirkung zum Zweck hat und gegen Bezahlung oder eine ähnliche Gegenleistung oder als Eigenwerbung verbreitet wird.
- *Verkaufsangebot*: Werbung, welche das Publikum zum unmittelbaren Abschluss eines Rechtsgeschäftes über die vorgestellten Waren oder Dienstleistungen auffordert.
- *Verkaufssendung*: Sendung, die ausschliesslich Verkaufsangebote enthält und mindestens 15 Minuten dauert.
- *Verkaufsprogramm*: Programm, welches ausschliesslich aus Verkaufsangeboten und sonstiger Werbung besteht.
- *Sponsoring*: Beteiligung einer natürlichen oder juristischen Person an der direkten oder indirekten Finanzierung einer Sendung, mit dem Ziel, den eigenen Namen, die eigene Marke oder das eigene Erscheinungsbild zu fördern.

3. Inhaltliche Anforderungen an das Programm

Das Radio- und Fernsehgesetz statuiert inhaltliche Programmanforderungen, die von allen Radio- und Fernsehveranstaltern berücksichtigt werden müssen.

Art. 4 RTVG: Mindestanforderungen an den Programminhalt
[1] Alle Sendungen eines Radio- oder Fernsehprogramms müssen die Grundrechte beachten. Die Sendungen haben insbesondere die Menschenwürde zu achten, dürfen weder diskriminierend sein noch zu Rassenhass beitragen noch die öffentliche Sittlichkeit gefährden noch Gewalt verherrlichen oder verharmlosen.

VI. Radio- und Fernsehrecht

² Redaktionelle Sendungen mit Informationsgehalt müssen Tatsachen und Ereignisse sachgerecht darstellen, so dass sich das Publikum eine eigene Meinung bilden kann. Ansichten und Kommentare müssen als solche erkennbar sein.

³ Die Sendungen dürfen die innere oder äussere Sicherheit des Bundes oder der Kantone, ihre verfassungsmässige Ordnung oder die Wahrnehmung völkerrechtlicher Verpflichtungen der Schweiz nicht gefährden.

⁴ Konzessionierte Programme müssen in der Gesamtheit ihrer redaktionellen Sendungen die Vielfalt der Ereignisse und Ansichten angemessen zum Ausdruck bringen. Wird ein Versorgungsgebiet durch eine hinreichende Anzahl Programme abgedeckt, so kann die Konzessionsbehörde einen oder mehrere Veranstalter in der Konzession vom Vielfaltsgebot entbinden.

Art. 5 RTVG: Jugendgefährdende Sendungen
Programmveranstalter haben durch die Wahl der Sendezeit oder sonstige Massnahmen dafür zu sorgen, dass Minderjährige nicht mit Sendungen konfrontiert werden, welche ihre körperliche, geistig-seelische, sittliche oder soziale Entwicklung gefährden.

Art. 4 und 5 RTVG enthalten inhaltliche Mindestanforderungen, wie die *Achtung der Menschenwürde* (Art. 4 Abs. 1 RTVG) und den *Jugendschutz* (Art. 5 RTVG).

Art. 4 Abs. 2 RTVG statuiert das bereits im alten RTVG enthaltene *Sachgerechtigkeitsgebot*. Das Gebot wurde durch die Rechtsprechung der Unabhängigen Beschwerdeinstanz für Radio und Fernsehen UBI und des Bundesgerichts dahingehend formuliert, dass sich der Hörer oder Zuschauer durch die in einer Sendung vermittelten Fakten und Meinungen ein möglichst zuverlässiges Bild über einen Sachverhalt machen soll und damit in die Lage versetzt wird, sich eine *eigene Meinung zu bilden* (BGE 121 II 363). Ziel des Sachgerechtigkeitsgebots ist die *freie Meinungsbildung* des Publikums. Das Sachgerechtigkeitsgebot kann auch als *Manipulationsverbot* verstanden werden. Die Freiheit in der Themenwahl bleibt durch das Sachgerechtigkeitsgebot unberührt; gemäss UBI gibt es kein Thema, das nicht einer kritischen Auseinandersetzung zugänglich wäre. Die neue Gesetzesbestimmung präzisiert den Anwendungsbereich des Sachgerechtigkeitsgebots jedoch, indem es auf Sendungen beschränkt wird, die einen *Informationsgehalt* aufweisen. Rein unterhaltende Inhalte, welche die Meinungsbildung des Publikums nicht tangieren, unterstehen dem Sachgerechtigkeitsgebot nicht.

Ob eine Sendung den Anforderungen einer sachgerechten Berichterstattung genügt, entscheidet der *Gesamteindruck,* den ein Beitrag beim Durchschnittspublikum hinterlässt. Dabei müssen die journalistischen Sorgfaltspflichten, die durch die Gerichte, die UBI und den Presserat entwickelt worden sind, berücksichtigt werden. Es handelt sich dabei um *die Wahrhaftigkeit, die Transparenz in der Berichterstattung, die Sachkenntnis, die Angemessenheit der Mittel, das faire Hören und Verarbeiten einer anderen Meinung und die sorgfältige Auswahl und Begleitung in der Sendung auftretender Gäste* (vgl. zu den journalistischen Sorgfaltspflichten auch Teil X 2.1.3.–2.1.4).

Neben dem Gebot zur sachgerechten Berichterstattung haben *konzessionierte Veranstalter* (d.h. Veranstalter, die Gebührenanteile und/oder Verbreitungsprivilegien geniessen, vgl. Teil VI 4.2) auch das *Vielfaltsgebot* zu beachten. Sendungen konzessionierter Veranstalter haben der gesellschaftlich real existierenden Meinungsvielfalt zu entsprechen und dürfen nicht nur einseitige Ansichten wiedergeben. Ein Thema oder Ereignis muss von verschiedenen Seiten her beleuchtet werden; dazu gehört auch die Berücksichtigung der Auffassungen von Minderheiten. Das Gebot wird nicht auf jede einzelne Sendung bezogen, sondern auf das Programm als Ganzes. In der Praxis ist das Vielfaltsgebot nur bedingt justiziabel und hat primär richtungsweisenden (programmatischen) Charakter. Eine Überprüfung des Vielfaltsgebots ist daher im Einzelfall nur bei Beschwerden möglich, die sich gegen mehrere Sendungen richten (sog. Zeitraumbeschwerden).

VI. Radio- und Fernsehrecht

4. Melde- und Konzessionspflicht

Wer unter dem alten Radio- und Fernsehgesetz ein Rundfunkprogramm betreiben wollte, musste im Besitz einer vom Bundesrat erteilten Veranstalterkonzession sein. Heute sieht das revidierte Gesetz je nach Veranstalter ein unterschiedliches regulatorisches System vor. Grundsätzlich unterliegen Veranstalter lediglich noch einer *Meldepflicht* beim Bundesamt für Kommunikation (BAKOM). Veranstalter mir einer Konzession gibt es aber nach wie vor. Zu den *konzessionierten Programmveranstaltern* gehören die *SRG/SSR* sowie Veranstalter mit einem *Leistungsauftrag*. Diese Veranstalter haben von Gesetzes wegen besondere Pflichten zu erfüllen (Leistungsauftrag), geniessen im Gegenzug aber auch Privilegien (Gebühren- und Verbreitungsprivilegien).

> *Art. 3 RTVG*
> **Wer ein schweizerisches Programm veranstalten will, muss:**
> a. dies vorgängig dem Bundesamt für Kommunikation (Bundesamt) melden; oder
> b. über eine Konzession nach diesem Gesetz verfügen.

4.1 Meldepflichtige Veranstalter

Das RTVG verpflichtet nicht konzessionspflichtige Programmveranstalter, sich vor der Inbetriebnahme eines Rundfunksenders beim BAKOM zu *melden*. Kommt ein Veranstalter dieser Pflicht nicht, verspätet oder unvollständig nach oder macht er falsche Angaben, kann ihn das BAKOM mit einer Verwaltungssanktion bis zu CHF 10'000.-- belegen (Art. 90 Abs. 2 lit. a RTVG).

Meldepflichtige Veranstalter haben dem BAKOM folgende Angaben zu liefern (Art. 2 RTVV):

1. Name des Programms sowie Grundzüge des Programminhalts;
2. Name der redaktionell verantwortlichen Person;
3. Wohnsitz bzw. Sitz des Veranstalters;
4. Angaben, die dem Publikum eine rasche und unkomplizierte Kontaktaufnahme mit dem Veranstalter ermöglichen, insbesondere E-Mail-Adressen und Webadresse;
5. Art und Gebiet der technischen Verbreitung;
6. Identität und Kapital- bzw. Stimmrechtsanteile von Aktionären und anderen Teilhabern, welche mindestens einen Drittel des Kapitals oder der Stimmrechte besitzen, sowie deren Be-

teiligungen von mindestens einem Drittel an anderen Unternehmen im Medienbereich;
7. Identität der Mitglieder des Verwaltungsrats und der Geschäftsleitung;
8. Beteiligungen des Veranstalters an anderen Unternehmen von mindestens einem Drittel des Kapitals oder der Stimmrechte sowie Beteiligungen dieser Unternehmen von mindestens einem Drittel an anderen Unternehmen im Medienbereich;
9. programmliche Zusammenarbeit mit Dritten;
10. Personalbestand.

Darüber hinaus müssen die meldepflichtigen Veranstalter eine Korrespondenzadresse in der Schweiz bezeichnen, an welche Mitteilungen, z.B. der Behörden, zugestellt werden können. Das Bundesamt für Kommunikation veröffentlicht die gemeldeten Angaben.

Die Meldepflicht bedeutet eine erhebliche *Vereinfachung des Marktzutritts* für private Veranstalter; sie haben aber weder einen Anspruch auf Gebührengelder noch auf Verbreitungsprivilegien. Der Vorteil der neuen Regelung liegt darin, dass private Veranstalter kein langwieriges Konzessionierungsverfahren durchlaufen müssen und keinen Leistungsauftrag (Pflicht zur Ausgewogenheit) zu erfüllen haben.

4.2 Konzessionspflichtige Veranstalter

Das Radio- und Fernsehgesetz unterscheidet zwei Kategorien von konzessionierten Programmveranstaltern.

4.2.1 Schweizerische Radio- und Fernsehgesellschaft

Als *Service public-Veranstalterin* erhält die SRG/SSR den Grossteil an Gebühren, hat aber im Gegenzug den Auftrag, die Grundversorgung der Schweiz mit Radio- und Fernsehprogrammen sicherzustellen (umfassender Leistungsauftrag). Die SRG/SSR ist die einzige Veranstalterin, die *Anspruch* auf eine Konzession hat. Die SRG/SSR ist ein Verein gemäss Art. 60 ff ZGB. Sie ist autonom, d.h. vom Staat sowie von einzelnen gesellschaftlichen, wirtschaftlichen oder politischen Gruppierungen unabhängig.

a) **Programmauftrag**

Art. 24 RTVG konkretisiert den *Leistungsauftrag* der Bundesverfassung (Art. 93 Abs. 2 BV). Die Bestimmung richtet sich direkt und einzig an die SRG/SSR.

VI. Radio- und Fernsehrecht

Art. 24 RTVG: Programmauftrag

1. Die SRG erfüllt den verfassungsrechtlichen Auftrag im Bereich von Radio und Fernsehen (Programmauftrag). Insbesondere:
   a. versorgt sie die gesamte Bevölkerung inhaltlich umfassend mit gleichwertigen Radio- und Fernsehprogrammen in den drei Amtssprachen;
   b. fördert sie das Verständnis, den Zusammenhalt und den Austausch unter den Landesteilen, Sprachgemeinschaften, Kulturen und gesellschaftlichen Gruppierungen und berücksichtigt sie die Eigenheiten des Landes und die Bedürfnisse der Kantone;
   c. fördert sie die engere Verbindung zwischen den Auslandschweizerinnen und Auslandschweizern und der Heimat sowie die Präsenz der Schweiz und das Verständnis für deren Anliegen im Ausland.
2. Für die rätoromanische Schweiz veranstaltet die SRG mindestens ein Radioprogramm. Im Übrigen legt der Bundesrat die Grundsätze fest, nach denen die Radio- und Fernsehbedürfnisse dieser Sprachregion zusätzlich berücksichtigt werden müssen.
3. Der Bundesrat legt die Grundsätze fest, nach denen die Bedürfnisse der Menschen mit Sinnesbehinderungen berücksichtigt werden müssen. Er bestimmt insbesondere, in welchem Ausmass Spezialsendungen in Gebärdensprache für gehörlose Menschen angeboten werden müssen.
4. Die SRG trägt bei zur:
   a. freien Meinungsbildung des Publikums durch umfassende, vielfältige und sachgerechte Information insbesondere über politische, wirtschaftliche und soziale Zusammenhänge;
   b. kulturellen Entfaltung und zur Stärkung der kulturellen Werte des Landes sowie zur Förderung der schweizerischen Kultur unter besonderer Berücksichtigung der Schweizer Literatur sowie des Schweizer Musik- und Filmschaffens, namentlich durch die Ausstrahlung von Schweizer Produktionen und eigenproduzierten Sendungen;
   c. Bildung des Publikums, namentlich durch die regelmässige Ausstrahlung von Sendungen mit bildenden Inhalten;
   d. Unterhaltung.
5. In wichtigen, über die Sprach- und Landesgrenze hinaus interessierenden Informationssendungen ist in der Regel die Standardsprache zu verwenden.

Die SRG/SSR ist verpflichtet, die gesamte Bevölkerung mit Radio- und Fernsehprogrammen in den drei Amtssprachen zu versorgen sowie ein Radioprogramm in rätoromanischer Sprache zu veranstalten. Sie hat eine integrative Funktion zu übernehmen, indem ihre Programme das Verständnis, den Zusammenhalt und den Austausch unter den Landesteilen, den Sprachengemeinschaften, Kulturen und gesellschaftlichen Gruppierungen fördert. Zudem hat sie die Eigenheiten der Kantone zu berücksichtigen.

Inhaltlich geht der Programmauftrag von vier Prämissen aus: *freie Meinungsbildung*, *kulturelle Entfaltung, Bildung* und *Unterhaltung*.

1. *Freie Meinungsbildung*: Neben der Einhaltung des Sachgerechtigkeitsgebotes hat die SRG einen aktiven Beitrag zur Meinungsbildung des Publikums zu leisten. Das in einer direkten Demokratie zentrale Anliegen, politische Themen zu verbreiten, gehört zum *Kernbereich* des Service public und damit zu den zentralen Aufgaben der SRG/SSR.

2. *Kulturelle Entfaltung:* Zur kulturellen Entfaltung gehören nicht nur *Kunst*, *Bildung* und *Wissenschaft*, sondern alles, was *Sinn und Zweck einer Gesellschaft in ihrem Dasein* ausmacht. Der Kulturauftrag umfasst nicht nur ausgestrahlte Inhalte, sondern auch deren Produktion. Die SRG/SSR ist verpflichtet, selber kulturelle Programme zu produzieren (Hörspiele, Fernsehserien), das unabhängige Schweizer Kulturschaffen mit Aufträgen zu unterstützen und diesem in ihren Programmen eine Sendeplattform anzubieten.

3. *Bildung:* Zum Bildungsauftrag gehört das *Schulfernsehen*, die *Weiterbildung* Erwachsener und ein *Bildungsangebot* für das breite Publikum.

4. *Unterhaltung*: Die Unterhaltung bildet einen *gleichberechtigten Bestandteil des Programmauftrages*. Auch informative und bildende Sendegefässe können in unterhaltender Form ausgestaltet werden. Die Bestimmung macht deutlich, dass sich der Service public nicht in seinem Kernbereich von Information und Kultur erschöpft und die Finanzierung unterhaltender Sendungen aus Gebührengelder gerechtfertigt ist.

b) Finanzierung

Die SRG/SSR finanziert sich zur Hauptsache durch *Gebührengelder* der Radio- und Fernsehkonsumentinnen und -konsumenten. Das Inkasso betreibt im Auftrag des Bundes die Billag AG. Die SRG/SSR erhält jährlich rund CHF 1.1 Mia. Radio- und Fernsehempfangsgebühren.

> *Art. 34 RTVG: Finanzierung*
> **Die SRG finanziert sich zur Hauptsache durch Empfangsgebühren. Weitere Finanzierungsquellen stehen ihr offen, soweit dieses Gesetz, die Verordnung, die Konzession oder das einschlägige internationale Recht sie nicht beschränken.**

Darüber hinaus finanziert sich die SRG/SSR über *Werbung* und *Sponsoring*. Im Vergleich zu privaten Veranstaltern ist die SRG/SSR jedoch strengeren Bestimmungen unterstellt.

> *Art. 14 RTVG: Besondere Bestimmungen für die SRG*
> 1 In den Radioprogrammen der SRG ist Werbung verboten. Der Bundesrat kann Ausnahmen für die Eigenwerbung vorsehen.
> 2 In den Programmen der SRG ist Werbung für alkoholische Getränke unzulässig. Untersagt ist auch Sponsoring durch in diesem Bereich tätige Unternehmen.
> 3 Der Bundesrat kann die Werbung und das Sponsoring in den Radio- und Fernsehprogrammen der SRG und im übrigen publizistischen Angebot, das zur Erfüllung ihres Programmauftrags notwendig ist und aus den Empfangsgebühren finanziert wird (Art. 25 Abs. 3 Bst. b), ganz oder teilweise einschränken.

In den Radioprogrammen der SRG/SSR ist Werbung gänzlich verboten. Ebenso unzulässig ist Werbung für alkoholische Getränke sowie Sponsoring von in diesem Bereich tätigen Unternehmen.

4.2.2 Andere Veranstalter mit Leistungsauftrag

Das Gesetz kennt zwei weitere Kategorien von konzessionierten Veranstaltern, also Veranstaltern *mit* Leistungsauftrag: (1) Die konzessionierten Veranstalter mit Leistungsauftrag *und* Gebührenanteil und (2) die konzessionierten Veranstalter mit Leistungsauftrag *ohne* Gebührenanteil.

a) Konzessionierte Veranstalter mit Leistungsauftrag *und* Gebührenanteil

> *Art. 38 RTVG: Grundsatz*
> 1 Konzessionen mit Leistungsauftrag und Gebührenanteil (Konzessionen mit Gebührenanteil) können erteilt werden an Veranstalter lokal-regionaler Programme, die:
>   a. ein Gebiet ohne ausreichende Finanzierungsmöglichkeiten mit Radio- und Fernsehprogrammen versorgen, welche die lokalen oder regionalen Eigenheiten durch umfassende Information insbesondere über politische, wirtschaftliche und soziale Zusammenhänge berücksichtigen sowie zur Entfaltung des kulturellen Lebens im Versorgungsgebiet beitragen;
>   b. mit komplementären nicht gewinnorientierten Radioprogrammen zur Erfüllung des verfassungsrechtlichen Leistungsauftrags in Agglomerationen beitragen.

VI. Radio- und Fernsehrecht

² Konzessionen mit Gebührenanteil geben einen Anspruch auf Verbreitung des Programms in einem bestimmten Versorgungsgebiet (Zugangsrecht) sowie auf einen Anteil am Ertrag der Empfangsgebühren.
³ Je Versorgungsgebiet wird eine Konzession mit Gebührenanteil erteilt.
⁴ Die Konzession legt mindestens fest:
   a. das Versorgungsgebiet sowie die Art der Verbreitung;
   b. die geforderten programmlichen Leistungen und die dafür notwendigen betrieblichen und organisatorischen Anforderungen;
   c. weitere Anforderungen und Auflagen, welche der Konzessionär zu erfüllen hat.
⁵ Die Verbreitung eines Programms auf Grund einer Konzession mit Gebührenanteil ist grundsätzlich auf das jeweilige Versorgungsgebiet beschränkt; der Bundesrat sieht Ausnahmen vor.

Konzessionen mit Leistungsauftrag *und* Gebührenanteil werden erteilt an Veranstalter *lokal-regionaler Programme,* welche die regionalen Eigenheiten durch umfassende Information berücksichtigen sowie zur Entfaltung des kulturellen Lebens im Versorgungsgebiet beitragen. Dabei geht es darum, Gebiete ohne ausreichende Finanzierungsmöglichkeiten mit Rundfunkprogrammen zu versorgen, die in politischer, wirtschaftlicher, kultureller und sozialer Hinsicht den Leistungsauftrag im Sinne der Verfassung (Art. 93 Abs. 2 BV) erfüllen. Ferner sollen in Agglomerationen nichtkommerzielle Radioprogramme ermöglicht werden, die einen Kontrast zu den gängigen Mainstream-Radioprogrammen bilden, z.B. weil sie sich an Minderheiten richten oder fremdsprachige Beiträge produzieren.

Veranstalter, welche die erwähnten Voraussetzungen erfüllen, erhalten einen Anteil am Ertrag der Empfangsgebühren und haben Anspruch auf Verbreitung ihres Programms in einem bestimmten Versorgungsgebiet. Die Gebührenanteile für diese Kategorie von Veranstaltern betragen 4% des Gesamtertrages der Radio- bzw. Fernsehempfangsgebühren.

b)   **Konzessionierte Veranstalter mit Leistungsauftrag** *ohne* **Gebührenanteil**

Art. 43 RTVG
¹ Das Departement kann anderen Programmveranstaltern eine Konzession für die drahtlos-terrestrische Verbreitung eines Programms erteilen, wenn dieses Programm:
   a. in einem Gebiet die lokalen oder regionalen Eigenheiten durch umfassende Information insbesondere über politische, wirtschaftliche und soziale Zusammenhänge berücksichtigt

sowie zur Entfaltung des kulturellen Lebens im Versorgungsgebiet beiträgt;
b. in einer Sprachregion in besonderem Mass zur Erfüllung des verfassungsrechtlichen Leistungsauftrags beiträgt.

² Die Konzession definiert den Umfang des Zugangs zur Verbreitung und den programmlichen Leistungsauftrag. Das Departement kann weitere Pflichten festlegen, um die Erfüllung des Leistungsauftrages sowie ein unabhängiges Programmschaffen sicherzustellen.

Eine Konzession kann auch an Veranstalter erteilt werden, die einen programmlichen Leistungsauftrag erbringen, aber nicht in Gebieten mit unzureichendem wirtschaftlichem Potenzial tätig sind und daher nicht auf Gebührengelder angewiesen sind. Die Bestimmung beschränkt sich auf Programme, die drahtlos-terrestrisch verbreitet werden. Die Konzession dient nämlich in erster Linie dazu, knappe Frequenzen einer Nutzung im Sinne des verfassungsrechtlichen Leistungsauftrages (Art. 93 Abs. 2 BV) zuzuführen. Neben der drahtlos-terrestrischen Verbreitung haben diese Konzessionäre zudem Anspruch, kostenlos in ein Leitungsnetz eingespiesen zu werden (Art. 59 RTVG).

5. Werbung und Sponsoring

5.1 Werbung

Werbung ist – insbesondere für Veranstalter ohne Gebührengelder – die *wichtigste Einnahmequelle* für die Rundfunkfinanzierung. Unter Werbung versteht das Radio- und Fernsehgesetz *„jede öffentliche Äusserung in Programmen, welche zur Förderung des Abschlusses von Rechtsgeschäften über Waren oder Dienstleistungen, die Unterstützung einer Sache oder Idee oder die Erzielung einer anderen vom Werbetreibenden oder vom Rundfunkveranstalter selbst gewünschten Wirkung zum Zweck hat und gegen Bezahlung oder eine ähnliche Gegenleistung oder als Eigenwerbung verbreitet wird"* (Art. 2 lit. k RTVG).

Radio- und Fernsehwerbung muss vom redaktionellen Teil des Programms deutlich getrennt und als solche eindeutig erkennbar sein (Art. 9 RTVG). Um dem Trennungsgrundsatz zu genügen, muss Werbung von anderen Programmteilen durch ein besonderes *akustisches* bzw. *optisches Erkennungssignal* getrennt werden (Art. 11 Abs. 1 RTVV). Ständige Programmmitarbeiterinnen und -mitarbeiter des Veranstalters dürfen in seinen Werbesendungen nicht mitwirken (Art. 9 Abs. 2 RTVG).

Das Radio- und Fernsehgesetz kennt zahlreiche Werbeverbote:

Art. 10 RTVG: Werbeverbote
1   Unzulässig ist Werbung für:
    a. Tabakwaren;
    b. alkoholische Getränke, die dem Alkoholgesetz vom 21. Juni 1932 unterstehen; die Werbung für andere alkoholische Getränke darf in Wort, Bild und Ton nur Angaben und Darstellungen enthalten, die sich unmittelbar auf das Produkt und seine Eigenschaften beziehen; der Bundesrat erlässt zum Schutz der Gesundheit und der Jugend weitere Einschränkungen;
    c. sämtliche alkoholischen Getränke in Fernsehprogrammen in- und ausländischer Veranstalter, sofern diese Programme in der Schweiz national oder sprachregional verbreitet werden und sich eigens an das schweizerische Publikum richten;
    d. politische Parteien, für Personen, die politische Ämter innehaben
    oder dafür kandidieren sowie für Themen, welche Gegenstand von Volksabstimmungen sind;
    e. religiöse Bekenntnisse und die sie vertretenden Institutionen und Personen.
2   Unzulässig sind:
    a. Werbung für Heilmittel nach Massgabe des Heilmittelgesetzes vom 15. Dezember 2000;
    b. Verkaufsangebote für sämtliche Heilmittel und medizinischen Behandlungen.
3   Unzulässig sind Schleichwerbung und unterschwellige Werbung.
4   Unzulässig ist Werbung, welche:
    a. religiöse oder politische Überzeugungen herabmindert;
    b. irreführend oder unlauter ist;
    c. zu einem Verhalten anregt, welches die Gesundheit, die Umwelt oder die persönliche Sicherheit gefährdet.
5   Der Bundesrat kann zum Schutz der Gesundheit und der Jugend weitere Werbesendungen als unzulässig erklären.

Werbeverbote sind politisch motiviert. Sie dienen dem Jugendschutz (Art. 10 Abs. 1 lit. a, b, c), der allgemeinen Sicherheit des Publikums (Umweltschutz, Gesundheit, Wettbewerb, Art. 10 Abs. 1 lit. d, Abs. 2 lit. a, b und Abs. 4 lit. b und c RTVG) oder dem Religionsfrieden (Art. 10 Abs. 1 lit. e und Abs. 4 lit. a RTVG).

Schleichwerbung (= werbende Aussagen innerhalb des redaktionellen Teils eines Programms) und *unterschwellige Werbung* (= schwach hörbare oder sichtbare Werbebotschaften, die das Publikum nicht bewusst wahrnimmt) sind in der Schweiz verboten (Art. 10 Abs. 3 RTVG). Ebenso verbietet das Radio- und Fernsehgesetz *religiöse* und *politische* Werbung, Werbung für *Tabak*, sowie Werbung für *Heilmittel*, bei denen gemäss heilmittelrechtlichen Bestimmungen Publikumswerbung nicht zugelassen ist und Verkaufsangebote für sämtliche Heilmittel und medizinischen Behandlungen. *Irreführende* oder *unlautere* Werbung (Art. 10 Abs. 4 lit. b RTVG) und Werbung, die sich die natürliche *Leichtgläubigkeit von Kindern* oder den *Mangel an Erfahrung bei Jugendlichen* zunutze macht oder ihr *Abhängigkeitsgefühl* missbraucht, ist gleichermassen verboten (Art. 13 RTVG). Werbung für *alkoholische Getränke* ist im Grundsatz verboten (Art. 10 Abs. 1 lit. b und c RTVG). Erlaubt ist hingegen Alkoholwerbung für Bier, Wein und Obstwein. Werbung für alkoholische Getränke hat folgende Regeln zu beachten (Art. 16 RTVV):

- Werbung für alkoholische Getränke darf sich nicht eigens an Minderjährige richten.
- Niemand, der das Aussehen eines Minderjährigen hat, darf mit dem Konsum alkoholischer Getränke in Zusammenhang gebracht werden.
- Der Konsum von alkoholischen Getränken darf nicht mit körperlicher Leistung oder mit dem Lenken von Fahrzeugen in Verbindung gebracht werden.
- Alkoholischen Getränken darf keine therapeutische, anregende oder beruhigende Eigenschaft zugesprochen werden und sie dürfen nicht als Mittel zur Lösung persönlicher Probleme dargestellt werden.
- Werbung für alkoholische Getränke darf nicht zum unmässigen Konsum von Alkohol ermutigen oder Abstinenz und Mässigung in einem negativen Licht erscheinen lassen.
- Der Alkoholgehalt darf nicht betont werden.

Auch die *Platzierung* von Werbesendungen ist reglementiert. In sich geschlossene Sendungen dürfen grundsätzlich nicht unterbrochen werden, wobei es Ausnahmen gibt, wie Art. 18 RTVV darlegt:

Art. 18 RTVV: Einfügung der Werbung
[1] Sendungen dürfen durch Werbung unterbrochen werden, wenn folgende Beschränkungen beachtet werden:
    a. Kinospielfilme sowie Fernsehfilme, sofern es sich nicht um Serien, Reihen, leichte Unterhaltungssendungen oder Dokumentarfilme handelt, dürfen einmal durch Werbung unterbrochen werden, wenn die programmierte Sendedauer mehr als 45 Minuten beträgt. Je eine weitere Unterbrechung ist zulässig bei einer Dauer von 90, 110 und jeweils weiteren 45 Minuten.
    b. Nachrichtensendungen, Sendungen zum politischen Zeitgeschehen, Dokumentarfilme und Sendungen religiösen Inhalts dürfen einmal durch Werbung unterbrochen werden, wenn die programmierte Sendedauer mehr als 30 Minuten beträgt.

Je eine weitere Unterbrechung ist zulässig bei einer Dauer von 50, 70 und jeweils weiteren 20 Minuten.
c. Andere Sendungen dürfen höchstens alle 20 Minuten unterbrochen werden.

² Bei der Übertragung von Anlässen, die Pausen enthalten, ist zusätzlich zu Absatz 1 das Einfügen von Werbung in den Pausen erlaubt.

³ In Sendungen, die aus eigenständigen Teilen bestehen, ist das Einfügen von Werbung nach Absatz 1 nur zwischen diesen Teilen zulässig.

⁴ Die Übertragung von Gottesdiensten darf nicht durch Werbung unterbrochen werden.

⁵ Für nicht konzessionierte Radioprogramme sowie für nicht konzessionierte Fernsehprogramme, welche nicht im Ausland empfangen werden können, gelten keine Einschränkungen bei der Einfügung der Werbung mit Ausnahme der Absätze 1 Buchstabe b und 4.

Die *Werbedauer* darf 15% der täglichen Sendezeit nicht überschreiten und höchstens 12 Minuten innerhalb einer Stunde beanspruchen. Art. 19 Abs. 1 RTVV regelt die Einzelheiten:

Art. 19 RTVV: Dauer der Werbung
1. Werbung ohne länger dauernde Werbeformen (Werbespots) darf höchstens 15 Prozent der täglichen Sendezeit und höchstens 12 Minuten innerhalb einer natürlichen vollen Stunde beanspruchen.
2. Werbespots und länger dauernde Werbeformen zusammen dürfen höchstens 20 Prozent der täglichen Sendezeit beanspruchen. Hierbei nicht eingerechnet werden Verkaufssendungen.
3. Verkaufssendungen dürfen insgesamt während höchstens drei Stunden täglich ausgestrahlt werden. Pro Tag sind höchstens acht Verkaufssendungen zulässig.
4. In Verkaufsprogrammen dürfen andere Formen der Werbung als Verkaufsangebote höchstens 15 Prozent der täglichen Sendezeit beanspruchen.
5. Für nicht konzessionierte Radioprogramme sowie für nicht konzessionierte Fernsehprogramme, welche nicht im Ausland empfangen werden können, gelten keine Einschränkungen bezüglich der Werbedauer.

Die *SRG/SSR* untersteht besonderen Werbevorschriften (Art. 14 RTVG). In den Radioprogrammen der SRG ist Werbung verboten. Werbung für alkoholische Getränke sowie Sponsoring durch in diesem Bereich tätige Unternehmen ist in allen Rundfunkprogrammen der SRG/SSR verboten.

Art. 22 RTVV: Zusätzliche Werbe- und Sponsoringbeschränkungen in den Programmen der SRG
1. In den Fernsehprogrammen der SRG dürfen Sendungen nach Artikel 18 Absatz 1 einmal durch Werbung unterbrochen werden, wenn sie länger als 90 Minuten dauern.
2. In den Fernsehprogrammen der SRG dürfen:
   a. Werbespots und länger dauernde Werbeformen zusammen höchstens 8 Prozent der täglichen Sendezeit betragen;
   b. zwischen 18 und 23 Uhr Werbespots und länger dauernde Werbeformen zusammen höchstens 12 Minuten innerhalb einer natürlichen vollen Stunde betragen;
   c. während des übrigen Tages Werbespots höchstens 12 Minuten innerhalb einer natürlichen vollen Stunde betragen.
3. Werbung auf geteiltem Bildschirm und virtuelle Werbung sind unzulässig, ausser bei der Übertragung von Sportveranstaltungen.
4. Die Ausstrahlung von Verkaufssendungen ist unzulässig.
5. Die SRG darf in ihren Radioprogrammen Eigenwerbung ausstrahlen, sofern diese überwiegend der Publikumsbindung dient.
6. Hinweise auf Anlässe, für welche die SRG eine Medienpartnerschaft eingegangen ist, können als Eigenwerbung ausgestrahlt

werden, sofern sie überwiegend der Publikumsbindung dienen und die Medienpartnerschaft nicht zum Zwecke der Finanzierung des Programms abgeschlossen wurde. Eine Medienpartnerschaft liegt vor, wenn zwischen dem Programmveranstalter und dem Organisator eines öffentlichen Anlasses eine Zusammenarbeit besteht, wobei der Programmveranstalter sich verpflichtet, auf den Anlass im Programm hinzuweisen und dafür mit Vorteilen vor Ort und ähnlichen Leistungen entschädigt wird.

Art. 23 RTVV: Werbung und Sponsoring im übrigen publizistischen Angebot der SRG
Im Übrigen publizistischen Angebot der SRG, das neben den Radio- und Fernsehprogrammen zur Erfüllung des Programmauftrags notwendig ist und aus den Empfangsgebühren finanziert wird (Art. 25 Abs. 3 Bst. b RTVG), sind Werbung und Sponsoring unzulässig, mit folgenden Ausnahmen:
a. bereitgehalten werden, müssen mit der dazugehörigen Sponsornennung angeboten werden.
b. Sendungen, die zum Abruf bereitgehalten werden und Werbung auf geteiltem Bildschirm oder virtuelle Werbung enthalten, dürfen unverändert angeboten werden.
c. Im Teletextdienst sind Werbung und Sponsoring zugelassen. Es gelten sinngemäss die für die Programme der SRG anwendbaren Werbe- und Sponsoringbestimmungen des RTVG und dieser Verordnung; Einzelheiten werden in der Konzession geregelt.
d. In der Konzession können weitere Ausnahmen vorgesehen werden für Angebote, die in Zusammenarbeit mit nicht gewinnorientierten Dritten entstehen, sowie bezüglich Eigenwerbung.

5.2 Sponsoring

Unter Sponsoring versteht man die *„Beteiligung einer natürlichen oder juristischen Person an der direkten oder indirekten Finanzierung einer Sendung, mit dem Ziel, den eigenen Namen, die eigene Marke oder das eigene Erscheinungsbild zu fördern"* (Art. 2 lit. o RTVG).

Sponsoring dient der Finanzierung einer Sendung. Der Sponsor erhofft sich dabei einen *Imagevorteil*. Das Sponsern einer Comedy-Sendung soll z.B. Sympathie beim Publikum erwecken. Da das Sponsoring eng mit der redaktionellen Leistung einer Sendung verknüpft ist, besteht ein erhöhtes Risiko der Beeinflussung von redaktionellen Programminhalten. Die Sponsoringbestimmung (Art. 12 RTVG) trägt dem unabhängigen Programmschaffen und der unverfälschten Meinungsbildung des Publikums Rechnung.

Art. 12 RTVG: Sponsoring

¹ Inhalt und zeitliche Ansetzung von gesponserten Sendungen liegen in der alleinigen Verantwortung des Programmveranstalters. Dieser sorgt dafür, dass der Sponsor die Sendung nicht in einer Weise beeinflusst, welche die redaktionelle Unabhängigkeit beeinträchtigt.

² Werden Sendungen oder Sendereihen ganz oder teilweise gesponsert, so müssen die Sponsoren am Anfang oder am Schluss jeder Sendung genannt werden.

³ Gesponserte Sendungen dürfen weder zum Abschluss von Rechtsgeschäften über Waren oder Dienstleistungen der Sponsoren oder von Dritten anregen noch Aussagen werbenden Charakters über Waren und Dienstleistungen enthalten.

⁴ Sendungen dürfen nicht von Sponsoren finanziert werden, die zur Hauptsache Produkte herstellen oder verkaufen oder Dienstleistungen anbieten, für welche Werbung nach Artikel 10 verboten ist. Im Heilmittelbereich tätige Unternehmen dürfen Sendungen sponsern, sofern dabei keine unter Werbeverbot stehenden Produkte genannt oder gezeigt werden und auch nicht auf eine andere Weise eine Werbewirkung für diese Produkte entsteht.

⁵ Nachrichtensendungen und Sendungen zum politischen Zeitgeschehen sowie Sendungen und Sendereihen, die mit der Ausübung politischer Rechte in Bund, Kantonen und Gemeinden zusammenhängen, dürfen nicht gesponsert werden.

Zunächst postuliert Art. 12 RTVG, dass die Radio- und Fernsehveranstalter die alleinige Verantwortung für den Inhalt einer Sendung tragen und es ihnen nicht erlaubt ist, eine ungebührliche Beeinflussung des Sendeinhalts zuzulassen. *Nachrichtensendungen* sowie Sendungen, die mit der *Ausübung politischer Rechte* zusammenhängen und somit einen Beitrag zur Meinungsbildung des Publikums leisten, dürfen nicht gesponsert werden. Auch Sendungen, die zum *Abschluss eines Rechtsgeschäfts* anregen, dürfen nicht gesponsert werden. Das bedeutet, dass eine *Vermischung von Werbung und Sponsoring verboten* ist. Werden Sendungen oder Sendereihen ganz oder teilweise gesponsert, so müssen die Sponsoren am *Anfang* und am *Schluss* der Sendung *genannt* werden. *Sponsoren*, die ein Produkt herstellen oder Dienstleistungen erbringen, für die ein *Werbeverbot* gemäss Art. 10 RTVG besteht (z.B. Werbung für eine Glaubens- und Religionsgemeinschaft), dürfen *keine Sendungen sponsern*.

Zur Konkretisierung der Sponsoringvorschriften hat das BAKOM *Sponsoring-Richtlinien* (vgl. Anhang) erlassen. Die Richtlinien dienen den Radio und Fernsehveranstaltern als Orientierungshilfe und geben die Breite der Sponsoring-Möglichkeiten bekannt, welche das BAKOM als gesetzlich zulässig erachtet.

6. Verbreitung von Programmen

Die Programmveranstalter können ihre Programme selber verbreiten oder eine Fernmeldediensteanbieterin mit der Verbreitung beauftragen (Art. 51 f RTVG).

6.1 Drahtlos-terrestrische Verbreitung von Programmen

Zur drahtlos-terrestrischen Verbreitung (= Verbreitung über Frequenzen, die in einem internationalen Verfahren an die Staaten vergeben werden) sind die Programme der SRG/SSR und die Programme der Veranstalter, die über eine Konzession mit Leistungsauftrag verfügen, zugangsberechtigt (Art. 53 ff RTVG). Da die Anzahl Frequenzen, über welche die Schweiz verfügt, beschränkt sind, haben lediglich Programmveranstalter Zugang zur drahtlos-terrestrischen Verbreitung, die zur Erfüllung des verfassungsrechtlichen Leistungsauftrages beitragen. Andere Programmveranstalter, z.B. Veranstalter, die beim BAKOM lediglich gemeldet sind, haben keinen Anspruch auf die drahtlos-terrestrische Verbreitung ihrer Programme.

6.2 Verbreitung über Leitungen

Bei der Verbreitung über Leitungen (z.B. über die Leitungsnetze der Cablecom) werden die SRG/SSR und diejenigen Veranstalter, die über eine Konzession mit Leistungsauftrag verfügen, bevorzugt, indem sie Anspruch auf Verbreitung ihrer Programme haben (Art. 59 ff RTVG). Dieses Verbreitungsprivileg ergibt sich daraus, dass diese Veranstalter einen Beitrag an den verfassungsrechtlichen Leistungsauftrag leisten. Darüber hinaus kann der Bundesrat Programme ausländischer Veranstalter bestimmen, die wegen ihres besonderen Beitrages zur Bildung, zur kulturellen Entfaltung oder zur freien Meinungsbildung über Leitungsnetze zu verbreiten sind. Zur Verbreitung verpflichtet ist in erster Linie diejenige Fernmeldediensteanbieterin, die im Versorgungsgebiet bereits Programme verbreitet und dabei am meisten Haushalte erreicht. Programmveranstalter, die keinen Leistungsauftrag erfüllen, d.h. z.B. Veranstalter, die beim BAKOM lediglich gemeldet sind, haben keinen Anspruch auf Verbreitung ihrer Programme über Leitungen.

7. Sicherstellung des Zugangs zu öffentlichen Ereignissen

Zur Sicherung ihrer Position im Wettbewerb, versuchen Radio- und Fernsehveranstalter, sich für die Berichterstattung über wichtige Ereignisse von grossem Publikumsinteresse sog. *Exklusivrechte* zu sichern, um damit Konkurrenten von der Berichterstattung auszuschliessen. Dieser Vorgang ist dann problematisch, wenn nicht mehr alle Zuhörerinnen oder Zuschauer Zugang zu der Berichterstattung haben, weil das Programm nicht überall empfangbar ist oder nur für Abonnenten bestimmt ist (Pay-TV). Der freie Zugang der Öffentlichkeit zu Informationen über wichtige Ereignisse ist von grosser Bedeutung für die kommunikative Chancengleichheit der Bürgerinnen und Bürger. Aus diesem Grund hat das RTVG zwei Bestimmungen geschaffen, die allen den Zugang zu öffentlichen Ereignissen bzw. Ereignissen von gesellschaftlicher Bedeutung sichert.

7.1 Kurzberichterstattung bei öffentlichen Ereignissen

> *Art. 72 RTVG: Kurzberichterstattungsrecht bei öffentlichen Ereignissen*
> [1] Ist die Berichterstattung über ein öffentliches Ereignis in der Schweiz durch Exklusivabreden eingeschränkt, so hat jeder interessierte Programmveranstalter das Recht auf aktuelle mediengerechte Kurzberichterstattung über dieses Ereignis.
> [2] Der Organisator eines öffentlichen Ereignisses und der Programmveranstalter, die über Erstverwertungs- oder Exklusivrechte verfügen, sind verpflichtet, jedem interessierten Programmveranstalter die Möglichkeit zur Kurzberichterstattung zu gewähren.
> [3] Sie geben den interessierten Programmveranstaltern:
>   a. Zugang zum Ereignis, soweit es die technischen und räumlichen Gegebenheiten erlauben; und
>   b. die gewünschten Teile des Übertragungssignals zu angemessenen Bedingungen.
> [4] Das Bundesamt kann Organisatoren eines öffentlichen Ereignisses und Programmveranstalter mit Erst- oder Exklusivrechten unter Hinweis auf Artikel 90 veranlassen, geeignete Massnahmen zur Sicherstellung des Kurzberichterstattungsrechts zu ergreifen.

Das Kurzberichterstattungsrecht ermöglicht allen interessierten Rundfunkveranstaltern, *Kurzberichte* von einigen wenigen Minuten über ein öffentliches Ereignis (z.B. Fussballwelt- oder -europameisterschaft, Olympische Spiele etc.) zu produzieren und auszustrahlen, selbst wenn der Organisator die Ausstrahlung des öffentlichen Ereignisses einem Dritten exklusiv überlassen hat. Das Kurzberichterstattungsrecht beinhaltet den Bezug des Übertragungssignals (Signal Access) zu angemessenen Bedingungen sowie den Zugang zum Ereignisort (Physical Access). Die Regelung bewirkt, dass die gesamte Bevölkerung mindestens in den Grundzügen an dem öffentlichen Ereignis teilnehmen kann. Darüber hinaus dient das Kurzberichterstattungsrecht der Meinungsvielfalt, weil das öffentliche Ereignis durch mehrere Programmveranstalter aus unterschiedlichen Perspektiven abgehandelt werden kann.

7.2 Freier Zugang zu Ereignissen von erheblicher gesellschaftlicher Bedeutung

Art. 73 RTVG: Freier Zugang zu Ereignissen von erheblicher gesellschaftlicher Bedeutung
1. Die Berichterstattung über Ereignisse von erheblicher gesellschaftlicher Bedeutung ist einem wesentlichen Teil der Allgemeinheit frei zugänglich zu machen.
2. Das Departement führt eine Liste internationaler und nationaler Ereignisse von erheblicher gesellschaftlicher Bedeutung und aktualisiert sie regelmässig.
3. Für Veranstalter schweizerischer Fernsehprogramme sind die von den Vertragsstaaten des Europäischen Übereinkommens vom 5. Mai 1989 über das grenzüberschreitende Fernsehen geführten Listen hinsichtlich des freien Zugangs im betreffenden Staat verbindlich.

Die Problematik der Exklusivverträge und der Übertragung im Abonnementsrundfunk (z.B. Pay-TV) spitzt sich zu, wenn ein *gesellschaftlich besonders bedeutendes Ereignis* von der freien Berichterstattung betroffen ist. Wegen der zunehmenden Tendenz, dass Pay-TV Veranstalter Exklusivrechte erwerben, hat der Europarat im Rahmen der Revision des Europäischen Übereinkommens über das grenzüberschreitende Fernsehen (EÜGF) im Jahre 1998 den Zugang zur Berichterstattung über Ereignisse von erheblicher gesellschaftlicher Bedeutung ausgebaut. Seither führt das Departement für Umwelt, Verkehr, Energie und Kommunikation (UVEK) eine schweizerische Liste über Ereignisse, die in der Schweiz von besonderer gesellschaftlicher Bedeutung sind. Diese Liste zählt ausnahmslos Sportereignisse auf wie die Olympischen Sommer- und Winterspiele, Fussball WM und EM (jeweils Halbfinal- und Finalspiele sowie alle Spiele der schweizerischen Nationalmannschaft), Ski-Weltcuprennen in der Schweiz, Alpine Ski-Weltmeisterschaften, Tennis (Davis Cup und Fed Cup), Tour de Suisse, Eidgenössisches Schwing- und Älplerfest, etc. (vgl. www.bakom.ch).

8. Aufsicht und Rechtsschutz

Das BAKOM wacht darüber, dass das RTVG, die RTVV, die Konzessionen sowie die einschlägigen internationalen Übereinkommen von den Programmveranstaltern eingehalten werden. Für die Behandlung von Beschwerden über den Inhalt redaktioneller Sendungen ist die Unabhängige Beschwerdeinstanz für Radio und Fernsehen (UBI) zuständig.

8.1 Allgemeine Aufsicht

Wer Bestimmungen des RTVG, der RTVV, der Konzession oder internationaler Übereinkommen verletzt, kann vom *BAKOM* mit einer Verwaltungssanktion belegt werden (Art. 89 f RTVG). Verstösse der Programmveranstalter können z.B. in der Verletzung von Sponsoring- und Werbevorschriften liegen, in der Verweigerung des Kurzberichterstattungsrechts bei öffentlichen Ereignissen oder des Zugangs zu Ereignissen von erheblicher gesellschaftlicher Bedeutung, in der Verletzung von spezifischen Konzessionsvorschriften etc. Das BAKOM kann verlangen, dass z.B. ein Mangel behoben wird, es kann aber auch Verwaltungssanktionen aussprechen in der Höhe von bis zu 10% des in den letzten drei Geschäftsjahren durchschnittlich erzielten Jahresumsatzes. Auf diese Weise können fehlbare Programmveranstalter zur Rechenschaft gezogen werden, indem ihnen bei kommerziell erfolgreichen aber rechtswidrigen Praktiken (z.B. Schleichwerbung) nachträglich der wirtschaftliche Erfolg entzogen wird.

8.2 Aufsicht über den Inhalt redaktioneller Sendungen

Für Verletzungen der Programmbestimmungen (z.B. Verletzung des Sachgerechtigkeitsgebotes) wurde das Verfahren vor einer *Ombudsstelle* und der *Unabhängigen Beschwerdeinstanz für Radio und Fernsehen (UBI)* geschaffen. Als dritte und letzte Instanz kann das Bundesgericht angerufen werden.

VI. Radio- und Fernsehrecht

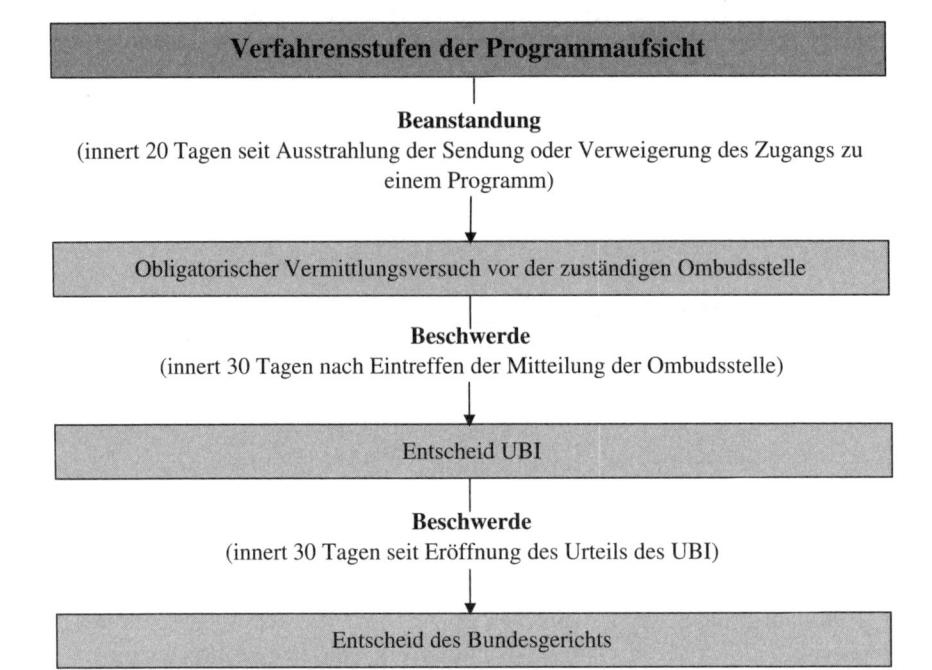

Verfahrensstufen der Programmaufsicht

↓

Beanstandung
(innert 20 Tagen seit Ausstrahlung der Sendung oder Verweigerung des Zugangs zu einem Programm)

↓

Obligatorischer Vermittlungsversuch vor der zuständigen Ombudsstelle

↓

Beschwerde
(innert 30 Tagen nach Eintreffen der Mitteilung der Ombudsstelle)

↓

Entscheid UBI

↓

Beschwerde
(innert 30 Tagen seit Eröffnung des Urteils des UBI)

↓

Entscheid des Bundesgerichts

Art. 91 RTVG: Ombudsstellen

[1] Die Beschwerdeinstanz bestimmt für die Regionen der drei Amtssprachen je eine unabhängige Ombudsstelle, die ihr administrativ zugeordnet ist.

[2] Die SRG sieht eigene unabhängige Ombudstellen vor.

[3] Die Ombudsstellen behandeln Beanstandungen gegen:
   a. ausgestrahlte redaktionelle Sendungen wegen Verletzung der Artikel 4 und 5 dieses Gesetzes oder des für die schweizerischen Programmveranstalter verbindlichen internationalen Rechts;
   b. die Verweigerung des Zugangs zum Programm schweizerischer Veranstalter.

[4] Die sprachregionalen Ombudsstellen stehen unter der Aufsicht der Beschwerdeinstanz.

Art. 92 RTVG: Beanstandung

[1] Innert 20 Tagen nach der Ausstrahlung oder nach der Ablehnung des Begehrens um Zugang zum Programm kann jede Person eine Sendung bei der zuständigen Ombudsstelle beanstanden. Bezieht sich die Beanstandung auf mehrere Sendungen, so beginnt die Frist mit der Ausstrahlung der letzten beanstandeten Sendung. Die erste der beanstandeten Sendungen darf jedoch nicht länger als drei Monate vor der letzten zurückliegen.

² Die Beanstandung ist schriftlich einzureichen. In einer kurzen Begründung ist anzugeben, in welcher Hinsicht die beanstandete Sendung inhaltlich mangelhaft oder die Verweigerung des Zugangs zum Programm rechtswidrig sein soll.

³ Die Ombudsstelle verzeichnet den Eingang der Beanstandung und benachrichtigt gleichzeitig den betroffenen Programmveranstalter.

Art. 93 RTVG: Erledigung

¹ Die Ombudsstelle prüft die Angelegenheit und vermittelt zwischen den Beteiligten. Dabei kann sie insbesondere:
 a. die Angelegenheit mit dem Programmveranstalter besprechen oder ihm in leichten Fällen zur direkten Erledigung überweisen;
 b. für eine direkte Begegnung zwischen den Beteiligten sorgen;
 c. Empfehlungen an den Programmveranstalter abgeben;
 d. die Beteiligten über die Zuständigkeiten, das massgebende Recht und den Rechtsweg orientieren.

² Sie hat keine Entscheidungs- oder Weisungsbefugnis.

³ Spätestens 40 Tage nach Einreichung der Beanstandung orientiert die Ombudsstelle die Beteiligten schriftlich über die Ergebnisse ihrer Abklärungen und die Art der Erledigung der Beanstandung.

⁴ Im beiderseitigen Einverständnis kann mündliche Erledigung erfolgen.

⁵ Nach Behandlung der Beanstandung stellt die Ombudsstelle dem Programmveranstalter Rechnung. Auf Antrag der Ombudsstelle oder des Veranstalters kann die Beschwerdeinstanz im Falle einer mutwilligen Beanstandung die Verfahrenskosten der Person auferlegen, welche die Beanstandung eingereicht hat.

Art. 94 RTVG: Beschwerdebefugnis

¹ Beschwerde gegen eine Sendung oder gegen die Verweigerung des Zugangs zu einem Programm kann führen, wer:
 a. am Beanstandungverfahren vor der Ombudsstelle beteiligt war; und
 b. eine enge Beziehung zum Gegenstand der beanstandeten Sendungen nachweist oder dessen Gesuch um Zugang zum Programm abgewiesen worden ist.

² Natürliche Personen, die keine enge Beziehung zum Gegenstand der beanstandeten Sendung nachweisen, können auch Beschwerde führen, wenn sie mindestens 20 Unterschriften beibringen.

³ Natürliche Personen, die Beschwerde führen oder eine Beschwerde gemäss Absatz 2 unterzeichnen, müssen mindestens 18 Jahre alt sein und über das Schweizer Bürgerrecht oder eine Niederlassungs- oder Aufenthaltsbewilligung verfügen.

⁴ Beschwerde führen kann auch das Departement; in diesem Falle gelten die Voraussetzungen nach Absatz 1 nicht.

Art. 95 RTVG: Frist und Form der Beschwerde

1. Innert 30 Tagen nach Eintreffen des Berichts nach Artikel 93 Absatz 3 kann bei der Beschwerdeinstanz schriftlich Beschwerde erhoben werden. Der Bericht der Ombudsstelle ist beizulegen.
2. Das Departement reicht seine Beschwerde innert 30 Tagen nach der Ausstrahlung der betreffenden Sendung direkt bei der Beschwerdeinstanz ein.
3. In der Beschwerde muss kurz begründet werden:
   a. in welcher Hinsicht die beanstandete Sendung Bestimmungen über den Inhalt redaktioneller Sendungen nach den Artikeln 4 und 5 dieses Gesetzes oder des für die schweizerischen Programmveranstalter verbindlichen internationalen Rechts verletzt hat; oder
   b. inwiefern die Verweigerung des Zugangs zum Programm rechtswidrig ist.

Art. 96 RTVG: Eintreten und Schriftenwechsel

1. Besteht ein öffentliches Interesse an einem Entscheid, so tritt die Beschwerdeinstanz auch auf fristgemäss erhobene Beschwerden ein, welche nicht alle formellen Voraussetzungen erfüllen. In diesem Fall haben die Beschwerdeführer keine Parteirechte.
2. Ist die Beschwerde nicht offensichtlich unzulässig oder unbegründet, so lädt die Beschwerdeinstanz den Programmveranstalter zur Stellungnahme ein.
3. Die Beschwerdeinstanz kann die Behandlung einer Beschwerde ablehnen oder sistieren, soweit zivil- oder strafrechtliche Rechtsbehelfe offenstehen oder unbenützt geblieben sind oder in der gleichen Angelegenheit ein Verwaltungsverfahren durchgeführt wird.

Art. 97 RTVG: Entscheid

1. Die Beratungen der Beschwerdeinstanz sind öffentlich, es sei denn, schützenswerte Privatinteressen stehen entgegen.
2. Die Beschwerdeinstanz stellt fest, ob:
   a. die angefochtenen Sendungen Bestimmungen über den Inhalt redaktioneller Sendungen, die in diesem Gesetz (Art. 4 und 5) oder dem einschlägigen internationalen Recht festgelegt sind, verletzt haben; oder
   b. eine rechtswidrige Verweigerung des Zugangs zum Programm vorliegt.
3. Stellt sie eine Verletzung fest, so kann sie die in Artikel 89 vorgesehenen Massnahmen ergreifen oder beantragen.
4. Bei wiederholten Verstössen gegen die Pflichten nach Artikel 4 Absätze 1 und 3 und Artikel 5 sowie bei wiederholter rechtswidriger Verweigerung des Zugangs zum Programm kann die Beschwerdeinstanz in Anwendung von Artikel 90 Absatz 1 Buchstabe h eine Verwaltungssanktion androhen oder verfügen. In besonders schweren Fällen kann die Beschwerdeinstanz zudem nach Artikel 89 Absatz 2 ein Sendeverbot oder eine Auflage beantragen.

Art. 98 RTVG: Kosten
¹ **Das Beschwerdeverfahren vor der Beschwerdeinstanz ist kostenlos.**
² **Für mutwillige Beschwerden können der Beschwerde führenden Person Verfahrenskosten auferlegt werden. Das VwVG ist anwendbar.**

8.2.1 Ombudsstelle

Im Gegensatz zum alten RTVG hat nach revidiertem Radio- und Fernsehrecht nicht mehr jeder einzelne Veranstalter eine eigene Ombudsstelle zu bestimmen. Neu gibt es in der Schweiz je eine *sprachregionale Ombudsstelle* für die *deutsch-rätoromanische*, die *französische* und die *italienische* Schweiz, welche allen privaten Veranstaltern zur Verfügung steht. Die *SRG/SSR* verfügt über eine *eigene Ombudsstelle* (Anschriften der Ombudsstellen vgl. Service-Teil).

Die Ombudsstellen behandeln Beanstandungen gegen ausgestrahlte redaktionelle Sendungen wegen Verletzung der Programmbestimmungen (Art. 4 und 5 RTVG, insbesondere *Verletzung des Sachgerechtigkeitsgebots*) oder des für die Programmveranstalter verbindlichen internationalen Rechts. Auch die Verweigerung des Zugangs zum Programm schweizerischer Veranstalter kann gerügt werden, wenn sich ein Zugang zu dem Programm aufgrund der Verfassung oder der EMRK (Europäische Konvention zum Schutze der Menschenrechte und Grundfreiheiten) aufdrängt. Die Frist zur Einreichung einer Beanstandung beträgt 20 Tage ab Ausstrahlung der betreffenden Sendung bzw. ab Zugangsverweigerung.

Die Ombudsstellen versuchen, zwischen den Beteiligten zu *vermitteln*, haben jedoch *keine Entscheidungs- oder Weisungsbefugnis*. Sie können insbesondere (Art. 93 Abs. 1 RTVG):

- Die Angelegenheit mit dem Programmveranstalter *besprechen* oder ihm in leichten Fällen zur direkten Erledigung *überweisen*;
- für eine *direkte Begegnung* zwischen den Beteiligten sorgen;
- *Empfehlungen* an den Programmveranstalter abgeben;
- die Beteiligten über die *Zuständigkeiten*, das *massgebende Recht* und den *Rechtsweg* orientieren.

Die Ombudsstellen teilen die Art der Erledigung und die Abklärungsergebnisse den Beteiligten mit. Der Gang an eine Ombudsstelle ist für die Person, die eine Sendung beanstandet, *kostenlos*; die Verfahrenskosten werden von dem betroffenen Programmveranstalter übernommen. Der beschwerdeführenden Person steht es frei, innerhalb von 30 Tagen schriftlich bei der UBI Beschwerde zu erheben (Art. 95 RTVG).

8.2.2 Unabhängige Beschwerdeinstanz für Radio und Fernsehen

Die UBI ist ein *quasi-richterliches Organ* und sowohl gegenüber dem Bund als auch gegenüber Radio- und Fernsehveranstaltern unabhängig. Sie besteht aus neun nebenamtlichen Mitgliedern (einschliesslich Präsidium).

Eine Beschwerde muss innert 30 Tagen nach Zustellung des Berichts der Ombudsstelle bei der UBI eingereicht werden. Der Bericht der Ombudsstelle ist beizulegen. Die Beschwerde kann sich auf eine oder mehrere thematisch zusammenhängende Sendungen beziehen. Beschwerdeberechtigt ist, wer am Beanstandungsverfahren vor der Ombudsstelle *beteiligt* war und eine *enge Beziehung zum Gegenstand der beanstandeten Sendung* hat bzw. dessen *Gesuch um Zugang zum Programm abgewiesen* worden ist. Eine „enge Beziehung zum Gegenstand der Sendung" liegt in der Regel vor, wenn die beschwerdeführende Person selber Gegenstand der Sendung war (sie wurde z.B. interviewt). Personen, die keine enge Beziehung zum Gegenstand der Sendung haben, können eine *sog. Popularbeschwerde* einreichen. Die Beschwerde muss diesfalls von mindestens 20 weiteren Personen unterzeichnet sein (Art. 94 Abs. 2 RTVG). Nicht beschwerdeberechtigt sind juristische Personen.

In der Beschwerde muss begründet sein, in welche Hinsicht die beanstandete Sendung Programmbestimmungen oder internationales Recht verletzt bzw. inwiefern die Verweigerung des Zugangs zum Programm rechtswidrig ist. Die UBI verfasst sodann ein Urteil in dem dargelegt wird, ob die beanstandete Sendung Programmbestimmungen verletzt bzw. ob eine rechtswidrige Verweigerung des Zugangs zum Programm vorliegt. Wenn die UBI eine Verletzung feststellt, kann sie vom Programmveranstalter konkrete Massnahmen verlangen, d.h. die UBI hat (im Gegensatz zum Presserat, vgl. Teil X 2.1.1) *Sanktionsgewalt*. So kann die UBI vom fehlbaren Programmveranstalter verlangen, den Mangel zu beheben, Massnahmen zu treffen, damit sich die Verletzung nicht wiederholt oder den Veranstalter auffordern, dem Bund die Einnahmen abzuliefern, welche durch die Verletzung erzielt wurden. Als schärfste Massnahme kann die UBI dem UVEK beantragen, eine erteilte Konzession durch Auflagen zu ergänzen, sie einzuschränken, zu suspendieren oder zu entziehen (Art. 97 Abs. 3 i.V.m. Art. 89 RTVG). Das Verfahren vor der UBI ist für den Beschwerdeführer wie auch für den Programmveranstalter kostenlos.

9. Zusammenfassung

Die Bundesverfassung hält im Bereich von *Radio* und *Fernsehen* die wichtigsten Grundsätze fest; die Konkretisierung der Bestimmung erfolgt im Radio- und Fernsehgesetz und in der Radio- und Fernsehverordnung.

Die SRG/SSR hat einem umfassenden, die konzessionierten Veranstalter haben einem teilweisen Leistungsauftrag gerecht zu werden (freie Meinungsbildung, kulturelle Vielfalt, Bildung, Unterhaltung). Alle Veranstalter, auch solche ohne Konzession, sind dazu verpflichtet, sachgerecht zu informieren und den Jugendschutz zu beachten.

Die SRG/SSR hat den besondern Auftrag, die Grundversorgung der Schweiz mit Radio- und Fernsehprogrammen sicherzustellen (Service public). Aus diesem Grund hat sie Anspruch auf Gebührengelder. Private Veranstalter müssen weniger Auflagen beachten, haben sich aber ausschliesslich durch Werbung und Sponsoring zu finanzieren. Konzessionierte Veranstalter mit Gebührenanteil erhalten einen Teil der Empfangsgebühren (sog. „Gebührensplitting") und vereinfachten Zugang zu Verbreitungskanälen. Veranstalter mit Leistungsauftrag aber ohne Empfangsgebühren geniessen ebenfalls Verbreitungsprivilegien.

Radio- und Fernsehveranstalter haben spezifische Werbe- und Sponsoringbestimmungen zu beachten. Die SRG/SSR ist dabei strengeren Regeln als die privaten Veranstalter unterworfen. Politische Werbung ist in der Schweiz verboten.

Im Hinblick auf Verletzungen von Programmbestimmungen wurde das Verfahren vor einer *Ombudsstelle* und der *Unabhängigen Beschwerdeinstanz (UBI)* geschaffen. Als dritte und letzte Instanz kann das Bundesgericht angerufen werden.

VI. Radio- und Fernsehrecht

10. Repetitionsfragen zum Radio- und Fernsehrecht

1. Wo wird das Recht der elektronischen Medien geregelt?
2. Wie ist vorzugehen, wenn man in der Schweiz ein Fernsehprogramm betreiben will?
3. Haben Radio- und Fernsehveranstalter inhaltliche Verpflichtungen zu beachten?
4. Welche Voraussetzungen gelten für den Erwerb einer Konzession?
5. Was heisst Service public im Bereich von Radio und Fernsehen?
6. Wie unterscheiden sich die Werberegeln zwischen privaten Veranstaltern und der SRG/SSR?
7. Inwiefern ist das Sponsoring von Sendungen zulässig?
8. Wie lautet der Programmauftrag der SRG?
9. Welche Aufsicht obliegt dem BAKOM?
10. Wie gestaltet sich die Programmaufsicht bei Radio und Fernsehen?
11. Welche Aufgaben nehmen die Ombudsstellen wahr?

VII. Datenschutzrecht

1. Allgemeines

Art. 1 DSG: Zweck
Dieses Gesetz bezweckt den Schutz der Persönlichkeit und der Grundrechte von Personen, über die Daten bearbeitet werden.

Art. 2 DSG: Geltungsbereich
¹ Dieses Gesetz gilt für das Bearbeiten von Daten natürlicher und juristischer Personen durch:
    a. private Personen;
    b. Bundesorgane.
² Es ist nicht anwendbar auf:
    a. Personendaten, die eine natürliche Person ausschliesslich zum persönlichen Gebrauch bearbeitet und nicht an Aussenstehende bekannt gibt;
    b. Beratungen in den Eidgenössischen Räten und in den parlamentarischen Kommissionen;
    c. hängige Zivilprozesse, Strafverfahren, Verfahren der internationalen Rechtshilfe sowie staats- und verwaltungsrechtliche Verfahren mit Ausnahme erstinstanzlicher Verwaltungsverfahren;
    d. öffentliche Register des Privatrechtsverkehrs;
    e. Personendaten, die das Internationale Komitee vom Roten Kreuz bearbeitet.

Das Datenschutzgesetz (DSG) schützt den Einzelnen davor, dass gespeicherte Informationen, die seine Person betreffen, von Unbefugten eingesehen und zu irgendwelchen Zwecken verwendet werden. Der Datenschutz will nicht den freien Informationsfluss beeinträchtigen, sondern dafür sorgen, dass dieser dort seine Grenze findet, wo die Privatsphäre beginnt. Deshalb sind nicht Daten Schutzobjekt des Datenschutzes, sondern die *Persönlichkeit auf dem Sondergebiet der Datenverarbeitung*.

Das Datenschutzgesetz schützt natürliche und juristische Personen, In- und Ausländer gleichermassen; es richtet sich an die Bundesbehörden und an die Privatwirtschaft (Art. 2 DSG). Das Gesetz gilt nicht für kantonale Behörden, da dieser Bereich vom kantonalen Recht geregelt wird.

Der Datenschutz schliesst eine *Lücke*, die vom zivilrechtlichen Persönlichkeitsschutz offen gelassen wird (vgl. Teil II). Personen, deren Daten von Privaten gebraucht werden, können gestützt auf das ZGB keine Auskunft über die sie betreffenden Datensammlungen verlangen; erst das Datenschutzgesetz ermöglicht Betroffenen, dass unrichtige Daten korrigiert oder vernichtet werden.

2. Datenschutzgesetz

Das Datenschutzgesetz enthält in einem allgemeinen Teil eine Reihe von Datenbearbeitungsgrundsätzen, die sowohl für Organe des Bundes als auch für Private gelten. Die Regeln folgen einer weltweiten Entwicklung, die zum Ziel hat, angemessene Rahmenbedingungen für den internationalen Informationsaustausch zu schaffen.

Über die Einhaltung des Gesetzes wacht ein *Eidgenössischer Datenschutz- und Öffentlichkeitsbeauftragter, EDÖB* (Adresse vgl. Service-Teil), der vom Bundesrat gewählt wird. Der Datenschutz- und Öffentlichkeitsbeauftragte überwacht die Einhaltung des Datenschutzgesetztes, er kann Abklärungen vornehmen und Empfehlungen abgeben, jedoch keine verbindlichen Anordnungen treffen. Wie es der Name sagt, ist der Eidgenössische Datenschutz- und Öffentlichkeitsbeauftragte auch zuständig für die Umsetzung des Bundesgesetzes über das Öffentlichkeitsprinzip in der Verwaltung. Er berät Personen, die Einsicht in amtliche Dokumente nehmen möchten, über die Modalitäten des Zugangs.

Am 1. Januar 2008 ist das teilrevidierte Datenschutzrecht in Kraft getreten. Das neue Gesetz stärkt Selbstregulierungsmechanismen im Bereich des Datenschutzes. So fördert das Gesetz den Einsatz von unabhängigen betrieblichen Datenschutzverantwortlichen und von Datenschutzzertifizierungen, indem Datenbearbeitern, die solche Instrumente verwenden, im Gegenzug gewisse Erleichterungen gewährt werden (Art. 11 DSG).

Ferner hat der Bundesrat das Zusatzprotokoll zum Europäischen Übereinkommen zum Schutz der Menschen bei der automatischen Verarbeitung personenbezogener Daten ratifiziert. Das revidierte DSG legt entsprechend die Kriterien für eine rechtmässige grenzüberschreitende Datenübermittlung fest.

VII. Datenschutzrecht

3. Begriffe

Zu den wichtigsten datenschutzrechtlichen Begriffen gehören:

1. *Datenschutz*
   Schutz der Persönlichkeit vor missbräuchlicher Bearbeitung von Daten.

2. *Personendaten*
   Alle Angaben in Wort, Bild, Ton und dergleichen, die sich auf eine bestimmte oder bestimmbare natürliche oder juristische Personen beziehen. Die Begriffe Personendaten und Daten sind im Datenschutzrecht identisch.

3. *Datenbearbeitung*
   Jeder Umgang mit Personendaten, unabhängig von den angewandten Mitteln und Verfahren, insbesondere das Beschaffen, Aufbewahren, Verwenden, Umarbeiten, Bekanntgeben, Archivieren oder Vernichten von Daten.

4. *Besonders schützenswerte Daten*
   Als besonders schützenswerte Daten gelten Angaben aus der Privatsphäre:
   – Daten über religiöse, weltanschauliche, politische oder gewerkschaftliche Ansichten und Tätigkeiten
   – Daten über die Gesundheit, die Intimsphäre oder die Rassenzugehörigkeit
   – Daten über Massnahmen der sozialen Hilfe
   – Daten über administrative oder strafrechtliche Verfolgungen und Sanktionen

5. *Datensammlung*
   Jeder Bestand von Personendaten, der so aufgebaut ist, dass die Daten nach betroffenen Personen erschliessbar sind.

6. *Persönlichkeitsprofil*
   Zusammenstellung von Daten, die eine Beurteilung wesentlicher Aspekte der Persönlichkeit einer natürlichen Person erlauben.

4. Datenbearbeitung

Art. 4 DSG: Grundsätze
1. Personendaten dürfen nur rechtmässig bearbeitet werden.
2. Ihre Bearbeitung hat nach Treu und Glauben zu erfolgen und muss verhältnismässig sein.
3. Personendaten dürfen nur zu dem Zweck bearbeitet werden, der bei der Beschaffung angegeben wurde, aus den Umständen ersichtlich oder gesetzlich vorgesehen ist.
4. Die Beschaffung von Personendaten und insbesondere der Zweck ihrer Bearbeitung müssen für die betroffene Person erkennbar sein.
5. Ist für die Bearbeitung von Personendaten die Einwilligung der betroffenen Person erforderlich, so ist diese Einwilligung erst gültig, wenn sie nach angemessener Information freiwillig erfolgt. Bei der Bearbeitung von besonders schützenswerten Personendaten oder Persönlichkeitsprofilen muss die Einwilligung zudem ausdrücklich erfolgen.

Art. 5 DSG: Richtigkeit der Daten
1. Wer Personendaten bearbeitet, hat sich über deren Richtigkeit zu vergewissern. Er hat alle angemessenen Massnahmen zu treffen, damit die Daten berichtigt oder vernichtet werden, die im Hinblick auf den Zweck ihrer Beschaffung oder Bearbeitung unrichtig oder unvollständig sind.
2. Jede betroffene Person kann verlangen, dass unrichtige Daten berichtigt werden.

Art. 6 DSG: Grenzüberschreitende Bekanntgabe
1. Personendaten dürfen nicht ins Ausland bekannt gegeben werden, wenn dadurch die Persönlichkeit der betroffenen Personen schwerwiegend gefährdet würde, namentlich weil eine Gesetzgebung fehlt, die einen angemessenen Schutz gewährleistet.
2. Fehlt eine Gesetzgebung, die einen angemessenen Schutz gewährleistet, so können Personendaten ins Ausland nur bekannt gegeben werden, wenn:
    a. hinreichende Garantien, insbesondere durch Vertrag, einen angemessenen Schutz im Ausland gewährleisten;
    b. die betroffene Person im Einzelfall eingewilligt hat;
    c. die Bearbeitung in unmittelbarem Zusammenhang mit dem Abschluss oder der Abwicklung eines Vertrags steht und es sich um Personendaten des Vertragspartners handelt;
    d. die Bekanntgabe im Einzelfall entweder für die Wahrung eines überwiegenden öffentlichen Interesses oder für die Feststellung, Ausübung oder Durchsetzung von Rechtsansprüchen vor Gericht unerlässlich ist;

e. die Bekanntgabe im Einzelfall erforderlich ist, um das Leben oder die körperliche Integrität der betroffenen Person zu schützen;
f. die betroffene Person die Daten allgemein zugänglich gemacht und eine Bearbeitung nicht ausdrücklich untersagt hat;
g. die Bekanntgabe innerhalb derselben juristischen Person oder Gesellschaft oder zwischen juristischen Personen oder Gesellschaften, die einer einheitlichen Leitung unterstehen, stattfindet, sofern die Beteiligten Datenschutzregeln unterstehen, welche einen angemessenen Schutz gewährleisten.

³ Der Eidgenössische Datenschutz- und Öffentlichkeitsbeauftragte (Beauftragte, Art. 26) muss über die Garantien nach Absatz 2 Buchstabe a und die Datenschutzregeln nach Absatz 2 Buchstabe g informiert werden. Der Bundesrat regelt die Einzelheiten dieser Informationspflicht.

Art. 7 DSG: Datensicherheit
¹ Personendaten müssen durch angemessene technische und organisatorische Massnahmen gegen unbefugtes Bearbeiten geschützt werden.
² Der Bundesrat erlässt nähere Bestimmungen über die Mindestanforderungen an die Datensicherheit.

Art. 7a DSG: Informationspflicht beim Beschaffen von besonders schützenswerten Personendaten und Persönlichkeitsprofilen
¹ Der Inhaber der Datensammlung ist verpflichtet, die betroffene Person über die Beschaffung von besonders schützenswerten Personendaten oder Persönlichkeitsprofilen zu informieren; diese Informationspflicht gilt auch dann, wenn die Daten bei Dritten beschafft werden.
² Der betroffenen Person sind mindestens mitzuteilen:
 a. der Inhaber der Datensammlung;
 b. der Zweck des Bearbeitens;
 c. die Kategorien der Datenempfänger, wenn eine Datenbekanntgabe vorgesehen ist.
³ Wenn Daten nicht bei der betroffenen Person beschafft werden, hat deren Information spätestens bei Beginn der Speicherung der Daten oder, wenn auf die Speicherung verzichtet wird, mit der ersten Bekanntgabe an Dritte zu erfolgen.
⁴ Die Informationspflicht des Inhabers der Datensammlung entfällt, wenn die betroffene Person bereits informiert wurde oder, in Fällen nach Absatz 3, wenn:
 a. die Speicherung oder die Bekanntgabe der Daten ausdrücklich durch das Gesetz vorgesehen ist; oder
 b. die Information nicht oder nur mit unverhältnismässigem Aufwand möglich ist.

VII. Datenschutzrecht

Art. 12 DSG: Bearbeiten von Personendaten durch private Personen; Persönlichkeitsverletzungen

¹ Wer Personendaten bearbeitet, darf dabei die Persönlichkeit der betroffenen Personen nicht widerrechtlich verletzen.

² Er darf insbesondere nicht:
  a. Personendaten entgegen den Grundsätzen von Artikel 4, 5 Absatz 1 und 7 Absatz 1 bearbeiten;
  b. ohne Rechtfertigungsgrund Daten einer Person gegen deren ausdrücklichen Willen bearbeiten;
  c. ohne Rechtfertigungsgrund besonders schützenswerte Personendaten oder Persönlichkeitsprofile Dritten bekanntgeben.

³ In der Regel liegt keine Persönlichkeitsverletzung vor, wenn die betroffene Person die Daten allgemein zugänglich gemacht und eine Bearbeitung nicht ausdrücklich untersagt hat.

Art. 13 DSG: Rechtfertigungsgründe

¹ Eine Verletzung der Persönlichkeit ist widerrechtlich, wenn sie nicht durch Einwilligung des Verletzten, durch ein überwiegendes privates oder öffentliches Interesse oder durch Gesetz gerechtfertigt ist.

² Ein überwiegendes Interesse der bearbeitenden Person fällt insbesondere in Betracht, wenn diese:
  a. in unmittelbarem Zusammenhang mit dem Abschluss oder der Abwicklung eines Vertrags Personendaten über ihren Vertragspartner bearbeitet;
  b. mit einer anderen Person in wirtschaftlichem Wettbewerb steht oder treten will und zu diesem Zweck Personendaten bearbeitet, ohne diese Dritten bekannt zu geben;
  c. zur Prüfung der Kreditwürdigkeit einer anderen Person weder besonders schützenswerte Personendaten noch Persönlichkeitsprofile bearbeitet und Dritten nur Daten bekannt gibt, die sie für den Abschluss oder die Abwicklung eines Vertrages mit der betroffenen Person benötigen;
  d. beruflich Personendaten ausschliesslich für die Veröffentlichung im redaktionellen Teil eines periodisch erscheinenden Mediums bearbeitet;
  e. Personendaten zu nicht personenbezogenen Zwecken insbesondere in der Forschung, Planung und Statistik bearbeitet und die Ergebnisse so veröffentlicht, dass die betroffenen Personen nicht bestimmbar sind;
  f. Daten über eine Person des öffentlichen Lebens sammelt, sofern sich die Daten auf das Wirken dieser Person in der Öffentlichkeit beziehen.

> *Art. 15 DSG: Rechtsansprüche und Verfahren*
>
> ¹ Für Klagen und vorsorgliche Massnahmen zum Schutz der Persönlichkeit gelten die Artikel 28–28l des Zivilgesetzbuches. Der Kläger kann insbesondere verlangen, dass die Datenbearbeitung, namentlich die Bekanntgabe an Dritte, gesperrt wird oder die Personendaten berichtigt oder vernichtet werden.
>
> ² Kann weder die Richtigkeit noch die Unrichtigkeit von Personendaten dargetan werden, so kann der Kläger verlangen, dass bei den Daten ein entsprechender Vermerk angebracht wird.
>
> ³ Der Kläger kann verlangen, dass die Berichtigung, die Vernichtung, die Sperre, namentlich die Sperre der Bekanntgabe an Dritte, der Vermerk über die Bestreitung oder das Urteil Dritten mitgeteilt oder veröffentlicht wird.
>
> ⁴ Über Klagen zur Durchsetzung des Auskunftsrechts entscheidet der Richter in einem einfachen und raschen Verfahren.

Die datenschutzrechtlichen Regeln gleichen den Bestimmungen des Art. 28 ZGB (vgl. Teil II 2–4). Geschützt wird die *Persönlichkeit* (in der Regel das Rechtsgut der *Ehre* und das *Recht auf Privatsphäre*), der *eine Verletzung bzw. eine ernstliche Gefahr droht,* ohne dass das schädigende Verhalten zu *rechtfertigen wäre (öffentliches Interesse).* Das Datenschutzgesetz stellt aber, im Gegensatz zu den Bestimmungen des zivilrechtlichen Persönlichkeitsschutzes, eine Liste von Voraussetzungen auf, die eine Persönlichkeitsverletzung konkretisieren.

Folgende *Bearbeitungsgrundsätze* stehen für Datenbearbeitende im Vordergrund:

- Die Daten dürfen *nicht* mit *unlauteren* oder *unrechtmässigen* Mitteln bearbeitet werden (Art. 4 Abs. 1 DSG).
- Die Daten müssen *richtig* sein (Art. 5 Abs. 1 DSG).
- Eine Bearbeitung der Daten darf nur zu dem *Zweck* erfolgen, der für den Betroffenen *ersichtlich* ist oder bei der Beschaffung *angegeben* wurde. Die *Einwilligung* zur Datenbearbeitung muss von der betroffenen Person verlangt werden, wenn die Datenbearbeitung über den *angegebenen Zweck hinausgeht.* Beispiel: Wer einen Wettbewerb veranstaltet und dabei Daten wie Namen und Wohnadresse sammelt, darf diese Daten nutzen, um den Gewinner des Wettbewerbs über seinen Gewinn zu informieren. Wenn aber mit den Daten weitere Zwecke verfolgt werden, z.B. die Erstellung von Konsumentenprofilen, so müssen die Wettbewerbsteilnehmer ihre Einwilligung in die kommerzielle Nutzung ihrer Daten geben (zum Ganzen Art. 4 Abs. 3 und 4 DSG).
- Die Datenbearbeitung hat *verhältnismässig* zu sein und darf nicht gegen *Treu und Glauben* erfolgen (Art. 4 Abs. 2 DSG).

- Daten dürfen nur dann ins *Ausland* bekannt gegeben werden, wenn dadurch die Persönlichkeit der betroffenen Person *nicht gefährdet* wird, namentlich weil ein angemessener Datenschutz fehlt. Länder der EU haben einen vergleichbaren Datenschutz wie die Schweiz, die USA bieten hingegen keinen dem DSG gleichwertigen Datenschutz. Fehlt ein gesetzlicher Datenschutz, kann dieser z.B. vertraglich vereinbart werden, d.h. der Datenempfänger verpflichtet sich gegenüber dem Datensender, die von ihm empfangenen Daten datenschutzgerecht zu bearbeiten und dafür zu sorgen, dass den betroffenen Personen dieselben Rechte bezüglich ihrer Daten zustehen, wie sie das schweizerische Datenschutzgesetz vorsieht (zum Ganzen Art. 6 DSG).
- Die Daten müssen sowohl in *technischer* als auch in *organisatorischer Hinsicht* gegen unbefugtes Bearbeiten *geschützt* werden (Art. 7 Abs. 1 DSG).
- Wenn besonders schützenswerte Daten (z.B. Daten betreffend Gesundheit) und Persönlichkeitsprofile gesammelt und bearbeitet werden, sind die betroffenen Personen aktiv zu informieren (Art. 7a DSG).
- *Ohne Rechtfertigungsgrund* dürfen Daten einer Person *nicht gegen deren ausdrücklichen Willen* bearbeitet werden. Besonders schützenswerte Personendaten oder Persönlichkeitsprofile dürfen ohne Rechtfertigungsgrund Dritten nicht bekannt gegeben werden (Art. 12 abs. 2 lit. b und c DSG).

Keine Persönlichkeitsverletzung liegt vor, wenn die betroffene Person die Daten *allgemein zugänglich* gemacht und eine Bearbeitung *nicht ausdrücklich untersagt* hat (Art. 12 Abs. 3 DSG). Von *allgemein zugänglichen* Daten spricht man dann, wenn die betroffene Person die Daten selbst, z.B. im Rahmen einer Pressekonferenz, den Medien bekannt gegeben hat oder wenn die Daten in öffentlichen Registern, Telefonbüchern und dergleichen zu finden sind.

Den Rechtfertigungsgrund des *öffentlichen Interesses* umschreibt das Datenschutzgesetz konkreter, als dies die Bestimmung zum zivilrechtlichen Persönlichkeitsschutz (Art. 28 Abs. 2 ZGB) tut, und stellt deshalb in Art. 13 Abs. 2 DSG eine nicht abschliessende Liste auf (vgl. Gesetzestext, Art. 13 Abs. 2 DSG; zu den besonderen Rechtfertigungsgründen für die Medien vgl. auch Teil VII 7.3).

Die datenschutzrechtlichen *Sanktionsmöglichkeiten* (Art. 15 DSG) verweisen auf die Bestimmungen des zivilrechtlichen Persönlichkeitsschutzes (Art. 28 ff ZGB, vgl. Teil II 7). Darüber hinaus kann die datenbearbeitende Stelle dazu verpflichtet werden, unrichtige Daten zu berichtigen, zu vernichten, ihre Bekanntgabe an Dritte zu sperren oder darauf hinzuweisen, dass die Daten unrichtig oder überholt sind.

5. Auskunftsrecht

Art. 8 DSG: Auskunftsrecht
1 Jede Person kann vom Inhaber einer Datensammlung Auskunft darüber verlangen, ob Daten über sie bearbeitet werden.
2 Der Inhaber der Datensammlung muss ihr mitteilen:
  a. alle über sie in der Datensammlung vorhandenen Daten einschliesslich der verfügbaren Angaben über die Herkunft der Daten;
  b. den Zweck und gegebenenfalls die Rechtsgrundlagen des Bearbeitens sowie die Kategorien der bearbeiteten Personendaten, der an der Sammlung Beteiligten und der Datenempfänger.
3 Daten über die Gesundheit kann der Inhaber der Datensammlung der betroffenen Person durch einen von ihr bezeichneten Arzt mitteilen lassen.
4 Lässt der Inhaber der Datensammlung Personendaten durch einen Dritten bearbeiten, so bleibt er auskunftspflichtig. Der Dritte ist auskunftspflichtig, wenn er den Inhaber nicht bekannt gibt oder dieser keinen Wohnsitz in der Schweiz hat.
5 Die Auskunft ist in der Regel schriftlich, in Form eines Ausdrucks oder einer Fotokopie sowie kostenlos zu erteilen. Der Bundesrat regelt die Ausnahmen.
6 Niemand kann im Voraus auf das Auskunftsrecht verzichten.

Art. 9 DSG: Einschränkung der Informationspflicht und des Auskunftsrechts
1 Der Inhaber der Datensammlung kann die Information nach Artikel 7a oder die Auskunft nach Artikel 8 verweigern, einschränken oder aufschieben, soweit:
  a. ein Gesetz im formellen Sinn dies vorsieht;
  b. es wegen überwiegender Interessen Dritter erforderlich ist.
2 Ein Bundesorgan kann zudem die Information oder die Auskunft verweigern, einschränken oder aufschieben, soweit:
  a. es wegen überwiegender öffentlicher Interessen, insbesondere der inneren oder äusseren Sicherheit der Eidgenossenschaft, erforderlich ist;
  b. die Information oder die Auskunft den Zweck einer Strafuntersuchung oder eines andern Untersuchungsverfahrens in Frage stellt.
3 Der private Inhaber einer Datensammlung kann zudem die Information oder die Auskunft verweigern, einschränken oder aufschieben, soweit eigene überwiegende Interessen es erfordern und er die Personendaten nicht Dritten bekannt gibt.
4 Der Inhaber der Datensammlung muss angeben, aus welchem Grund er die Auskunft verweigert, einschränkt oder aufschiebt.

Das Auskunftsrecht ist das Kernstück des Datenschutzrechts. Damit eine betroffene Person überhaupt ihre datenschutzrechtlichen Ansprüche durchsetzen kann, muss sie wissen, ob und welche Daten über sie bearbeitet werden. Nur aufgrund dieser Information kann sie die Daten berichtigen oder vernichten lassen.

Jedermann hat das Recht, direkt beim Inhaber einer Datensammlung ein Auskunftsbegehren über die ihn betreffenden Daten zu stellen. Konkret kann der Betroffene *Auskunft* über *alle* zu seiner Person gespeicherten Daten in einer Datensammlung verlangen; dazu gehört auch die Angabe, woher die Daten stammen, zu welchem Zweck sie bearbeitet wurden, wer an einer Datensammlung beteiligt ist und an wen Daten vermittelt werden (Datenempfänger). Es empfiehlt sich, das Auskunftsbegehren in schriftlicher Form, zusammen mit der Kopie eines Personalausweises, einzureichen. Der Inhaber der Datensammlung kann die Auskunft nur dann verweigern oder einschränken, wenn ein überwiegendes öffentliches oder privates Interesse gegen die Einsichtnahme spricht (Art. 9 DSG).

Personen, welche die Auskunfts- und Mitwirkungspflichten verletzen, indem sie vorsätzlich eine falsche oder unvollständige Auskunft erteilen, werden auf Antrag mit Haft oder Busse bestraft (Art. 34 DSG).

6. Meldepflicht

Art. 11a DSG: Register der Datensammlungen
1 Der Beauftragte führt ein Register der Datensammlungen, das über Internet zugänglich ist. Jede Person kann das Register einsehen.
2 Bundesorgane müssen sämtliche Datensammlungen beim Beauftragten zur Registrierung anmelden.
3 Private Personen müssen Datensammlungen anmelden, wenn:
    a. regelmässig besonders schützenswerte Personendaten oder Persönlichkeitsprofile bearbeitet werden; oder
    b. regelmässig Personendaten an Dritte bekannt gegeben werden.
4 Die Datensammlungen müssen angemeldet werden, bevor sie eröffnet werden.
5 Entgegen den Bestimmungen der Absätze 2 und 3 muss der Inhaber von Datensammlungen seine Sammlungen nicht anmelden, wenn:
    a. private Personen Daten aufgrund einer gesetzlichen Verpflichtung bearbeiten;
    b. der Bundesrat eine Bearbeitung von der Anmeldepflicht ausgenommen hat, weil sie die Rechte der betroffenen Personen nicht gefährdet;

c. er die Daten ausschliesslich für die Veröffentlichung im redaktionellen Teil eines periodisch erscheinenden Mediums verwendet und keine Daten an Dritte weitergibt, ohne dass die betroffenen Personen davon Kenntnis haben;
d. die Daten durch Journalisten bearbeitet werden, denen die Datensammlung ausschliesslich als persönliches Arbeitsinstrument dient;
e. er einen Datenschutzverantwortlichen bezeichnet hat, der unabhängig die betriebsinterne Einhaltung der Datenschutzvorschriften überwacht und ein Verzeichnis der Datensammlungen führt;
f. er aufgrund eines Zertifizierungsverfahrens nach Artikel 11 ein Datenschutz-Qualitätszeichen erworben hat und das Ergebnis der Bewertung dem Beauftragten mitgeteilt wurde.

[6] Der Bundesrat regelt die Modalitäten der Anmeldung der Datensammlungen, der Führung und der Veröffentlichung des Registers sowie die Stellung und die Aufgaben der Datenschutzverantwortlichen nach Absatz 5 Buchstabe e und die Veröffentlichung eines Verzeichnisses der Inhaber der Datensammlungen, welche nach Absatz 5 Buchstaben e und f der Meldepflicht enthoben sind.

Das Korrelat zum Auskunftsrecht ist die Meldepflicht. Damit eine Person vom Auskunftsrecht überhaupt Gebrauch machen kann, statuiert das Datenschutzrecht für private Personen, die regelmässig besonders schützenswerte Personendaten oder Persönlichkeitsprofile bearbeiten oder an Dritte bekannt geben, eine *Meldepflicht*. Auch Daten, die ins Ausland übermittelt werden, müssen vorgängig gemeldet werden. Die Datensammlungen müssen beim *Eidgenössischen Datenschutz- und Öffentlichkeitsbeauftragten* angemeldet werden. Der Datenschutz- und Öffentlichkeitsbeauftragte führt ein Register, das von jedermann eingesehen werden kann.

7. Besondere Bestimmungen für die Medien

7.1 Einschränkung des Auskunftsrechts

Art. 10 DSG: Einschränkungen des Auskunftsrechts für Medienschaffende

[1] Der Inhaber einer Datensammlung, die ausschliesslich für die Veröffentlichung im redaktionellen Teil eines periodisch erscheinenden Mediums verwendet wird, kann die Auskunft verweigern, einschränken oder aufschieben, soweit:
a. die Personendaten Aufschluss über die Informationsquellen geben;
b. Einblick in Entwürfe für Publikationen gegeben werden müsste;
c. die freie Meinungsbildung des Publikums gefährdet würde.

² **Medienschaffende können die Auskunft zudem verweigern, einschränken oder aufschieben, wenn ihnen eine Datensammlung ausschliesslich als persönliches Arbeitsinstrument dient.**

Zugunsten der Journalistinnen und Journalisten wurde das Auskunftsrecht *eingeschränkt* (Art. 10 Abs. 1 lit. a–c DSG). Medienschaffende, die Inhaber einer Datensammlung sind, die sie ausschliesslich für die Veröffentlichung im redaktionellen Teil eines periodisch erscheinenden Mediums verwenden, können die Auskunft verweigern, einschränken oder aufschieben, soweit die Personendaten Aufschluss über Informationsquellen geben, Einblick in Entwürfe für Publikationen gegeben werden müsste oder die freie Meinungsbildung des Publikums gefährdet würde. Zusätzlich gilt die Einschränkung des Auskunftsrechts dann, wenn die Datensammlung den Medienschaffenden ausschliesslich als *persönliches Arbeitsinstrument* dient (Art. 10 Abs. 2 DSG).

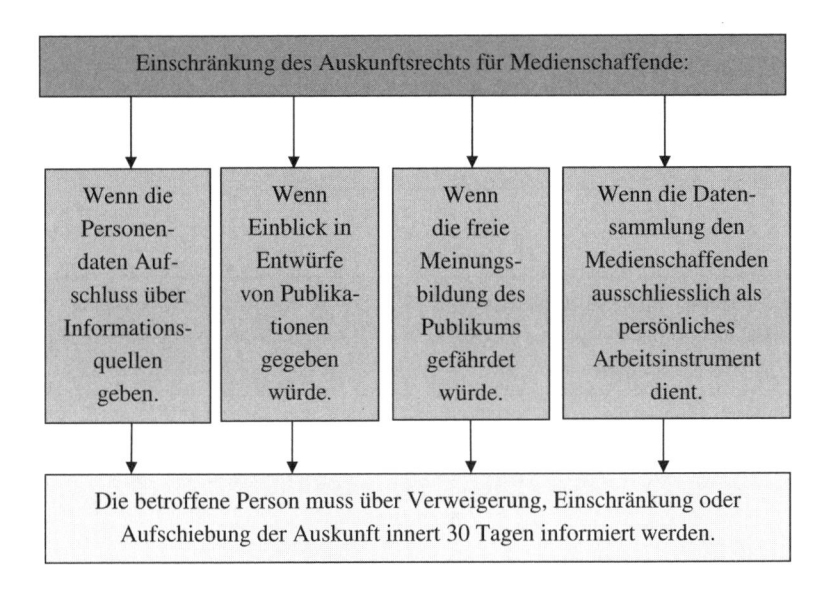

Einschränkung des Auskunftsrechts für Medienschaffende:

Wenn die Personendaten Aufschluss über Informationsquellen geben.	Wenn Einblick in Entwürfe von Publikationen gegeben würde.	Wenn die freie Meinungsbildung des Publikums gefährdet würde.	Wenn die Datensammlung den Medienschaffenden ausschliesslich als persönliches Arbeitsinstrument dient.

Die betroffene Person muss über Verweigerung, Einschränkung oder Aufschiebung der Auskunft innert 30 Tagen informiert werden.

7.2 Anmeldung der Datensammlung

Art. 11a Abs. 5 lit. c und d DSG

⁵ **Entgegen den Bestimmungen der Absätze 2 und 3 muss der Inhaber von Datensammlungen seine Sammlungen nicht anmelden, wenn:**

  c. **er die Daten ausschliesslich für die Veröffentlichung im redaktionellen Teil eines periodisch erscheinenden Mediums verwendet und keine Daten an Dritte weitergibt, ohne dass die betroffenen Personen davon Kenntnis haben;**

VII. Datenschutzrecht

    d. **die Daten durch Journalisten bearbeitet werden, denen die Datensammlung ausschliesslich als persönliches Arbeitsinstrument dient;**

Grundsätzlich sind Datensammlungen, wenn regelmässig besonders schützenswerte Daten oder Persönlichkeitsprofile bearbeitet werden und die Daten an Dritte weitergegeben werden, beim *Eidgenössischen Datenschutz- und Öffentlichkeitsbeauftragten* anzumelden (vgl. Teil VII 2 und 6).

Datensammlungen sind von der Registrierungspflicht jedoch *ausgenommen*, wenn die Daten ausschliesslich für die *Veröffentlichung im redaktionellen Teil eines periodisch erscheinenden Mediums* verwendet werden und sie *Dritten nicht bekannt gegeben* werden, ohne dass die betroffenen Personen davon Kenntnis haben. Zudem sind Datensammlungen dann nicht anzumelden, wenn sie ausschliesslich als *persönliches Arbeitsinstrument* der Medienschaffenden dienen.

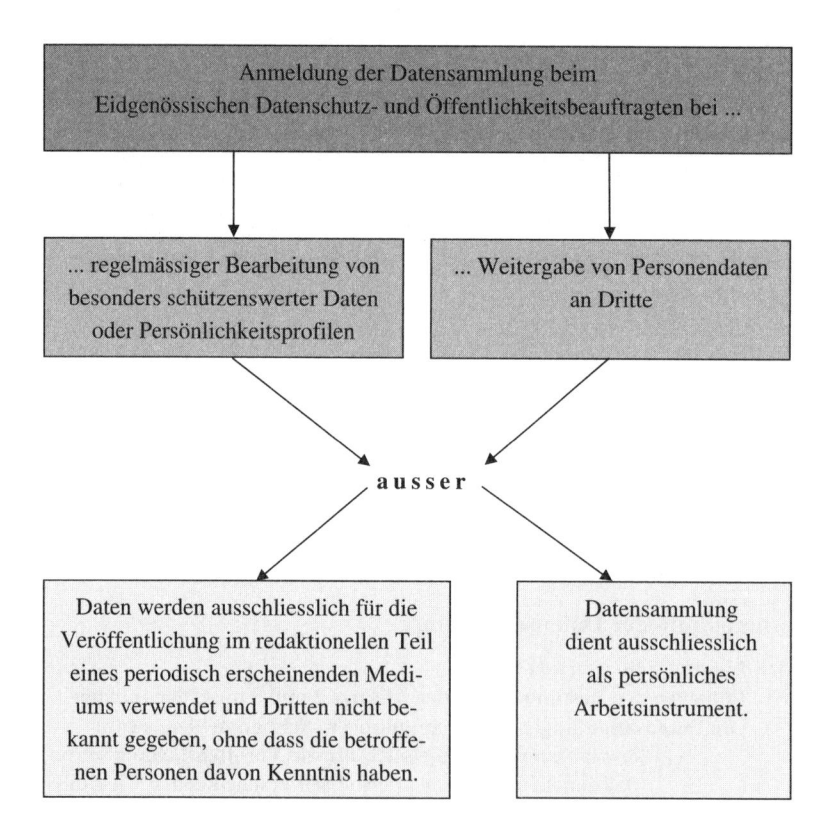

```
            Anmeldung der Datensammlung beim
   Eidgenössischen Datenschutz- und Öffentlichkeitsbeauftragten bei ...
                          │
              ┌───────────┴───────────┐
              ▼                       ▼
   ... regelmässiger           ... Weitergabe von
   Bearbeitung von             Personendaten
   besonders schützens-        an Dritte
   werter Daten oder
   Persönlichkeitsprofilen
              │                       │
              └──────── ausser ───────┘
              ┌───────────┴───────────┐
              ▼                       ▼
   Daten werden ausschliesslich    Datensammlung
   für die Veröffentlichung im     dient ausschliesslich
   redaktionellen Teil eines       als persönliches
   periodisch erscheinenden        Arbeitsinstrument.
   Mediums verwendet und
   Dritten nicht bekannt
   gegeben, ohne dass die
   betroffenen Personen davon
   Kenntnis haben.
```

7.3 Rechtfertigungsgründe

Eine zivilrechtliche Persönlichkeitsverletzung (Art. 28 Abs. 2 ZGB) ist dann nicht widerrechtlich, wenn ein Rechtfertigungsgrund vorliegt (vgl. Teil II 4.2). Analog zum zivilrechtlichen Persönlichkeitsschutz sind auch im Datenschutzrecht Ausschlussgründe der Widerrechtlichkeit vorgesehen (Art. 13 DSG). Es gelten zum einen die allgemeinen Rechtfertigungsgründe der Einwilligung, der Gesetzesvorschrift bzw. der Wahrung höherer Interessen; zum anderen werden im Datenschutzgesetz (Art. 13 Abs. 2 lit. d und f DSG) zwei Rechtfertigungsgründe speziell für die *Medienschaffenden* konkretisiert:

> *Art. 13 Abs. 2 lit. d DSG:*
> **Ein überwiegendes Interesse der bearbeitenden Person fällt insbesondere in Betracht, wenn diese:**
> d. beruflich Personendaten ausschliesslich für die Veröffentlichung im redaktionellen Teil eines periodisch erscheinenden Mediums bearbeitet.

Ein überwiegendes Interesse nimmt das Datenschutzrecht dann an, wenn beruflich Personendaten ausschliesslich für die Veröffentlichung im *redaktionellen Teil eines periodisch erscheinenden Mediums* bearbeitet werden. Da der Gesetzgeber mit dieser Bestimmung die Auslegung des überwiegenden Interesses nicht der Rechtsprechung überlassen wollte, hat er selbst diese Konkretisierung vorgenommen.

> *Art. 13 Abs. 2 lit. f DSG:*
> **Ein überwiegendes Interesse der bearbeitenden Person fällt insbesondere in Betracht, wenn diese:**
> Daten über eine Person des öffentlichen Lebens sammelt, sofern sich die Daten auf das Wirken dieser Person in der Öffentlichkeit beziehen.

Ein überwiegendes Interesse des Datenbearbeiters wird zudem angenommen, wenn Daten über eine *Person des öffentlichen Lebens* gesammelt werden, sofern sich die Daten auf das Wirken dieser Person in der Öffentlichkeit beziehen. Mit Person des öffentlichen Lebens sind Personen der Zeitgeschichte gemeint, so z.B. Inhaber öffentlicher Ämter, führende Persönlichkeiten politischer Parteien, bekannte Spitzensportler, Wissenschaftler von Rang etc.

8. Zusammenfassung

Das Datenschutzgesetz hat zur Aufgabe, den Einzelnen davor zu schützen, dass gespeicherte Informationen, die seine Person betreffen, von Unbefugten eingesehen und zu irgendwelchen Zwecken verwendet werden. Schutzobjekt des Datenschutzes sind nicht die Daten, sondern die Persönlichkeit auf dem Sondergebiet der Datenverarbeitung. Über die Einhaltung des Gesetzes wacht ein Eidgenössischer Datenschutz- und Öffentlichkeitsbeauftragter.

Jede Person kann beim Inhaber einer Datensammlung ein Auskunftsbegehren über die sie betreffenden Daten stellen (sog. Auskunftsrecht). Damit eine Person vom Auskunftsrecht überhaupt Gebrauch machen kann, haben Personen, die regelmässig besonders schützenswerte Personendaten oder Persönlichkeitsprofile bearbeiten oder an Dritte bekannt geben eine Meldepflicht beim Eidgenössischen Datenschutz- und Öffentlichkeitsbeauftragten.

Medienschaffende, die Inhaber einer Datensammlung sind, die sie ausschliesslich für die Veröffentlichung im redaktionellen Teil eines periodisch erscheinenden Mediums verwenden, können die Auskunft verweigern, einschränken oder aufschieben, soweit die Personendaten Aufschluss über Informationsquellen geben, Einblick in Entwürfe für Publikationen gegeben werden müsste oder die freie Meinungsbildung des Publikums gefährdet würde. Diese Einschränkung gilt auch dann, wenn die Datensammlung den Medienschaffenden ausschliesslich als persönliches Arbeitsinstrument dient.

9. Repetitionsfragen zum Datenschutzrecht

1. Was schützt das Datenschutzgesetz?
2. Was ist ein Persönlichkeitsprofil?
3. Wieso ist das Auskunftsrecht so wichtig?
4. Welche Angaben kann man mit dem Auskunftsrecht verlangen?
5. Wann kann das Auskunftsrecht beschränkt werden?
6. Wann muss eine Datensammlung gemeldet werden? Wo?
7. Wer wacht über das Datenschutzrecht?
8. Welche Ausnahmen kennt das Datenschutzrecht zugunsten der Medien?

VIII. Medienarbeitsrecht

VIII. Medienarbeitsrecht

1. Allgemeines

In der Schweiz gibt es kein „medienspezifisches" Arbeitsrecht, weshalb sich die medienrelevanten Bestimmungen in diversen Erlassen finden. Massgebend sind im privatrechtlichen Bereich die vertraglichen Bestimmungen des *Obligationenrechts (OR)*, im öffentlich-rechtlichen Bereich kommen die Bestimmungen des *Arbeitsgesetzes (ArG)* und die dazu erlassene Verordnung zur Anwendung.

2. Fest angestellte Journalistinnen und Journalisten

2.1 Einzelarbeitsvertrag (EAV)

Beim Einzelarbeitsvertrag (Art. 319 ff OR) verpflichtet sich der Arbeitnehmer, Arbeit im Dienste des Arbeitgebers zu leisten; im Gegenzug entrichtet der Arbeitgeber dem Arbeitnehmer einen Lohn *(Arbeit gegen Entgelt)*. Der Abschluss eines Arbeitsvertrages kann mündlich erfolgen, die Schriftform ist jedoch empfehlenswert. Sofern nichts anderes vereinbart wurde und es sich nicht aus den Umständen ergibt, ist der Arbeitnehmer verpflichtet, die übernommene Arbeit persönlich zu leisten. Die Arbeit dient den Interessen des Arbeitgebers; daraus ergibt sich, als besonderes Merkmal des Arbeitsvertrages, ein Unterordnungsverhältnis (sog. Subordinationsverhältnis): Der Arbeitgeber erteilt Anweisungen über die auszuführende Arbeit, während sich der Arbeitnehmer in den Betrieb einzufügen hat.

Journalistische Beiträge können als urheberrechtlich geschützte Werke (vgl. Teil IV 3) sowie aufgrund ihres persönlichkeitsrechtlichen Bestandteils nie in einer anderen Person als dem geistigen Schöpfer (vgl. Teil IV 4) entstehen. Soweit es aber der Zweck eines Arbeitsverhältnisses erfordert und vertraglich nichts Gegenteiliges vereinbart worden ist, gehen die *Nutzungsrechte* (vgl. Teil IV 5.1) an einem journalistischen Beitrag auf den Arbeitgeber über (vgl. Teil IV 6).

2.1.1 Wesentliche Elemente des Arbeitsvertrages

Der Arbeitsvertrag kommt zustande, wenn sich die Parteien über alle *wesentlichen* Vertragspunkte einig sind. Einigkeit in *allen* Punkten ist für das Zustandekommen nicht vorausgesetzt. Notwendigerweise muss sich aber der Konsens auf diejenigen Punkte beziehen, die für die eine oder andere Partei erkennbar Bedingung des Vertragsabschlusses sind.

Im Folgenden werden im Sinne einer *Checkliste* die wichtigsten Elemente des Arbeitsvertrages dargelegt. Angesichts der Vertragsfreiheit können die Parteien jedoch weitere Regeln vereinbaren; die Checkliste stellt daher keinen fertigen Vertrag dar, sondern soll auf die wesentlichen Punkte aufmerksam machen, die bei einem Vertragsschluss zu beachten sind.

2.1.2 Checkliste

1. Vertragsparteien
Name und Adresse des Arbeitnehmers und des Arbeitgebers.

2. Beginn und Dauer des Arbeitsverhältnisses
Der Arbeitsvertrag kann auf bestimmte oder unbestimmte Zeit abgeschlossen werden. Bei einem Vertrag auf unbestimmte Zeit muss eine Kündigungsmöglichkeit vorgesehen sein (sog. „ewige" Verträge sind widerrechtlich).

3. Probezeit und Kündigungsfrist während der Probezeit
Die Probezeit darf gemäss Gesetz höchstens drei Monate dauern; ein Verzicht ist möglich. Das Arbeitsverhältnis kann während der Probezeit jederzeit mit einer Kündigungsfrist von sieben Tagen beendet werden.

4. Aufgabenbereich
Umschreibung der Tätigkeit und der Funktion des Arbeitnehmers; eventuell Abgabe eines besonderen Pflichtenheftes, das die einzelnen Aufgaben detailliert auflistet.

5. Beiträge gegen die eigene Überzeugung
Der Arbeitnehmer darf nicht gezwungen werden, Beiträge zu verantworten, die zu seiner persönlichen Überzeugung im Widerspruch stehen.

6. Urheberrecht
Wenn nichts anderes vereinbart ist, darf der Arbeitgeber den von seinem Mitarbeiter verfassten Beitrag einmal veröffentlichen. Der Urheber (d.h. die Journalistin oder der Journalist) hat aber das Recht, den Beitrag mit seinem Namen zu zeichnen (Urheberpersönlichkeitsrecht). Es empfiehlt sich, die *Zweitverwertung* von journalistischen Beiträgen im Vertrag *ausdrücklich* zu regeln. Auf diese Weise können weitere Verwertungsarten eines Beitrages vereinbart werden und unerwünschte Bearbeitungen oder Verwertungen verhindert oder sanktioniert werden (z.B. die Publikation eines Artikels im Internet oder im Ausland).

7. Lohn
Monatsbruttosalär; Zuschläge; Provisionen; Naturallohn; Kinderzulagen; Sozialbeiträge; Quellensteuern; Auszahlungsart und -zeitpunkt; Anspruch auf 13. Monatslohn; eventuell Teuerungsausgleich. Lohnfortzahlung bei Krankheit, Unfall, Niederkunft, Erfüllung gesetzlicher Pflichten (z.B. Militärdienst) oder Ausübung eines öffentlichen Amtes.

8. Spesen
Pauschalspesen pro Monat; Spesen gemäss Belegabrechnung; Spesenvorschuss.

9. Arbeitszeit
Wöchentliche Arbeitszeit; Überstundenregelung; Pausenregelung.

10. Wochen- und Tagesruhe
Ausgleich von Überstunden; Kompensation.

11. Nacht- und Sonntagsarbeit
Regelung bezüglich Stundenzahl und Kompensation; bei Nacht- und Sonntagsarbeit sind insbesondere die Bestimmungen des Arbeitsgesetzes zu beachten.

12. Ferien
Jährlicher Ferienanspruch von mindestens vier Wochen (bis zum 20. Altersjahr mindestens fünf Wochen); eventuell Bildungsurlaub.

13. Sozialversicherungen
Gesetzliche Abzüge vom Lohn (AHV, berufliche Vorsorge).

14. Nebenbeschäftigungen
Nebenbeschäftigungen bedürfen grundsätzlich der Zustimmung des Arbeitgebers.

15. Konkurrenzverbot
Das Konkurrenzverbot muss *schriftlich* vereinbart werden. Voraussetzung ist zudem, dass der Arbeitnehmer Einblick in den Kundenkreis oder in Fabrikations- und Geschäftsgeheimnisse des Arbeitgebers erhält und die Verwendung dieser Kenntnis den Arbeitgeber erheblich schädigen könnte. Das Konkurrenzverbot ist nach Ort, Zeit und Gegenstand zu begrenzen, so dass eine Erschwerung des wirtschaftlichen Fortkommens des Arbeitnehmers ausgeschlossen ist.

VIII. Medienarbeitsrecht

16. Kündigungsfristen und -form
Das Arbeitsverhältnis kann im ersten Dienstjahr mit einer Kündigungsfrist von *einem* Monat, im zweiten bis und mit dem neunten Dienstjahr mit einer Frist von *zwei* Monaten und nachher mit einer Frist von *drei* Monaten je auf das Ende eines Monats gekündigt werden. Diese Fristen können durch schriftliche Abrede oder Gesamtarbeitsvertrag abgeändert werden; unter einen Monat dürfen sie jedoch nur durch Gesamtarbeitsvertrag und nur für das erste Dienstjahr herabgesetzt werden (Art. 335c OR). Es empfiehlt sich, das Kündigungsschreiben per „Einschreiben" einzusenden. Der Kündigende muss die Kündigung schriftlich begründen, wenn die andere Partei dies verlangt.

17. Ergänzendes Recht
Sollten sich Streitigkeiten aus dem Arbeitsverhältnis ergeben, wird als ergänzend anwendbares Recht in der Regel auf die Gesamtarbeitsverträge (GAV, siehe unten) oder auf das Obligationenrecht (OR) verwiesen.

18. Unterschriften
Der schriftliche Vertrag muss von beiden Parteien unterzeichnet werden.

2.2 Gesamtarbeitsvertrag GAV

Der Gesamtarbeitsvertrag (GAV, Art. 356 ff OR) ist das zentrale Institut des *kollektiven Arbeitsrechts*. Der GAV ist ein Vertrag zwischen Arbeitgebern oder Arbeitgebervereinigungen und Arbeitnehmervereinigungen (Gewerkschaften), durch den gemeinsam Bestimmungen über Abschluss, Inhalt und Beendigung der einzelnen Arbeitsverhältnisse der beteiligten Arbeitgeber und Arbeitnehmer aufgestellt werden. Ziel des GAV ist es, eine *arbeitsrechtliche Sozialordnung* zu schaffen. Der GAV gilt nur für die Mitglieder der vertragsschliessenden Verbände und Parteien.

Der GAV wirkt sich auf künftige Arbeitsverhältnisse aus, d.h. dass er beim Abschluss eines Einzelarbeitsvertrages zu respektieren ist. Die gesamtarbeitsvertraglichen Bestimmungen gelten *unmittelbar* und können von den Parteien (sofern der GAV nichts anderes bestimmt) nicht wegbedungen werden. Abweichende Bestimmungen in einem Einzelarbeitsvertrag werden, wenn sie sich zu*un*gunsten der Arbeitnehmer auswirken, durch die Normen des GAV ersetzt.

Am 1. Mai 2000 ist nach langen und zähen Verhandlungen zwischen dem Verband Schweizer Presse, dem Schweizer Verband der Journalistinnen und Journalisten SVJ und der Comedia der GAV 2000 in Kraft getreten. Der GAV gilt für Journalistinnen und Journalisten sowie für das technische Redaktionspersonal. Zentrale Punkte des Vertragswerks sind die Kompensation von regelmässiger Nacht- und Sonntagsarbeit, nach geografischen Regionen abgestufte Mindestlöhne, längere als im Gesetz vorgesehene Ferien und Kündigungsfristen. Lohnansprüche sind gestützt auf das zum GAV 2000 erarbeitete Regulativ 2004 zu eruieren, welches seit dem 1. Januar 2004 gilt. Der GAV 2000 sowie das Regulativ 2004 kann über die Website des Schweizer Verbandes der Journalistinnen und Journalisten herunter geladen werden (http://www.impressum.ch).

Der GAV 2000 wurde per Ende Juli 2004 seitens des Verbandes Schweizer Presse gekündigt. Die Bestimmungen des GAV bleiben aber über die Kündigung hinaus gültig für alle Arbeitsverträge, für die seitens des Arbeitgebers keine Änderungskündigung erfolgte. Für jene Medien („Zürichsee-Zeitung", „Zürcher Unterländer", „Sarganser Länder", „Bote der Urschweiz", „Thurgauer Tagblatt", „Volksstimme Sissach", „Südostschweiz" sowie weitere kleinere Blätter), die nach Unterzeichnung des GAV 2000 aus dem Verlang Schweizer Presse ausgetreten sind, gilt der GAV 2000 weiter. Trotz der Kündigung ist der GAV 2000 eine gute Richtlinie um zu sehen, auf welche Punkte bei der Ausarbeitung eines Einzelarbeitsvertrages geachtet werden muss; so können Elemente des GAV ohne weiteres in einen Arbeitsvertrag integriert werden.

3. „Freie" Journalistinnen und Journalisten

Das Anstellungsverhältnis der „freien" Journalistinnen und Journalisten oder sog. „Freelancer" kann verschiedenste Formen annehmen, weshalb es im Obligationenrecht keinen Vertrag gibt, der die Stellung der „Freien" abschliessend regelt. Die rechtliche Einordnung der journalistischen Tätigkeit bestimmt sich daher in erster Linie durch den zwischen dem Verleger und dem betreffenden Journalisten abgeschlossenen Vertrag. Ergänzend wird aufgrund der konkreten Umstände evaluiert, welcher Vertragstypus des Obligationenrechts der Stellung freiberuflicher Mitarbeiter am nächsten kommt. In Frage kommen in erster Linie der *Auftrag* (Art. 394 ff OR), der *Werkvertrag* (Art. 363 ff OR) und der *Verlagsvertrag* (Art. 380 ff OR). Da das schweizerische Obligationenrecht kein abschliessendes System von Verträgen kennt, anerkennen Lehre und Rechtsprechung auch sog. Innominatsverträge. *Innominatsverträge* sind von der Praxis hervorgebrachte Verträge, bei denen entweder mehrere gesetzlich geregelte Verträge miteinander kombiniert werden (sog. gemischte Verträge) oder deren Inhalt überhaupt nicht gesetzlich geregelt ist (sog. Verträge eigener Art). Das auf die Innominatsverträge anwendbare Recht bestimmt sich primär nach dem zwischen den Parteien Vereinbarten, sekundär werden die Regeln des Obligationenrechts analog herangezogen.

Die vertragliche Qualifikation der Stellung „freier" Mitarbeiter muss daher im *Einzelfall* analysiert werden. Ergeben sich in Bezug auf die Definition dieser

Stellung Schwierigkeiten, wird derjenige Vertragstyp herangezogen, der den effektiven Verhältnissen unter Berücksichtigung des Parteiwillens am nächsten kommt. Keine Rolle spielt die von den Parteien gewählte Vertragsbezeichnung, vielmehr kommt es auf den *Inhalt* des abgeschlossenen Vertrages an.

Im Folgenden werden kurz die Grundzüge der wichtigsten Verträge der „freien" Journalistinnen und Journalisten dargestellt.

3.1 Werkvertrag

Durch den Werkvertrag (Art. 363 ff OR) verpflichtet sich der Unternehmer (= Medienschaffender) zur Herstellung eines Werks, der Besteller (= Medienunternehmen) zur Leistung einer Vergütung. Gegenstand eines Werkvertrages können sowohl körperliche als auch unkörperliche Werke sein. Während im Arbeitsvertrag die Arbeitsleistung im Vordergrund steht, ist es beim Werkvertrag das *Arbeitsergebnis*, welches das Vertragsverhältnis charakterisiert (ein Medienunternehmen will z.B. einen Film über ein bestimmtes Thema). Kennzeichnend ist sodann die *Selbständigkeit* und *Eigenverantwortung* des Unternehmers bei der Arbeitsausführung (z.B. Erbringen der Leistung in eigenen Räumen, mit eigenem Material).

3.2 Verlagsvertrag

Beim Verlagsvertrag (Art. 380 ff OR) verpflichtet sich der Urheber eines sprachlichen, musikalischen, audiovisuellen oder künstlerischen Werks, dieses einem Verleger zum Zweck der Herausgabe zu überlassen; der Verleger hat das Werk zu vervielfältigen und zu vertreiben.

Im Folgenden werden die in einem Verlagsvertrag wichtigsten Vertragspunkte stichwortartig aufgeführt:

1. Verlagsparteien
Name und Adresse des Verlegers und des Verlaggebers.

2. Bezeichnung des Werks
Bestimmung eines provisorischen Arbeitstitels, eventuell eines bereits definitiven Titels.

3. Vertragsgegenstand
Angaben zum Werk; Höhe der Auflage; Format und Umfang; Ausstattung und Gestaltung; nachfolgende Auflagen (bei Zeitschriften: Dauer der Abgabe des Verlagsrechtes); Verwertungsrechte (Zusammenfassung/Aus-

züge, Lizenzrechte, Senderechte, Verwendung in anderen Sammelveröffentlichungen); Konkurrenzverbot; Verbesserungen und Berichtigungen.

4. *Rechtseinräumung*
Der Verlaggeber umschreibt die Übertragung der Rechte an den Verleger bezüglich des Objektes und des Umfangs in räumlicher und zeitlicher Hinsicht.

5. *Rechtsgewährleistung*
Der Verlaggeber erklärt, dass er über die übertragenen Rechte verfügt und für den Verleger haftet, falls Dritte diesem gegenüber Ansprüche geltend machen.

6. *Termine*
Termin zur Ablieferung des Manuskriptes; Erscheinungstermin des Werkes.

7. *Honorar*
Zahlungsbedingungen (pauschal, Beteiligung pro verkauftes Exemplar, Anteil pro gedrucktes Exemplar); Honorar bei allfälliger Neuauflage; Einsichtsrecht des Verlaggebers in die Bücher des Verlegers bei Beteiligungshonorar.

8. *Informationspflicht*
Informationspflicht des Verlegers gegenüber dem Verlaggeber über die Anzahl der verkauften Exemplare.

9. *Freiexemplare an Verlaggeber und Rabatt bei Mehrbezug*
Bei Erscheinen der Auflage hat der Verlaggeber Anrecht auf eine bestimmte Anzahl Freiexemplare und darüber hinaus auf einen Rabatt bei Bezug von Werkexemplaren.

10. *Verramschung/Makulierung*
Recht des Verlegers, bei Nichtverkauf der Auflage die Werkexemplare zu verramschen bzw. zu makulieren. Der Verlaggeber hat in der Regel das Recht, die noch vorhandenen Exemplare zu einem herabgesetzten Preis zurückzukaufen.

11. *Endigungsgründe*
Der Verlagsvertrag kann aus verschiedenen Gründen vor Ablauf der vereinbarten Dauer bzw. der allfällig vereinbarten Verlängerung aufgelöst werden. Dazu gehören: höhere Gewalt, Nichteinhaltung der Termine, Ver-

letzung der Vertragsbestimmungen etc. In der Regel wird gleichzeitig eine Schadenersatzregelung getroffen oder eine Konventionalstrafe vereinbart.

3.3 Auftrag

Der Auftrag (Art. 394 ff OR) ist ein Arbeitsleistungsvertrag im weiteren Sinne, weshalb er als Mustervertrag für die *Geschäftsführung im fremden Interesse* gilt. Verglichen mit dem Arbeitsvertrag ist beim Auftrag das Mass der Unterordnung des Auftragnehmers (Weisungen und Kontrollen seitens des Auftraggebers) geringer; d.h. der Auftragnehmer ist z.B. in seiner Zeiteinteilung frei. Vom Werkvertrag unterscheidet er sich dadurch, dass kein bestimmter Erfolg geschuldet wird, sondern lediglich ein Tätigwerden im Interesse des Auftraggebers (Verfassen irgendeines Artikels, den der Auftraggeber interessieren könnte). Der Auftrag ist jederzeit kündbar.

4. Öffentliches Arbeitsrecht

Das Arbeitsgesetz (ArG) vom 13. März 1964 enthält Bestimmungen, die *zwingender Natur* sind und demgemäss durch einen Arbeitsvertrag nicht wegbedungen werden können. Zu den wichtigsten Vorschriften gehören diejenigen der Höchstarbeitszeit sowie der Nacht- und Sonntagsarbeit. Im Folgenden werden die wichtigsten Bestimmungen für die Medienschaffenden kurz dargestellt:

1. Bei dauernder oder regelmässig wiederkehrender Nachtarbeit (d.h. Arbeitszeit zwischen 23 Uhr und 6 Uhr) besteht Anspruch auf eine Kompensation von 10% der Zeit, während der Nachtarbeit geleistet wird. Der Ausgleich kann auch als Lohnzuschlag gewährleistet werden, wenn die Nachtarbeit regelmässig in der ersten oder letzten Stunde der Nachtarbeitszeit geleistet wird (sog. Randstunde) (Art. 17 und 17b ArG).

2. Die Höchstarbeitszeit beträgt 50 Stunden. Die maximale Überzeitarbeit beträgt 140 Stunden pro Jahr (Art. 9 und 12 ArG).

3. Die Abendarbeitszeit (d.h. Arbeit zwischen 20 Uhr und 23 Uhr) bedarf der Anhörung der Arbeitnehmervertretung im Betrieb oder, wenn eine solche nicht besteht, der betroffenen Arbeitnehmerinnen und Arbeitnehmer (Art. 10 ArG).

5. Zusammenfassung

In der Schweiz gibt es kein eigenständiges Medienarbeitsgesetz, weshalb die relevanten Bestimmungen in diversen Erlassen zu finden sind. Im Vordergrund steht für fest angestellte Journalistinnen und Journalisten der Einzelarbeitsvertrag. Ein Gesamtarbeitsvertrag (GAV) konkretisiert den Einzelarbeitsvertrag, indem er eine verbindliche arbeitsrechtliche Sozialordnung schafft. Der GAV 2000, der für Medienschaffende galt, wurde Mitte 2004 gekündigt.

Die rechtliche Einordnung der Tätigkeit der sog. „freien" Journalistinnen und Journalisten bestimmt sich durch den zwischen dem Verleger und dem Medienschaffenden abgeschlossenen Vertrag. Ergänzend kommen die Bestimmungen des Obligationenrechts zur Anwendung, in erster Linie jene des Auftrags, des Werkvertrags des Verlagsvertrags und des Auftrages.

Das Arbeitsgesetz enthält Bestimmungen u.a. zu Höchstarbeitszeiten, Nacht- und Sonntagsarbeit; diese Regeln können durch einen Arbeitsvertrag nicht wegbedungen werden.

6. Repetitionsfragen zum Medienarbeitsrecht

1. Gibt es in der Schweiz ein einheitliches Medienarbeitsrecht?
2. Wofür steht die Abkürzung GAV und was regelt ein solcher allgemein?
3. Wann kommt ein Arbeitsvertrag zwischen den Parteien zustande?
4. Welches sind die wesentlichen Punkte eines Arbeitsvertrages?
5. Welche Wirkungen entfaltet der GAV auf neue und auf bestehende Arbeitsverhältnisse?
6. Welche rechtlichen Bestimmungen sind auf sog. „freie" Mitarbeiter anwendbar?

IX. Werberecht

1. Werbung im Allgemeinen

Unter Werbung ist jede Massnahme zu verstehen, mit der auf die Einstellung des Adressaten eingewirkt wird, um diesen zu einem bestimmten Denken, Verhalten oder Handeln zu veranlassen. Werbung ist eine Form der kommerziellen Kommunikation. Der Begriff der kommerziellen Kommunikation geht aber weiter, da er z.B. auch Direktmarketing, Sponsoring, Verkaufsförderung und Öffentlichkeitsarbeit umfasst.

Die Schweizerische Lauterkeitskommission (vgl. IX 3) definiert in ihren **Grundsätzen Nr. 1.1 und 1.2** (Grundsätze Lauterkeit in der kommerziellen Kommunikation vom Mai 2007; http://www.lauterkeit.ch; Wortlaut der Grundsätze im Anhang) kommerzielle Kommunikation wie folgt:

> *Grundsatz Nr. 1.1: Begriff der kommerziellen Kommunikation*
> **Unter kommerzieller Kommunikation ist jede Massnahme von Konkurrenten oder Dritten zu verstehen, die eine Mehrheit von Personen systematisch in ihrer Einstellung zu bestimmten Waren, Werken, Leistungen oder Geschäftsverhältnissen zum Zweck des Abschlusses eines Rechtsgeschäftes oder seiner Verhinderung beeinflussen.**

> *Grundsatz Nr. 1.2: Formen der kommerziellen Kommunikation*
> **Kommerzielle Kommunikation umfasst sämtliche Formen von Werbung, Direktmarketing, Sponsoring, Verkaufsförderung und Öffentlichkeitsarbeit.**

In der Werbung sind folgende *Kriterien* massgeblich: Jede Werbemassnahme wird von einem Auftraggeber direkt oder mittels eines Dritten (Werbeagentur, Berater) für sein Unternehmen oder seine Leistungen veranlasst. Hierzu bedient er sich eines bestimmten Mediums (Inserat, TV-Spot), das die Werbebotschaft (in Text, Bild oder Film) mittels eines Werbeträgers (Zeitungsverlag, Rundfunkveranstalter) an ein gewünschtes Zielpublikum (Werbeadressat) vermittelt (LUCAS DAVID/MARK A. REUTTER, Schweizerisches Werberecht, Zürich 2001, 10).

2. Rechtliche Bestimmungen zur Werbung

2.1 Verfassungsrecht

Die schweizerische Bundesverfassung kennt kein eigenständiges Grundrecht auf Werbung, d.h. die Werbefreiheit setzt sich aus den Teilgehalten anderer Freiheitsrechte zusammen. Es handelt sich dabei um die *Wirtschaftsfreiheit* (Art. 27 BV), die *Meinungs- und Informationsfreiheit* (Art. 16 BV), das *Recht auf Privatsphäre* (Art. 13 BV), das *Recht auf persönliche Freiheit* (Art. 10 BV), die *Kunstfreiheit* (Art. 21 BV), die *Glaubens- und Gewissensfreiheit* (Art. 15 BV) und die *Eigentumsgarantie* (Art. 26 BV).

Durch diese Grundrechte werden einerseits das Recht des Einzelnen auf Werbung, andererseits aber auch die Grenzen dieser Rechtsausübung festgelegt. Grundrechte sind grundsätzlich unter Respektierung der Grundrechte von Drittpersonen auszuüben. Deshalb finden sie ihre Grenze regelmässig an den schützenswerten Interessen anderer. Die Werbefreiheit darf wie andere Grundrechte *eingeschränkt* werden, wenn ein *öffentliches Interesse* dazu besteht wie z.B. Schutz der öffentlichen Gesundheit und Sicherheit sowie von Treu und Glauben im Geschäftsverkehr (vgl. auch Teil I 3.1).

2.2 Gesetzes- und Verordnungsrecht

Eine Vielzahl von Gesetzen und Verordnungen regelt die Werbung in ihren unterschiedlichen Erscheinungsformen. So z.B. das Radio- und Fernsehgesetz mit der dazugehörenden Radio- und Fernsehverordnung, das Markenschutzgesetz, das Lotteriegesetz, das Spielbankengesetz, das Gesetz zum Schutz öffentlicher Wappen und anderer öffentlicher Zeichen, die Lebensmittelverordnung, die Verordnung über die technischen Vorschriften betreffend die Mengenangaben auf industriellen Fertigpackungen, die Tabakverordnung und das Tabaksteuergesetz, die Preisbekanntgabeverordnung, das Pauschalreisegesetz, die Arzneimittelverordnung, das Heilmittelgesetz und viele mehr.

3. Schweizerische Lauterkeitskommission

Die Schweizerische Lauterkeitskommission (Adresse vgl. Service-Teil) ist das ausführende Organ der *Stiftung der Schweizer Werbung für die Lauterkeit in der kommerziellen Kommunikation*, dem die bedeutendsten Organisationen der schweizerischen *Werbebranche* angehören. Die Schweizer Werbewirtschaft unterwirft sich *freiwillig* den Weisungen der paritätisch organisierten Vertreter aus Werbung, Medien und Konsumentenschaft.

Grundlage der Kommissionstätigkeit sind das *schweizerische Lauterkeitsrecht* sowie die *grenzüberschreitenden Richtlinien der internationalen Handelskammer*. Die Lauterkeitskommission hat eine Reihe von Grundsätzen erlassen (*Grundsätze Lauterkeit in der kommerziellen Kommunikation, Mai 2007;* vgl. Anhang), welche die schweizerische Gesetzgebung und Rechtsprechung konkretisieren. Die Grundsätze enthalten Bestimmungen zu einzelnen *Werbeformen* (z.B. politische Propaganda, gemeinnützige und religiöse Propaganda, Direktmarketing), zu einzelnen *Werbeaussagen* (z.B. Verwendung des Begriffs „Schweiz" oder akademischer Titel), zu bestimmten *Werbemassnahmen* (z.B. Werbung mit Testunterlagen, vergleichende Werbung, Werbegewinnspiele) sowie zu Vorschriften für einzelne *Branchen* (z.B. Finanzinstitute, Tabakwaren, alkoholische Getränke, Schmuck und Edelmetalle).

Jede Person (Konsumenten und Unternehmer), die eine Verletzung dieser Grundsätze beklagt, kann kostenlos *Beschwerde* bei der Lauterkeitskommission führen; auf dem Internet (www.lauterkeit.ch/beschwerd.htm) stehen dafür *Beschwerdeformulare* zur Verfügung. Bei Gutheissung der Beschwerde verlangt die Kommission in der Regel die *Änderung* oder *Unterlassung* der beanstandeten Werbung. Verweigert der Verurteilte die Befolgung des Urteils, kann die Lauterkeitskommission als indirektes Druckmittel ihren Entscheid unter voller Namensnennung publizieren, den Ausschluss aus Fachverbänden empfehlen, die Werbeträger auffordern, die als unlauter empfundene Werbung nicht mehr aufzunehmen, einen Antrag auf Widerruf der Berateranerkennung SW stellen oder den Entzug der Beraterkommissionierung VSW beantragen.

4. Werbung in den einzelnen Medien

4.1 Werbung in der Presse

Als Garant journalistischer Unabhängigkeit gegenüber kommerziellen Interessen verlangen sowohl die „Erklärung der Pflichten und Rechte der Journalistinnen und Journalisten" des Schweizer Presserates (vgl. Teil X 2.1.3 und Anhang) als auch die Grundsätze der Schweizerischen Lauterkeitskommission (vgl. Teil IX 3 und Anhang) die Trennung von redaktionellen und werbenden Beiträgen:

Ziff. 10 der „Erklärung der Pflichten und Rechte der Journalistinnen und Journalisten"
Sie vermeiden in ihrer beruflichen Tätigkeit als Journalistinnen und Journalisten jede Form von kommerzieller Werbung und akzeptieren keinerlei Bedingungen von Seiten der Inserentinnen und Inserenten.

Richtlinie 10.2 zur „Erklärung der Pflichten und Rechte der Journalistinnen und Journalisten": Publi-Reportagen
Journalistinnen und Journalisten redigieren grundsätzlich keine Publi-Reportagen, damit ihre berufliche Glaubwürdigkeit nicht beeinträchtigt wird. Sie berichten nicht anders als sonst über Anlässe, bei denen das eigene Verlagshaus Sponsor/in oder „Medienpartner/in" ist.

Richtlinie 10.3 zur „Erklärung der Pflichten und Rechte der Journalistinnen und Journalisten": Inserateboykotte
Journalistinnen und Journalisten verteidigen die Informationsfreiheit bei tatsächlicher oder drohender Beeinträchtigung durch private Interessen, namentlich bei Inserateboykotten oder Boykottdrohungen, sofern die Veröffentlichung einer Information einem legitimen öffentlichen Interesse entspricht.

Grundsatz Nr. 3.12.3 der Schweizerischen Lauterkeitskommission: Verbot der Koppelung von kommerzieller Kommunikation mit redaktionellen Beiträgen
Es ist unlauter, im Interesse der Akquisition von kommerziellen Aufträgen redaktionelle Beiträge zuzusichern oder kommerzielle Aufträge vom Entgegenkommen im redaktionellen Teil abhängig zu machen.

Werbung in der Presse muss als solche erkennbar sein, d.h. Inserate sind durch die Überschrift „Reklame", „Anzeige" oder ähnlich zu kennzeichnen. In diesem Sinne bestimmen die Grundsätze der Lauterkeitskommission und des Presserates das Folgende:

Grundsatz Nr. 3.12.1 der Schweizerischen Lauterkeitskommission: Kennzeichnung und Erkennbarkeit von kommerzieller Kommunikation
Kommerzielle Kommunikation, gleichgültig in welcher Form sie erscheint oder welchen Werbeträger sie benutzt, soll als solche eindeutig erkennbar und vom übrigen Inhalt klar getrennt sein. Wird sie in Werbeträgern veröffentlicht, die gleichzeitig Nachrichten und Meinungen publizieren, muss sie so gestaltet und gekennzeichnet sein, dass sie als bezahlte Einschaltung klar erkennbar ist.

Richtlinie 10.1 zur „Erklärung der Pflichten und Rechte der Journalistinnen und Journalisten": Trennung zwischen redaktionellem Teil und Werbung
Die Trennung zwischen redaktionellem Teil bzw. Programm und Werbung ist optisch und begrifflich klar zu kennzeichnen. Journalistinnen und Journalisten haben diese Abgrenzung zu gewährleisten und dürfen sie nicht durch Einfügen von Schleichwerbung in der redaktionellen Berichterstattung verletzen. Die Grenze des Zulässigen ist überschritten, wenn eine Marke, ein Produkt oder eine Leistung oder deren wiederholte Nennung weder einem legitimen öffentlichen Interesse noch dem Anspruch des Publikums auf Information entspricht.

4.2 Werbung in Radio und Fernsehen

Das Radio- und Fernsehgesetz (RTVG) sowie die dazu erlassene Radio- und Fernsehverordnung (RTVV) enthalten Bestimmungen, die von den konzessionierten und den meldepflichtigen Veranstalter zu beachten sind (vgl. dazu Teil VI 5).

Die Grundsätze der Schweizerischen Lauterkeitskommission kennen keine spezifischen Bestimmungen für Radio- und Fernsehen. Wie das Radio- und Fernsehrecht kennt hingegen auch die Lauterkeitskommission das *Verbot von Schleichwerbung*:

Grundsatz Nr. 3.12.2 der Schweizerischen Lauterkeitskommission: Verbot von Schleichwerbung
Unentgeltliche redaktionelle Veröffentlichungen, die auf Unternehmen, ihre Produkte (Waren oder Dienstleistungen) hinweisen, dürfen nicht die Grenze zur Schleichwerbung überschreiten. Eine Überschreitung liegt insbesondere vor, wenn die Veröffentlichung über ein begründetes öffentliches Interesse oder das Informationsinteresse des Medienkonsumenten hinausgeht.

Product Placement, d.h. die gezielte Platzierung von Produkten als Requisiten in der Handlung eines Films, einer Talk-Show oder in einer Fernsehserie, wird sowohl durch das Radio- und Fernsehrecht wie auch durch die Grundsätze der Lauterkeitskommission geregelt. In Art. 21 RTVV erklärt der Erlass, dass Product Placement als Sponsoring gilt. Gemäss den Grundsätzen der Lauterkeitskommission muss Transparenz über Product Placement hergestellt werden.

Art. 21 RTVV: Produkteplatzierung
1. Waren und Dienstleistungen, die ein Sponsor zur Verfügung stellt, dürfen in die Sendung integriert werden (Produkteplatzierung). Die Produkteplatzierung gilt als Sponsoring. Sie darf keine Werbewirkung für den Sponsor oder für Dritte erzeugen.
2. Sendungen mit Produkteplatzierung müssen am Anfang der Sendung entsprechend gekennzeichnet sein. Insbesondere ist in der Sponsor-

IX. Werberecht

> nennung darauf hinzuweisen, welche Produkte die Sponsoren zur Verfügung stellen.
> ³ In Kindersendungen ist die Produkteplatzierung unzulässig.

Grundsatz Nr. 3.12.5 der Schweizerischen Lauterkeitskommission: Product Placement
Die Abbildung oder Nennung von Produkten sowie Firmen- und Markenbezeichnungen in redaktionellen oder künstlerischen Angeboten ist unlauter, soweit redaktionelle oder künstlerische Interessen dies nicht rechtfertigen, bzw. soweit dies für das Publikum nicht transparent gemacht wird.

5. Einzelfragen

5.1 Werbung und Persönlichkeitsschutz

Wie im Journalismus stellt sich auch in der Werbung immer wieder die Frage, ob Bilder, Namen oder Stimmen Dritter zu Werbezwecken verwendet werden dürfen. Gemäss den Bestimmungen des Art. 28 ff ZGB ist die Verwendung des Bildes, des Namens oder der Stimme eines anderen *ohne seine Zustimmung nicht erlaubt* (vgl. Teil II 4.2). Da die Werbung rein kommerzielle Interessen verfolgt, kann selbst bei einer Person des öffentlichen Lebens (d.h. einer Amtsperson oder einer Person der Zeitgeschichte) der Rechtfertigungsgrund des *überwiegenden öffentlichen Interesses* an einer Veröffentlichung *nicht* geltend gemacht werden. *Kommerzielle Interessen* sind *keine öffentlichen Interessen.* Insofern sind im Bereich des Persönlichkeitsschutzes für die Werbung und den Journalismus unterschiedliche Regeln anzuwenden. Für die Werbung gilt der Grundsatz, dass niemand unfreiwillig seinen „Kopf" für die kommerziellen Interessen eines anderen hinzuhalten hat. In diesem Sinne hält auch die Schweizerische Lauterkeitskommission fest:

Grundsatz Nr. 3.2.1 der Schweizerischen Lauterkeitskommission: Persönlichkeitsschutz
Es ist unlauter, in der kommerziellen Kommunikation ohne ausdrückliche Zustimmung Name, Abbild, Aussage oder Stimme einer identifizierbaren Person zu verwenden. Als Abbild gilt jede Darstellung (auch durch Zeichnung, Karikatur, Gemälde oder Double). Auf die Rechte der Angehörigen eines Verstorbenen ist angemessen Rücksicht zu nehmen.

IX. Werberecht

„ICH PROBIERE MAL PERSOL — OMA ISOLIERT NACHTS SEHR SCHLECHT."

5.2 Vergleichende Werbung

Vergleichende Werbung ist in der Schweiz grundsätzlich erlaubt (vgl. Art. 3 lit. e UWG, Teil V 1.2.2). Es dürfen jedoch nur Vergleiche mit *gleichartigen Waren* oder *Dienstleistungen* gemacht werden, d.h. dass nur Produkte gleicher Qualität und Quantität verglichen werden dürfen. Unlauter sind Vergleiche, die *unrichtig, unnötig herabsetzend* oder *anlehnend* sind. In diesem Sinne bestimmt auch die Schweizerische Lauterkeitskommission:

> *Grundsatz Nr. 3.5 der Schweizerischen Lauterkeitskommission: Vergleichende Werbung*
> Die vergleichende Werbung gilt als unlauter, sofern sie mittels unrichtiger, irreführender oder unnötig verletzender Äusserungen oder in unnötig anlehnender Weise mit anderen, ihren Waren, Werken, Leistungen oder deren Preisen vergleicht.
>
> *1. Unrichtig ist eine Äusserung, wenn*
> – die verglichenen Waren oder Leistungen nicht vergleichsfähig sind, d.h. einen umfassenden und abschliessenden sachlichen Vergleich nicht ermöglichen,
> – der Bezugnahme nicht identische oder zumindest nicht vergleichbare – im System- oder Warenvergleich nicht austauschbare oder vertretbare – Elemente zugrunde gelegt werden,
> – die Angaben den Tatsachen, wie sie das Publikum versteht, nicht entsprechen.
> – die Bezugnahme fälschlicherweise als umfassend und abschliessend dargestellt wird.
>
> *2. Irreführend ist eine Äusserung, wenn*
> – die Angabe Tatsachen unterdrückt, die nach den Erwartungen des Publikums im Zusammenhang mit der Äusserung ebenfalls gesagt werden müssten,
> – die Bezugnahme dem durchschnittlichen Verständnis des Empfängers nicht Rechnung trägt,
> – lediglich einzelne Vor- und Nachteile miteinander verglichen werden und die übrigen Elemente nicht identisch sind.
>
> *3. Unnötig verletzend ist eine Äusserung, wenn*
> – ihr Inhalt unerlaubt ist, d.h. für sachliche Aufklärung der Abnehmerschaft nicht nötig ist,
> – ihr Zweck unerlaubt ist, d.h. mehr als für die Erstellung der Markttransparenz nötig in die Persönlichkeit des oder der Mitbewerber eingreift,
> – sie statt das beworbene Erzeugnis oder die beworbene Leistung zu rühmen, das verglichene Produkt oder die verglichene Leistung in direkter Weise herabsetzt.

4. Unnötig anlehnend ist eine Äusserung,
- die sich den guten Namen oder den Ruf eines anderen zunutze macht,
- die von einer fremden Unternehmensleistung profitiert.

Erfolgt die Äusserung systematisch oder wiederholt, wird ihre unnötige Anlehnung vermutet.

5.3 Werbung für Inserate in Zeitungen und Zeitschriften

Zahlreiche Medienunternehmen veröffentlichen Werbung, indem sie auf die hohe Auflagenzahlen ihrer Zeitung oder Zeitschrift verweisen. Da sich die Medien vorwiegend über Werbung finanzieren, bezweckt diese Form von Werbung, potenzielle Inserenten zur Schaltung eines Inserates zu veranlassen. Die Lauterkeitskommission hat dazu die folgenden Grundsätze erlassen:

Grundsatz Nr. 5.5 der Schweizerischen Lauterkeitskommission:
1. Werbung mit Auflagezahlen (gedruckte Periodika)
a) WEMF/SW-beglaubigte Auflage
Unter dem Begriff „Auflage" wird die von der WEMF AG für Werbemedienforschung beglaubigte Auflage verstanden. Grundlage sind die von der paritätischen „Kommission für Auflage und Verbreitung" (KAV) festgelegten „Bestimmungen über die Durchführung der WEMF/SW-Auflagebeglaubigung in der Schweiz".
b) Notariell beglaubigte Auflage
Notarielle Beglaubigungen müssen sich in allen Fällen nach den o.a. „Richtlinien" der KAV richten.

2. Werbung mit Daten der Medienforschung
Wenn immer möglich sollen Daten aus den aktuellen, offiziellen Medienforschungen verwendet werden. Werden andere Daten verwendet, so müssen die wesentlichen Parameter den üblichen marktforscherischen Qualitätskriterien entsprechen (Sampling, Fallzahlen etc.).
Die Datenquelle und die zugrunde gelegten Auswertungskriterien (geographische Gebiete, einbezogene Medien, Altersklassen etc.) sind eindeutig zu deklarieren.

Die *WEMF AG für Werbemedienforschung* (vgl. Service-Teil) betreibt seit 1964 systematische, kontinuierliche und neutrale Medienforschung in der Schweiz. Neben der Auflagenbeglaubigung für die Schweizer Printmedien realisiert sie insbesondere die Medienstudien „MACH Basic" (Daten über die Reichweite von Zeitungen, Zeitschriften und Anzeigenkombinationen und deren Leserschaft) und „MACH Consumer" (Verbindung von Mediennutzungsdaten von Printmedien aus der „Mach Basic" mit Konsum- und Kaufgewohnheiten, Interessens- und Einstellungsfragen) und führt im Auftrag diverse Branchenstudien durch. Bei der Beglaubigung der Auflage eines Periodikums wird ein Jahresdurchschnitt errechnet. Berücksichtigt werden dabei Grossausgaben und jahreszeitliche Schwankungen, weshalb die WEMF-Auflage meist kleiner ist als die Auflage an einem bestimmten Stichtag.

Die Auflagenbeglaubigung kann auch *notariell* erfolgen. Da ein Notar höchstens die an einem bestimmten Stichtag tatsächlich gedruckte Auflage beglaubigen kann, liegt die Auflagenzahl meistens beträchtlich über der Anzahl von Exemplaren, die tatsächlich an die Leser verkauft oder verteilt werden, da sie auch Beleg-, Archiv- und Reserveexemplare sowie unverkäufliche Auflagenteile mitumfasst, die meistens ungenutzt bleiben.

6. Zusammenfassung

Die rechtlichen Bestimmungen zur Werbung sind in verschiedenen Erlassen geregelt (UWG, RTVG, DSG, URG, ZGB etc.). Daneben gilt es die Grundsätze der Schweizerischen Lauterkeitskommission zu beachten.

Als Garant journalistischer Unabhängigkeit gegenüber kommerziellen Interessen verlangen sowohl die Lauterkeitskommission als auch der journalistische Berufskodex die Trennung von redaktionellen und werbenden Beiträgen. Das Radio- und Fernsehgesetz sowie die Radio- und Fernsehverordnung enthalten spezifische Bestimmungen für die Werbung in Radio und Fernsehen (Werbedauer, Unterbrecherwerbung, Werbeverbote, Schleichwerbung, Product Placement).

7. Repetitionsfragen zum Werberecht

1. Was versteht man unter dem Begriff „Werbung"?
2. Wo finden sich die rechtlichen Regelungen zur Werbung?
3. Wer überwacht in der Schweiz die Lauterkeit der Werbung und wieso?
4. Welche Druckmittel besitzt die Lauterkeitskommission?
5. Wie unterscheidet man Schleichwerbung und Product Placement?
6. Wie unterscheiden sich die kommerziellen Interessen von den öffentlichen Interessen?
7. Wann ist vergleichende Werbung zulässig und wann nicht?
8. Was ist die Aufgabe der WEMF AG?

X. Ethik und Medien

X. Ethik und Medien

1. Allgemeines

Mit der Etablierung der *Informationsgesellschaft* haben Fragen der Ethik und der Verantwortung im Medienwesen zunehmend an Aktualität gewonnen. Angesichts der *Kommerzialisierung von Information und Kommunikation* wird das Thema der journalistischen Qualitätssicherung sowohl in der breiten Öffentlichkeit als auch in Fachkreisen diskutiert. Im Zentrum der Debatte stehen Konzepte zur Qualitätssicherung und Qualitätsentwicklung auf institutioneller und innerredaktioneller Ebene. Diese sollen dazu beitragen, eine durchgehende Verrechtlichung des Medienbereichs zu verhindern.

Statements wie „Man ist froh, wenn zwischen dem Geschriebenen und dem, was man sagte, eine gewisse Ähnlichkeit festzustellen ist (...) Ich bin meistens unglücklich, besonders, wenn ich bei einem Wort genommen werde, das ich nie ausgesprochen habe" (FRIEDRICH DÜRRENMATT) sprechen für sich und sind durchaus nicht nur als Stimmen vereinzelter Exponenten aufzufassen.

Das vorliegende Kapitel handelt von qualitätssichernden Massnahmen, die einen minimalen juristischen Ansatz aufweisen. Auf weitere qualitätssichernde Infrastrukturen (z.B. redaktionelles Marketing, Stiftung Media Watch, Medien-Monitor etc.) wird nicht eingegangen.

2. Institutionelle Qualitätssicherung

Das staatlich gesetzte Recht ist nur eine mögliche Form der Festlegung verbindlicher Regeln. Darüber hinaus lassen sich – z.B. innerhalb eines abgeschlossenen Kreises von Verbandsmitgliedern – verbindliche Verhaltensprinzipien auch mit dem Mittel der *Selbstregulierung* festsetzen. Journalistenorganisationen auf der ganzen Welt haben sich deshalb in Form von Pflichtenheften berufsethische Grundsätze auferlegt. Niedergeschrieben sind solche Berufskodizes in Reglementen, Gentlemen's Agreements, Fach- und Verbandsempfehlungen, Verhaltenskodizes oder Verfahrensordnungen.

2.1 Schweizer Presserat

2.1.1 Allgemeines

Der Schweizer Presserat ist die moralische Instanz der Medienschaffenden. Er wird von einer Stiftung, bestehend aus dem *Schweizerischen Verband der Journalistinnen und Journalisten (SVJ)*, dem *Schweizerischen Syndikat Medienschaffender (SSM)*, der *Mediengewerkschaft comedia* sowie dem Verein *Konferenz der Chefredaktoren*, getragen.

Der Presserat nimmt Stellung zu Fragen der Berufsethik, indem er die ihm unterbreiteten Fälle und Fragen anhand der „Erklärung der Pflichten und Rechte der Journalistinnen und Journalisten" (vgl. Anhang und Teil X 2.1.3 und 2.1.4) beurteilt. Jedermann kann sich, unter Bezugnahme auf einen konkreten Vorfall (z.B. aufgrund eines diffamierenden Artikels) oder um sich ein allgemeines kontroverses Thema erläutern zu lassen (z.B. politisches Engagement von Medienschaffenden), an den Presserat wenden. Darüber hinaus kann der Presserat mit Mehrheitsbeschluss Fälle von sich aus aufgreifen (z.B. Veröffentlichung von Bildern des Propheten Mohamed [Karrikaturenstreit], vgl. Stellungnahme des Presserates vom 21. März 2006 i.S. Mohammed-Karikaturen/Bildbelege/Grenzen der Karikatur- und Satirefreiheit).

Der Presserat kann lediglich Feststellungen treffen oder Empfehlungen abgeben. Er verfügt über *keine Sanktionsgewalt*, d.h. er kann weder Schadenersatz, Genugtuung oder Geldstrafen aussprechen noch ein Medienunternehmen zu bestimmten Massnahmen verpflichten (vgl. hingegen die UBI, Teil VI 8.2.2 und die Schweizerische Lauterkeitskommission, Teil IX 3). Die Stellungnahmen des Presserates werden publiziert; diese werden zu Richtlinien zusammengefasst mit dem Ziel, ein Nachschlagewerk journalistischer Ethik entstehen zu lassen.

2.1.2 Ziel des Presserates

Der Presserat bemüht sich darum, der Verrechtlichung des Medienwesens zuvorzukommen. Indem sich die Medienschaffenden selbst (von innen) Spielregeln auferlegen, soll die „gerichtliche Staatskontrolle" (von aussen) ausgeschaltet werden *(Standeskontrolle statt Staatskontrolle)*.

Mit dem Erlass der „Erklärung der Pflichten und Rechte der Journalistinnen und Journalisten" will der Presserat einer breiten Öffentlichkeit näher bringen, was nach Ansicht der Medienschaffenden zum Wesen des Berufs gehört und was sie als faire Spielregeln erachten. Insofern stellt der Berufskodex auch ein Stück *„Öffentlichkeitsarbeit"* dar. Mit der Publikation seiner Stellungnahmen bewirkt der Presserat zudem eine öffentliche Diskussion über Medienethik.

2.1.3 Erklärung der Pflichten und Rechte der Journalistinnen und Journalisten

Die „Erklärung der Pflichten und Rechte der Journalistinnen und Journalisten" versteht sich als journalistischer Berufskodex in Form eines Postulatkatalogs (vgl. den vollständigen Text im Anhang). Der Kodex wurde 1972 verfasst und 1994 sowie 1999 revidiert.

Pflichten der Journalistinnen und Journalisten:

- Wahrheitspflicht
- Verteidigung der Unabhängigkeit und des Ansehens des Berufs
- Objektivitäts- und Transparenzgebot
- Verbot unlauterer Beschaffungsmethoden und des Plagiats
- Berichtigungspflicht
- Wahrung des Berufsgeheimnisses
- Respektierung der Privatsphäre und Unterlassen anonymer und sachlich nicht gerechtfertigter Anschuldigungen
- Respektierung der Menschenwürde und Diskriminierungsverbot
- Keine Vorteilannahme, welche die Unabhängigkeit einschränken könnte
- Journalistische Unabhängigkeit gegenüber Inserenten
- Grundsätzliches Verbot der Entgegennahme journalistischer Weisungen von nichtberechtigten Personen

Rechte der Journalistinnen und Journalisten:

- Freier Informationszugang und Recherchierfreiheit
- Unabhängigkeit in der Berufsausübung
- Mitwirkungsrechte innerhalb der Redaktion
- Einsicht in die Besitzverhältnisse des Arbeitgebers, Informationsrecht bei wichtigen internen Entscheidungen
- Anspruch auf eine angemessene Aus- und Weiterbildung
- Anspruch auf einen Arbeitsvertrag

X. Ethik und Medien

2.1.4 Leitsätze des Presserates

Bei den folgenden Leitsätzen handelt es sich um Auszüge diverser Stellungnahmen des Presserates zu unterschiedlichen Themen.

a) Unterschlagung wichtiger Informationselemente

Medien sind nicht verpflichtet, Medienmitteilungen von Behörden, Organisationen und Berufsverbänden zu veröffentlichen. Falls sie dies jedoch tun, haben sie sich bei der Bearbeitung an die berufsethischen Regeln zu halten und insbesondere die von schweren Vorwürfen Betroffenen anzuhören. Bei der Veröffentlichung derartiger Vorwürfe muss sich die Leserschaft zudem aufgrund der veröffentlichten Fakten eine eigene Meinung bilden können *(Stellungnahme des Presserates vom 9. Juli 2002 i.S. „Unterschlagung wichtiger Elemente")*.

b) Vorverurteilung

Journalistinnen und Journalisten dürfen die strafrechtliche Unschuldsvermutung nicht durch eine „Vorverurteilung" beeinträchtigen. Dessen ungeachtet können Medien während der gesamten Dauer eines Strafverfahrens darüber berichten. Auch wenn die Phase unmittelbar vor Prozessbeginn unter dem Gesichtspunkt der Verfahrensbeeinflussung als besonders heikel erscheint, besteht gleichzeitig gerade dann ein erhöhtes öffentliches Interesse an einer Berichterstattung. Dies gilt noch vermehrt, wenn es um eine in der Öffentlichkeit bekannte Person geht und wenn die gegen diese erhobenen strafrechtlichen Vorwürfe zuvor von den Medien breit thematisiert worden sind. Dabei ist das Publikum jedoch immer klar darauf hinzuweisen, ob gegenüber einem Angeschuldigten erhobene Vorwürfe von der Strafverfolgungsbehörde stammen oder ob sie durch eine rechtskräftige Beurteilung eines Gerichts bestätigt sind *(Stellungnahme des Presserates vom 5. Dezember 2002 i.S. „Unschuldsvermutung/Anhörungspflicht/Lauterkeit der Recherche")*.

c) Verabredetes Interview

1. Das journalistische Interview, zumal in seiner formalisierten Gestalt, ist eine Abmachung zwischen zwei Partnern, die sich beide an Spielregeln halten müssen. Das Grundprinzip, auf das die Abmachung aufbaut, ist das der Fairness. Die „Erklärung der Pflichten und Rechte der Journalistinnen und Journalisten" basiert namentlich in den Ziffern 3–7 auf diesem Prinzip. Auf das Prinzip der Fairness bauen die nachfolgenden Spielregeln auf.
2. Bei jedem journalistischen Interview müssen Fragende und Befragte die Spielregeln vorher abmachen.

X. Ethik und Medien

3. Grundsätzlich ist zwischen drei Gesprächssituationen zu unterscheiden:
   a. „on the record": Befragte dürfen namentlich mit ihren wörtlichen Antworten zitiert werden.
   b. „off the record": Die Aussagen der Befragten dürfen zitiert werden, ohne dass eine Quelle genannt wird.
   c. „background": Die Aussagen der Befragten dürfen nicht zitiert werden; sie dienen lediglich als Hintergrund-Information.

   Im Folgenden ist nur noch vom journalistischen Interview „on the record" die Rede.

4. Beim Interview „on the record" ist zu unterscheiden zwischen:
   a. dem Recherchen-Interview, bei dem höchstens einzelne Zitate im Rahmen eines grösseren Beitrags veröffentlicht werden;
   b. dem Reportagen-Interview, bei dem Aussagen von Betroffenen, prototypischen Zeitzeugen oder Prominenten lediglich zur Veranschaulichung des Themas dienen;
   c. dem Interview als Darstellungsform, das als Dialog veröffentlicht wird und das eine doppelte Aussageleistung erbringt, nämlich über die Sache und über die Person, und das eine Primärsituation mit einer Sekundärsituation verknüpft, nämlich den persönlichen Dialog und den öffentlichen Dialog.

5. Das Interview als Darstellungsform (gestaltetes Interview) ist kein gewöhnlicher, sondern ein gerichteter Dialog, eine gezielte Befragung. Es ist immer für die Öffentlichkeit bestimmt. Wer sich als Gesprächspartner oder Gesprächspartnerin auf ein solches Interview einlässt, muss wissen, dass die Aussagen, die im Laufe des Gesprächs gemacht werden, nicht privater Natur sind.

6. Journalistinnen und Journalisten sollen Interviewangebote, hinter denen lediglich PR-Interessen stecken, dankend ablehnen.

7. Journalistinnen und Journalisten sollen Interviews, die nur schriftlich gegeben werden, und Interviews, die nur gegen Geld gegeben werden, in der Regel ablehnen.

8. Journalistinnen und Journalisten sollen im Voraus die Interviewdauer aushandeln, wobei die Printmedien häufig um mehr Zeit, die elektronischen Medien vielfach um eine knappere Zeit kämpfen müssen.

9. Journalistinnen und Journalisten sollen es ablehnen, dass der Interviewpartner oder die Interviewpartnerin weitere Gesprächsteilnehmer zuzieht, ohne dass dies vorher vereinbart worden ist. Die Gesprächsleitung liegt allein bei den fragenden Personen.

10. Journalistinnen und Journalisten müssen der Interviewpartnerin oder dem Interviewpartner im Voraus das Thema nennen. Sie müssen sie oder ihn veranlassen, dazu Aussagen zu machen. Sie sollen Themen, die ausgeklammert werden sollen, aber von öffentlichem Interesse sind, trotzdem anschneiden und in Kauf nehmen, dass die Antwort verweigert wird (und dies öffentlich machen). Sie sollen auf die Forderung, alle Fragen im Voraus schriftlich einzureichen, höchstens dann eingehen, wenn es sich um eine interessante Persönlichkeit handelt, die noch nie ein Interview gege-

ben hat und ohne diese Bedingungen auch keines geben würde. Sonst sollen sie bloss einen groben Fragenraster zustellen und sich Zusatzfragen und Zwischenfragen unbedingt vorbehalten.
11. Es muss möglich sein, Interviews zu bearbeiten und zu kürzen. Dabei dürfen bei Kürzungen und Schnitten die Hauptaussagen nicht entstellt werden. Ist ein Interview insgesamt langweilig und enthält keinerlei interessante Aussagen, so soll es nicht veröffentlicht werden. Ein Interview, das Ehrbeleidigungen, unlauteren Wettbewerb oder geheime Informationen enthält, muss bereinigt werden, da die Journalistinnen und Journalisten mithängen.
12. Gestaltete Interviews für Printmedien sollen den Gesprächspartnerinnen oder Gesprächspartnern zur Korrektur und Autorisierung vorgelegt werden, es sei denn, beide Seiten vereinbaren, darauf zu verzichten. Die Partner können keine Korrekturen anbringen, die völlig vom geführten Gespräch abweichen. Sie können keine Fragen streichen oder neue Fragen erfinden. Wird das Interview massiv korrigiert und werden teilweise Aussagen in ihr Gegenteil verkehrt, so sollen die Journalistinnen und Journalisten den Interviewpartner oder die Interviewpartnerin informieren, dass die Publikation in dieser Form nicht möglich ist und in extremen Fällen auf die Publikation verzichteten oder den Vorgang transparent machen. Die autorisierte und vom Medium so akzeptierte Fassung ist jene, die veröffentlicht wird. Wenn beide Seiten mit einer Fassung einverstanden sind, kann hinterher nicht mehr auf frühere Fassungen zurückgegriffen werden.
13. Interviewte haben die Möglichkeit, ein Interview in einer für die Medien angemessenen Frist noch zurückzuziehen, sofern dies vorher so vereinbart worden ist, bei Radio und Fernsehen allerdings bis höchstens zwei Stunden vor der Ausstrahlung.
14. Es ist zulässig, Interviewpartnerinnen und Interviewpartnern, die das Interview nicht aus massivem Eigeninteresse (wie: Wahlkampf, Vorstellung eines neuen Produkts oder Projekts) gegeben haben, hinterher für die Zeit und den Aufwand eine kleinere Anerkennung zukommen zu lassen.

(Stellungnahme des Presserates vom 20. Januar 1996 i.S. „Verhalten bei verabredeten Interviews").

d) Anhörungspflicht

Vor der Veröffentlichung schwerer Vorwürfe ist es unabdingbar, die davon Betroffenen anzuhören. Die Anhörungspflicht gilt ungeachtet der journalistischen Form der Veröffentlichung eines Vorwurfs, mithin auch bei Interviews. Wenn Medienschaffende erst in letzter Minute versuchen, eine Stellungnahme einzuholen, verlieren die Angegriffenen möglicherweise die Chance, sich angemessen zu äussern *(Stellungnahme des Presserates vom 31. Oktober 2002 i.S. „Anhörung bei schweren Vorwürfen").*

Die zumindest kurze Stellungnahme der von schweren Vorwürfen Betroffenen ist im gleichen und nicht in einem späteren oder vorangegangenen Medienbericht zu veröffentlichen. Zudem gebietet die Anhörungspflicht den Medienschaffenden, einen Verzicht auf die Anhörung zu einem schweren Vorwurf nicht leichthin anzunehmen. Es genügt deshalb nicht, einen Betroffenen nur allgemein zu kontaktieren. Vielmehr sind gerade auch bei einer Gesprächsverweigerung die konkreten Vorwürfe zu unterbreiten, sei dies mündlich oder schriftlich (z.B. per Telefax oder E-Mail); *(Stellungnahme des Presserates vom 30. Juni 2005 i.S. „Anhörung bei schweren Vorwürfen")*.

Die Anhörung Betroffener vor der Publikation schwerer Vorwürfe ist selbst bei Berichterstattung ohne Namensnennung dann unabdingbar, wenn es wahrscheinlich erscheint, dass diese aufgrund des Medienberichts für ihre berufliche Umgebung erkennbar sind. Ist die Anhörung des Betroffenen kurzfristig nicht möglich, ist die Publikation aufzuschieben, wenn nicht gewichtige Gründe für eine sofortige Veröffentlichung vorliegen. Wird der Medienbericht trotzdem sofort veröffentlicht, ist zumindest darauf hinzuweisen, dass der Betroffene für eine Stellungnahme nicht erreichbar war *(Stellungnahme des Presserates vom 28. Januar 2005 i.S. „Anhörung bei schweren Vorwürfen")*.

e) **Privatsphäre von öffentlichen Personen**

Auch Personen des öffentlichen Lebens haben grundsätzlich einen Anspruch auf Respektierung ihrer Privat- und Intimsphäre. Im Gegensatz zu „gewöhnlichen Personen" müssen sie sich aber dann gewisse Eingriffe gefallen lassen, wenn ein direkter Zusammenhang zwischen dem an sich geschützten Bereich und ihrer Funktion in der Öffentlichkeit besteht, wenn es ohne diesen Eingriff in die Privatsphäre nicht möglich ist, einen Sachverhalt von öffentlichem Interesse dem Publikum zur Kenntnis zu bringen und angemessen zu erklären und wenn bei einer Interessenabwägung dieses öffentliche Interesse gegenüber dem privaten Interesse auf Respektierung der Privatsphäre überwiegt. Ein solches überwiegendes Interesse ist in aller Regel zu verneinen, wenn nicht nur die Privatsphäre, sondern gar die Intimsphäre betroffen ist. Bei der Berichterstattung über das private Umfeld von Politikerinnen und Politikern, die für wichtige politische Funktionen kandidieren, ist von den gleichen Grundsätzen auszugehen. Familienangehörige von Kandidatinnen und Kandidaten dürfen umso eher zum Gegenstand der Medienberichterstattung werden, je wichtiger die Funktion ist, um die es geht und je prominenter der betroffene Angehörige ist. Vorauszusetzen ist aber auch hier immer ein funktioneller Zusammenhang, z.B. ein möglicher Interessenkonflikt mit der Ausübung der Funktion, um die es geht. Berufsethisch nicht zu rechtfertigen ist demgegenüber die Berichterstattung über private Belange sowohl des Kandidaten wie auch dessen Angehörigen, wenn diese in keinerlei Zusammenhang zur politischen Funktion stehen *(Stellungnahme des Presserates vom 15. August 2001 i.S. „Privatsphäre öffentlicher Personen und ihrer Angehörigen").*

f) Veröffentlichung vertraulicher Information

Die Pressefreiheit ist ein zu wichtiges Grundrecht, als dass sie a priori hinter die Interessen des Staates zurücktreten dürfte. Die Kritik- und Kontrollfunktion verlangt von den Massenmedien, dass sie immer dann Öffentlichkeit herstellen, wenn ein öffentliches Interesse an Aufklärung besteht, unabhängig davon, ob die Quelle zugänglich oder vertraulich ist *(Stellungnahme des Presserates vom 4. März 1997 i.S. „Veröffentlichung vertraulicher Informationen").*

g) Leserbriefe

Leserbriefseiten sind ein „freies Tummelfeld" für die Meinungen und Ansichten aus dem Leserkreis, für die per definitionem keine journalistischen Kriterien gelten können und denen möglichst wenig Grenzen zu setzen sind. Jede Zeitschrift sollte „Spielregeln" für die Leserbriefseite aufstellen, die in regelmässigen Abständen publiziert und auch redaktionsexternen Autoren von Beiträgen bekannt gegeben werden. Diese Regeln sollten darauf hinweisen, dass die Redaktion die rechtliche Verantwortung für die publizistischen Texte behält. Wenn eine Redaktion einen Leserbrief mit einer Illustration ergänzt, hat sie darauf zu achten, dass sie dadurch nicht den Anschein erweckt, mit dem darin ausgedrückten Standpunkt einig zu gehen. Es ist in jedem Fall unzulässig, sich eines Leserbriefes zu bedienen, um so Vorwürfe zu veröffentlichen, die die Redaktion nicht zu belegen vermag *(Vademekum, Leitfaden zu den Stellungnahmen, Fribourg 1997, 88 f).*

h) Gegendarstellungen und Berichtigungen in Online-Archiven

Hatte ein Betroffener vor Erscheinen eines Artikels keine Gelegenheit, zu den gegen ihn erhobenen schweren Vorwürfen Stellung zu nehmen, entspricht es journalistischer Fairness, ihn nachträglich z.B. in Form einer Gegendarstellung oder eines Leserbriefs zu Wort kommen zu lassen. Wird der ursprüngliche Artikel auch online zugänglich gemacht, ist die dazugehörige Reaktion ebenfalls auf diesem Wege zu veröffentlichen. Dies gilt zumindest solange, als auch auf den Hauptartikel weiterhin online zugegriffen werden kann *(Stellungnahme des Presserates vom 1. November 2001 i.S. „Gegendarstellungen und Berichtigungen in Online-Archiven").*

i) Abhängiger Wirtschaftsjournalismus

Journalistinnen und Journalisten kann nicht verboten werden, Freundschaften mit interessanten Menschen aus Politik, Wirtschaft, Kultur, Wissenschaft, Showbusiness und Sport zu pflegen. Je prominenter diese Personen jedoch sind (oder werden), um so eher können sie Gegenstand journalistischer Beschreibungen werden. Bei aller Freundschaft sollten daher die Medienschaffenden eine gewisse Distanz wahren *(Stellungnahme des Presserates vom 18. Juni 1992 i.S. „abhängiger Wirtschaftsjournalismus")*.

j) **Interessenbindungen**

Ähnlich wie die Parlamentsmitglieder sollen Redaktionsmitglieder ihre Interessenbindungen (Mitgliedschaft bei Parteien, in Verbandsvorständen und Verwaltungsräten) bekannt geben. Die Redaktionen sollen die entsprechenden Verzeichnisse in regelmässigen Abständen (beispielsweise alle vier Jahre) veröffentlichen *(Stellungnahme des Presserates vom 18. Juni 1992 i.S. „Abhängiger Wirtschaftsjournalismus")*.

k) **Annahme von Geschenken**

Medienschaffende, die individuell und exklusiv Leistungen von Veranstaltern (wie Reisen, Benützung eines Autos, Sportartikel, Wertpapiere, Kunstgegenstände, Schmuck, Bargeld, Cheques) als Geschenk angeboten erhalten, sollen das Angebot ablehnen *(Stellungnahme des Presserates vom 18. Juni 1992 i.S. „Abhängiger Wirtschaftsjournalismus")*.

l) **Reisevergünstigungen**

Vergünstigungen an ganze Gruppen von Journalistinnen und Journalisten sind akzeptabel, wenn sie nicht mit Bedingungen verknüpft sind und die Berichterstattung frei bleibt. Nach Möglichkeit sollen sich die Medienunternehmen an den Kosten beteiligen. In der Berichterstattung ist darauf hinzuweisen, was vom Veranstalter bezahlt wurde *(Stellungnahme des Presserates vom 18. Juni 1992 i.S. „Abhängiger Wirtschaftsjournalismus")*.

m) **Reisejournalismus**

Die Grundsätze des Reisejournalismus sollen koordiniert werden mit den politischen Grundsätzen des gleichen Mediums. Länder, in denen die Menschenrechte anhaltend und massiv verletzt werden oder in denen Völkermord betrieben wird, sollen nicht oder nur sehr kritisch touristisch behandelt werden *(Stellungnahme des Presserates vom 12. Dezember 1992 i.S. „Probleme des Reise-, Auto- und Sportjournalismus")*.

n) **Sportjournalismus**

Im Sportjournalismus soll noch deutlicher öffentlich gemacht werden, was Wettkampf ist und was Geschäft. Sponsoren sollen dann genannt werden, wenn ohne sie eine wichtige Sportveranstaltung nicht stattfinden könnte. Werbung soll nur dann in Wort und Bild weitervermittelt werden, wenn sonst der sportliche Wettkampf nicht dargestellt werden könnte *(Stellungnahme des Presserates vom 12. Dezember 1992 i.S. „Probleme des Reise-, Auto- und Sportjournalismus").*

o) **Politischen Inserate**

Die Redaktionen können sich der Verantwortung für politische Inserate nicht entziehen. Neben rechtlichen gibt es auch ethische Gründe, Inserate aufzunehmen oder abzulehnen. Die wichtigsten Kriterien, die sich aus dem Geist und aus den Ziff. 1 und 7 der „Erklärung der Pflichten und Rechte der Journalistinnen und Journalisten" ergeben und die Anlass sein können, ein Inserat abzulehnen, sind: Menschenverachtung und Diskriminierung, ungerechtfertigte Angriffe auf konkrete Personen, fehlende Fairness, fehlender politischer Anstand *(Stellungnahme des Presserates vom 19. Juni 1998 i.S. „Redaktionelle Mitverantwortung für politische Inserate").*

p) **„Schock-" und „People-" Bilder**

– Medienschaffende sollten sich stets fragen: Was ist zumutbar? Möchte ich selber dieses Bild sehen?
– Sie sollten stets bedenken, was man mit der Publikation eines Bildes anrichtet. Sich dabei auch stets fragen, wer verletzt werden könnte: Die abgebildete Person? Der Betrachter? Oder gar beide?
– Sie sollten abwägen, ob das Recht auf Totenruhe über dem öffentlichen Interesse an der Publikation eines zeitgeschichtlichen Dokuments steht.
– Sie sollten Bilder auf ihre Herkunft und Echtheit überprüfen. Bei Bildern von Nachrichten- und Bildagenturen ist dies Sache der Agenturen.
– Bei Schockbildern von Konflikten und Kriegen sollten sich Medienschaffende fragen: Was zeigen die Bilder wirklich? Sind sie ein zeitgeschichtliches Dokument und somit einmalig? Ist eine Person als Individuum identifizierbar? Wird ihre Menschenwürde verletzt?
– Bei Unglücksfällen, Katastrophen und Verbrechen sollten die Medienschaffenden die Menschenwürde respektieren. Insbesondere im engeren geografischen Raum ist stets auch an Familienangehörige und Freunde der betroffenen Personen zu denken.
– Bei „People"-Bildern sollten Medienschaffende beachten, dass auch Prominente das Recht auf Privatsphäre und auf ihr eigenes Bild haben;
– dass sie Prominente nicht anders behandeln, als sie selber an deren Stelle behandelt werden möchten;
– dass Aufnahmen aus der „Schlüsselloch"-Perspektive, Belagerung und Verfolgungsjagden unlautere Methoden sind und damit gegen den Berufskodex verstossen.

(Stellungnahme des Presserates vom 20. Februar 1998 i.S. „Umgang mit ‚Schock'- und ‚People'-Bildern").

X. Ethik und Medien

q) **Satire**
- Satire in den Medien muss für das Publikum als solche erkennbar sein. Dieser Grundsatz leitet sich vom Recht der Öffentlichkeit ab, die Wahrheit zu erfahren. Er will eine mögliche Irreführung der Hörerin, des Lesers verhindern. Da der Leser gewohnt ist, in den Medien direkte Informationen und Meinungen zu erhalten, muss er speziell darauf aufmerksam gemacht werden, wenn diese Informationen und Meinungen in der Form der Satire erscheinen.
- Der grundsätzlichen Freiheit der Satire sind berufsethische Grenzen gesetzt, soweit andere durch satirische Beiträge betroffene Interessen im Einzelfall schwerer wiegen. So müssen Journalistinnen und Journalisten – auch Satiriker, die Medienbeiträge veröffentlichen – die Privatsphäre und damit auch den Intimbereich des Einzelnen respektieren, wenn nicht das öffentliche Interesse das Gegenteil verlangt.
- Die religiöse Überzeugung des Einzelnen gehört zur Privat- und Intimsphäre ebenso wie besondere körperliche Eigenschaften und letztlich das Sterben. Religiöse Symbole dürfen jedoch trotzdem in der Satire verwendet werden, sofern sie nicht verunglimpft und lächerlich gemacht werden. Ebenso zurückhaltend ist vorzugehen, wenn es um die hinter den religiösen Symbolen stehende Überzeugung, um körperliche Gebrechen und oder um das Sterben des Einzelnen geht.

(*Stellungnahme des Presserates vom 7. November 1996 i.S. „Medienethische Grenzen satirischer Medienbeiträge"*).

r) **Bilder**
- Wir leben in einer Welt der Bilder. Der Zwang zur Visualisierung in der geschriebenen Presse ist durch den Einfluss des Fernsehens gestiegen. Das Bild ist heute grundsätzlich höher zu bewerten als früher. Die Leserschaft erwartet Bilder, und dies insbesondere bei Zeitschriften, bei einem Nachrichtenmagazin.
- Nicht nur, was die Medienschaffenden wie sagen, kann ihnen nicht gleichgültig sein, sondern auch, was sie wie zeigen. Grundsätzlich gelten für Bilder die gleichen berufsethischen Regeln wie für Texte. Menschenwürde und Persönlichkeitsschutz sind in jedem Fall zu achten. Bei heiklen, sensiblen Themen sollen Bilder mit grösster Zurückhaltung und erst nach sorgfältiger Interessenabwägung eingesetzt werden. Die Verantwortung der Medienschaffenden gegenüber der Öffentlichkeit gilt auch in Bezug auf Bilder.
- Computergestützte Bilder, nachgestellte Aufnahmen, Studioaufnahmen usw. sind in jedem Fall ausdrücklich als solche zu bezeichnen und damit für die Leserschaft klar erkenntlich zu machen.

X. Ethik und Medien

– Studioaufnahmen zu sensiblen Themen bergen die Gefahr der Verletzung der Menschenwürde in sich. Die bildlich-ästhetische Verniedlichung verbrecherischen Handelns kommt einer Entstellung von Tatsachen gleich.
(Stellungnahme des Presserates vom 20. Februar 1998 i.S. „Bilder sexueller Gewalt").

s) Unabhängigkeit in Strafverfahren

Wenn ein Journalist in einem Strafverfahren die Stellung als Vertrauensperson im Sinne des Opferhilfegesetzes innehat und gleichzeitig über diesen Fall journalistisch berichtet, ist seine Unabhängigkeit tendenziell beeinträchtigt und es besteht die Gefahr einer Instrumentalisierung für Parteiinteressen. Journalisten sollten deshalb in diesem Fall am besten in den Ausstand treten. Ist dies ausnahmsweise nicht möglich, ist gegenüber dem Publikum jederzeit Transparenz herzustellen *(Stellungnahme des Presserates vom 10. März 1999 i.S. „Lauterkeit der Recherche/Unabhängigkeit/Namensnennung").*

2.2 Charta „Qualität im Journalismus"

Am 18. März 1999 haben Vertreter diverser Verlage und Journalistenorganisationen, der SRG/SSR sowie der Wissenschaft den „Verein zur Qualitätssicherung im Journalismus" gegründet. Ziel des Vereins ist es, Instrumente und Verfahren zu entwickeln und zu verbreiten, die geeignet sind, die Qualität journalistischer Dienstleistungen zu heben und zu messen. Die zu diesem Zweck erlassene Charta „Qualität im Journalismus" geht davon aus, dass die Medien einen „wesentlichen Beitrag zur unabhängigen Information, zur freien Meinungsbildung, zur demokratischen Auseinandersetzung, zur kulturellen Entfaltung und zur Identität unserer Gesellschaft" leisten und sich folglich guter Journalismus kritisch und selbstkritisch mit der Qualitätsdebatte auseinander zu setzten hat.

Die Charta „Qualität im Journalismus" enthält einen allgemeinen Teil, der ihre Stossrichtung bestimmt; in zwölf Postulaten werden sodann die Merkmale und Aspekte journalistischer Qualität definiert. Es handelt sich dabei um die folgenden qualitätssichernden Merkmale:

1. *Ethische Richtschnur:* Als Richtschnur gilt der Berufskodex des Schweizer Presserates, d.h. die „Erklärung der Pflichten und Rechte der Journalistinnen und Journalisten".

2. *Leitplanken:* Medienunternehmen sollen Leitbilder formulieren, qualitative Standards definieren und ein Redaktionsstatut schaffen.

3. *Aus- und Weiterbildung:* Journalistinnen und Journalisten sollen an Universitäten, Fachhochschulen, Journalistenschulen und in Medienunternehmen geschult werden.

4. *Individuelle Kompetenz:* Die Auswahl von Journalistinnen und Journalisten ist an Qualitätsstandards zu messen.

5. *Gute Arbeitsbedingungen und soziale Sicherheit:* Medienschaffenden ist Zugang zu modernen Infrastrukturen und zu relevanten Informationsquellen zu gewähren.

6. *Beherrschung des journalistischen Handwerks:* Journalistinnen und Journalisten haben belastende und beleidigende Begriffe zu vermeiden und sich um einen guten Stil und eine gepflegte Sprache zu bemühen.

7. *Recherche:* Das Medienunternehmen hat für die notwendigen Ressourcen zu sorgen; Medienschaffende sind angehalten, sorgfältig zu arbeiten; sie sind unbefangen und offen für jedes Ergebnis bei den Recherchen.

8. *Zuverlässige Quellen:* Journalistinnen und Journalisten überprüfen fragwürdige Quellen und stellen Transparenz über die Quellen her.

9. *Unabhängigkeit der Medienschaffenden:* Die Medien verpflichten sich gegenüber der Öffentlichkeit, sie trennen redaktionelle Inhalte von der Werbung, unterscheiden zwischen Journalismus und Public Relations und halten Bericht und Kommentar auseinander.

10. *Interne Kritikkultur:* Texte sollen gegengelesen werden und das Ergebnis in Blatt- und Sendekritiken aufgenommen werden; Fehler sind aus eigenem Antrieb zu berichten.

11. *Externe Medienkritik:* Medienschaffende haben sich permanent mit den Medien auseinander zu setzen. Stellungnahmen des Presserates und der Ombudsstellen sind zu veröffentlichen.

12. *Neue Erkenntnisse:* Medienschaffende sind an der wissenschaftlichen Forschung interessiert und arbeiten mit ihr zusammen.

2.3 Internationaler Berufskodex?

Im Jahre 1992 wurde die Weltvereinigung der Presseräte (World Association of Press Councils, WAPC), die sich Fragen rund um die Medienethik widmet, gegründet. Infolge der Globalisierung wird zurzeit pro und contra eines weltweit verbindlichen Ethik-Kodexes für Medienschaffende diskutiert. Gegner eines solchen Kodexes machen geltend, dass das Instrument letztlich nicht für, sondern gegen die freie Presse eingesetzt werden könnte; Befürworter weisen darauf hin, dass Qualität und Ansehen der Medien einer Steigerung bedürften.

3. Organisatorische Qualitätssicherung

3.1 Redaktionsstatut

Das Redaktionsstatut ist eine zwischen Redaktion und Verlag ausgearbeitete Vereinbarung. Es bestimmt *verlegerische Zielsetzungen*, legt *publizistische Grundsätze* fest, regelt die *Organisation der Redaktion* im Rahmen des Gesamtunternehmens und umschreibt ihre *Anhörungs- und Orientierungsrechte*. Neben Auflage und Aufmachung wird darin die politische, wirtschaftliche, weltanschauliche, soziale und religiöse Grundhaltung festgehalten.

3.2 Interne Richtlinien

Die meisten Redaktionen erlassen interne Richtlinien, die sich an die beim Unternehmen angestellten Medienschaffenden richten und konkrete *Verhaltensweisen* zu diversen Themen festlegen (z.B. Umgang mit Bildern des Leidens und extrem Elends, Interviews mit Kindern, Berichterstattung über Flugzeugentführungen und Geiselnahmen, Berichterstattung bei religiösen Themen etc.).

3.3 Interne Beschwerdeverfahren

Auch Printmedien setzen vermehrt Ombudsstellen für die Behandlung von Beanstandungen bei der Presseberichterstattung ein. Solche Ombudsstellen haben, analog zu den gesetzlich vorgeschriebenen Ombudsstellen bei Radio und Fernsehen (vgl. Teil VI 8.2.1), eine *vermittelnde Funktion*, jedoch in der Regel *keine Entscheidungs- oder Weisungsbefugnis*. Ziel der Ombudsstellen ist es, Konflikte gütlich zu bereinigen, um dadurch Prozesskosten einzusparen und Reputationsschäden zu verhindern.

4. Zusammenfassung

Angesichts der zunehmenden Bedeutung der Information und Kommunikation sowie der damit verbundenen Kommerzialisierung werden vermehrt journalistische Konzepte zur Qualitätssicherung diskutiert. Das staatlich gesetzte Recht ist nur eine mögliche Form der Festlegung verbindlicher Regeln; darüber hinaus lassen sich verbindliche Verhaltensprinzipien auch mit dem Mittel der *Selbstregulierung* festsetzen. Für die Medien stehen dabei die „Erklärung der Pflichten und Rechte der Journalistinnen und Journalisten" und die Charta „Qualität im Journalismus" im Vordergrund. Auf innerredaktioneller Ebene legen das Redaktionsstatut sowie interne Richtlinien publizistische Grundsätze fest. Darüber hinaus werden auch in der Presse vermehrt Ombudsstellen für die Behandlung von Beanstandungen eingesetzt.

5. Repetitionsfragen zu Ethik und Medien

1. Welche Selbstregulierungsorganisationen gibt es im Medienbereich?
2. Welches sind die Aufgaben des Schweizer Presserates?
3. Was ist die „Erklärung der Pflichten und Rechte der Journalistinnen und Journalisten"?
4. Welche Spielregeln gelten bei der Veröffentlichung von Leserbriefen?
5. Wer trägt die Verantwortung für die Veröffentlichung von Leserbriefen?
6. Dürfen „Schock"-Bilder veröffentlicht werden?
7. Was versteht man unter Satire und wo liegen die Grenzen?
8. Darf ein journalistisches Interview gekürzt werden? Wenn ja, wie?
9. Was beinhaltet die Charta „Qualität im Journalismus"?
10. Wie lässt sich Qualität organisatorisch sichern?

Anhang

Erklärung der Pflichten und Rechte der Journalistinnen und Journalisten

Präambel

Das Recht auf Information, auf freie Meinungsäusserung und auf Kritik ist ein grundlegendes Menschenrecht.

Journalistinnen und Journalisten sichern den gesellschaftlich notwendigen Diskurs. Aus dieser Verpflichtung leiten sich ihre Pflichten und Rechte ab.

Die Verantwortlichkeit der Journalistinnen und Journalisten gegenüber der Öffentlichkeit hat den Vorrang vor jeder anderen, insbesondere vor ihrer Verantwortlichkeit gegenüber ihren Arbeitgebern und gegenüber staatlichen Organen.

Die Journalistinnen und Journalisten auferlegen sich freiwillig die bei der Erfüllung ihrer Informationsaufgabe einzuhaltenden Regeln; diese sind in der nachstehenden Erklärung der Pflichten der Journalistinnen und Journalisten festgelegt.

Um die journalistischen Pflichten in Unabhängigkeit und in der erforderlichen Qualität erfüllen zu können, braucht es entsprechende berufliche Rahmenbedingungen; diese sind Gegenstand der anschliessenden Erklärung der Rechte der Journalistinnen und Journalisten.

Erklärung der Pflichten der Journalistinnen und Journalisten

Die Journalistinnen und Journalisten lassen sich bei der Beschaffung, der Auswahl, der Redaktion, der Interpretation und der Kommentierung von Informationen, in Bezug auf die Quellen, gegenüber den von der Berichterstattung betroffenen Personen und der Öffentlichkeit vom Prinzip der Fairness leiten. Sie sehen dabei folgende Pflichten als wesentlich an:

1. Sie halten sich an die Wahrheit ohne Rücksicht auf die sich daraus für sie ergebenden Folgen und lassen sich vom Recht der Öffentlichkeit leiten, die Wahrheit zu erfahren.
2. Sie verteidigen die Freiheit der Information, die sich daraus ergebenden Rechte, die Freiheit des Kommentars und der Kritik sowie die Unabhängigkeit und das Ansehen ihres Berufes.
3. Sie veröffentlichen nur Informationen, Dokumente, Bilder und Töne, deren Quellen ihnen bekannt sind. Sie unterschlagen keine wichtigen Elemente von Informationen und entstellen weder Tatsachen, Dokumente, Bilder und Töne noch von anderen geäusserte Meinungen. Sie bezeichnen unbestätigte Meldungen, Bild- und Tonmontagen ausdrücklich als solche.
4. Sie bedienen sich bei der Beschaffung von Informationen, Tönen, Bildern und Dokumenten keiner unlauteren Methoden. Sie bearbeiten nicht oder lassen nicht Bilder bearbeiten zum Zweck der irreführenden Verfälschung des Originals. Sie begehen kein Plagiat.

5. Sie berichten jede von ihnen veröffentlichte Meldung, deren materieller Inhalt sich ganz oder teilweise als falsch erweist.
6. Sie wahren das Redaktionsgeheimnis und geben die Quellen vertraulicher Informationen nicht preis.
7. Sie respektieren die Privatsphäre der einzelnen Personen, sofern das öffentliche Interesse nicht das Gegenteil verlangt. Sie unterlassen anonyme und sachlich nicht gerechtfertigte Anschuldigungen.
8. Sie respektieren die Menschenwürde und verzichten in ihrer Berichterstattung in Text, Bild und Ton auf diskriminierende Anspielungen, welche die ethnische oder nationale Zugehörigkeit, die Religion, das Geschlecht, die sexuelle Orientierung, Krankheiten sowie körperliche oder geistige Behinderung zum Gegenstand haben. Die Grenzen der Berichterstattung in Text, Bild und Ton über Kriege, terroristische Akte, Unglücksfälle und Katastrophen liegen dort, wo das Leid der Betroffenen und die Gefühle ihrer Angehörigen nicht respektiert werden.
9. Sie nehmen weder Vorteile noch Versprechungen an, die geeignet sind, ihre berufliche Unabhängigkeit und die Äusserung ihrer persönlichen Meinung einzuschränken.
10. Sie vermeiden in ihrer beruflichen Tätigkeit als Journalistinnen und Journalisten jede Form von kommerzieller Werbung und akzeptieren keinerlei Bedingungen von Seiten der Inserentinnen und Inserenten.
11. Sie nehmen journalistische Weisungen nur von den hierfür als verantwortlich bezeichneten Mitgliedern ihrer Redaktion entgegen, und akzeptieren sie nur dann, wenn diese zur Erklärung der Pflichten der Journalistinnen und Journalisten nicht im Gegensatz stehen.

Journalistinnen und Journalisten, welche dieser Bezeichnung würdig sind, halten es für ihre Pflicht, die Grundsätze dieser Erklärung getreulich zu befolgen. In Anerkennung der bestehenden Gesetze jedes Landes nehmen sie in Berufsfragen nur das Urteil ihrer Berufskolleginnen und -kollegen, des Presserates oder ähnlich legitimierter berufsethischer Organe an. Sie weisen dabei insbesondere jede Einmischung einer staatlichen oder irgendeiner anderen Stelle zurück.

Erklärung der Rechte der Journalistinnen und Journalisten

Damit die Journalistinnen und Journalisten die von ihnen übernommenen Pflichten erfüllen können, müssen sie zum mindesten folgende Rechte beanspruchen können:

a. Sie haben freien Zugang zu allen Informationsquellen und die Freiheit zur unbehinderten Ermittlung aller Tatsachen, die von öffentlichem Interesse sind; die Geheimhaltung öffentlicher oder privater Angelegenheiten kann dabei den Journalistinnen und Journalisten gegenüber nur in Ausnahmefällen und nur mit klarer Darlegung der Gründe geltend gemacht werden.
b. Sie dürfen nicht veranlasst werden, beruflich etwas zu tun oder zu äussern, was den Berufsgrundsätzen oder ihrem Gewissen widerspricht. Aus dieser Haltung dürfen ihnen keinerlei Nachteile erwachsen.
c. Sie dürfen jede Weisung und jede Einmischung zurückweisen, die gegen die allgemeine Linie ihres Publikationsorgans verstossen. Diese allgemeine Linie muss ihnen

vor ihrer Anstellung schriftlich mitgeteilt werden; ihre einseitige Änderung oder Widerrufung ist unstatthaft und stellt einen Vertragsbruch dar.

d. Sie haben Anspruch auf Transparenz über die Besitzverhältnisse ihres Arbeitgebers. Sie müssen als Mitglied einer Redaktion vor jeder wichtigen Entscheidung, die Einfluss auf den Gang des Unternehmens hat, rechtzeitig informiert und angehört werden. Die Redaktionsmitglieder sind insbesondere vor dem definitiven Entscheid über Massnahmen zu konsultieren, welche eine grundlegende Änderung in der Zusammensetzung der Redaktion oder ihrer Organisation zur Folge haben.

e. Sie haben Anspruch auf eine angemessene berufliche Aus- und Weiterbildung.

f. Sie haben Anspruch auf eine klare Regelung der Arbeitsbedingungen durch einen Kollektivvertrag. Darin ist festzuhalten, dass ihnen durch ihre Tätigkeit in den Berufsorganisationen keine persönlichen Nachteile entstehen dürfen.

g. Sie haben das Recht auf einen persönlichen Anstellungsvertrag, der ihnen ihre materielle und moralische Sicherheit gewährleisten muss. Vor allem soll durch eine angemessene Entschädigung ihrer Arbeit, die ihrer Funktion, ihrer Verantwortung und ihrer sozialen Stellung Rechnung trägt, ihre wirtschaftliche Unabhängigkeit als Journalistinnen und Journalisten sichergestellt werden.

Diese „Erklärung" wurde an der konstituierenden Sitzung des Stiftungsrats der Stiftung „Schweizer Presserat" vom 21. Dezember 1999 verabschiedet.

Richtlinien zur Erklärung der Pflichten und Rechte der Journalistinnen und Journalisten

> **Ziff. 1 der „Erklärung der Pflichten"**
> Sie halten sich an die Wahrheit ohne Rücksicht auf die sich daraus für sie ergebenden Folgen und lassen sich vom Recht der Öffentlichkeit leiten, die Wahrheit zu erfahren.

Richtlinie 1.1   Wahrheitssuche
Die Wahrheitssuche stellt den Ausgangspunkt der Informationstätigkeit dar. Sie setzt die Beachtung verfügbarer und zugänglicher Daten, die Achtung der Integrität von Dokumenten (Text, Ton und Bild), die Überprüfung und die allfällige Berichtigung voraus. Diese Aspekte werden nachfolgend unter den Ziffern 3, 4 und 5 der „Erklärung der Pflichten" behandelt.

> **Ziff. 2 der „Erklärung der Pflichten"**
> Sie verteidigen die Freiheit der Information, die sich daraus ergebenden Rechte, die Freiheit des Kommentars und der Kritik sowie die Unabhängigkeit und das Ansehen ihres Berufes.

Richtlinie 2.1   Informationsfreiheit
Die Informationsfreiheit ist die wichtigste Voraussetzung der Wahrheitssuche. Es obliegt allen Journalistinnen und Journalisten, dieses Grundprinzip allgemein und individuell zu verteidigen. Der Schutz dieser Freiheit wird durch die Ziffern 6, 9, 10 und 11 der „Erklärung der Pflichten" und durch die „Erklärung der Rechte" gewährleistet.

Richtlinie 2.2   Meinungspluralismus
Der Meinungspluralismus trägt zur Verteidigung der Informationsfreiheit bei. Er ist notwendig, wenn sich ein Medium in einer Monopolsituation befindet.

Richtlinie 2.3   Trennung von Fakten und Kommentar
Journalistinnen und Journalisten achten darauf, dass das Publikum zwischen Fakten und kommentierenden, kritisierenden Einschätzungen unterscheiden kann.

Richtlinie 2.4   Öffentliche Funktionen
Die Ausübung des Berufes der Journalistin, des Journalisten ist grundsätzlich nicht mit der Ausübung einer öffentlichen Funktion vereinbar. Wird eine politische Tätigkeit aufgrund besonderer Umstände ausnahmsweise wahrgenommen, ist auf eine strikte Trennung der Funktionen zu achten. Zudem muss die politische Funktion dem Publikum zur Kenntnis gebracht werden. Interessenkonflikte schaden dem Ansehen der Medien und der Würde des Berufs. Dieselben Regeln gelten auch für private Tätigkeiten, die sich mit der Informationstätigkeit überschneiden könnten.

Richtlinie 2.5 Exklusivverträge
Exklusivverträge mit Trägerinnen und Trägern von Informationen dürfen nicht Vorgänge oder Ereignisse zum Gegenstand haben, die für die Information der Öffentlichkeit und die Meinungsbildung von erheblicher Bedeutung sind. Wenn solche Verträge ein Informationsmonopol etablieren, indem sie andere Medien vom Zugang zu Informationen ausschliessen, beeinträchtigen sie die Pressefreiheit.

> **Ziff. 3 der „Erklärung der Pflichten"**
> **Sie veröffentlichen nur Informationen, Dokumente, Bilder und Töne, deren Quellen ihnen bekannt sind. Sie unterschlagen keine wichtigen Elemente von Informationen und entstellen weder Tatsachen, Dokumente, Bilder und Töne noch von anderen geäusserte Meinungen. Sie bezeichnen unbestätigte Meldungen, Bild- und Tonmontagen ausdrücklich als solche.**

Richtlinie 3.1 Quellenbearbeitung
Ausgangspunkt der journalistischen Sorgfaltspflichten bildet die Überprüfung der Quelle einer Information und ihrer Glaubwürdigkeit. Eine genaue Bezeichnung der Quelle eines Beitrags liegt im Interesse des Publikums, sie ist vorbehältlich eines überwiegenden Interesses an der Geheimhaltung einer Quelle unerlässlich, wenn dies zum Verständnis der Information wichtig ist.

Richtlinie 3.2 Medienmitteilungen
Medienmitteilungen von Behörden, Parteien, Verbänden, Unternehmen oder anderer Interessengruppen sind als solche zu kennzeichnen.

Richtlinie 3.3 Archivdokumente
Archivdokumente sind ausdrücklich als solche zu kennzeichnen, allenfalls mit Angabe des Datums der Erstveröffentlichung.

Richtlinie 3.4 Illustrationen
Bilder oder Filmsequenzen mit Illustrationsfunktion, die ein Thema, Personen oder einen Kontext ins Bild rücken, die keinen direkten Zusammenhang mit dem Textinhalt haben (Symbolbilder), sollen als solche erkennbar sein. Sie sind klar von Bildern mit Dokumentations- und Informationsgehalt unterscheidbar zu machen, die zum Gegenstand der Berichterstattung einen direkten Bezug herstellen.

Richtlinie 3.5 Fiktive Sequenzen
Fiktive Sequenzen und gestellte Bilder, die in Fernsehberichten und Reportagen von Schauspielerinnen bzw. Schauspielern stellvertretend für die von einer Berichterstattung betroffenen realen Personen gespielt werden, sind klar als solche zu kennzeichnen.

Richtlinie 3.6 Montagen
Foto- und Videomontagen sind gerechtfertigt, soweit sie dazu dienen, einen Sachverhalt zu erklären, eine Mutmassung zu illustrieren, kritische Distanz zu wahren, oder wenn sie einen satirischen Angriff enthalten. Sie sind in jedem Fall deutlich als solche zu kennzeichnen, damit für das Publikum keine Verwechslungsgefahr besteht.

Richtlinie 3.7 Meinungsumfragen
Bei der Veröffentlichung von Meinungsumfragen sollten die Medien dem Publikum immer alle Informationen zugänglich machen, die für das Verständnis der Umfrage nützlich sind: Mindestens Zahl der befragten Personen, Repräsentativität, mögliche Fehlerquote, Erhebungsgebiet, Zeitraum der Befragung, Auftraggeberin/Auftraggeber. Aus dem Text sollten auch die konkreten Fragen inhaltlich korrekt hervorgehen.

Richtlinie 3.8 Anhörungen bei schweren Vorwürfen
Aus dem Fairnessprinzip und dem ethischen Gebot der Anhörung beider Seiten („Audiatur et altera pars") leitet sich die Pflicht der Journalistinnen und Journalisten ab, Betroffene vor der Publikation schwerer Vorwürfe anzuhören. Deren Stellungnahme ist im gleichen Medienbericht kurz und fair wiederzugeben. Ausnahmsweise kann auf die Anhörung verzichtet werden, wenn dies durch ein überwiegendes öffentliches Interesse gerechtfertigt ist.
Der von schweren Vorwürfen betroffenen Partei muss nicht derselbe Umfang im Bericht zugestanden werden wie der Kritik. Aber die Betroffenen sollen sich zu den schweren Vorwürfen äussern können.

Ziff. 4 der „Erklärung der Pflichten"
Sie bedienen sich bei der Beschaffung von Informationen, Tönen, Bildern und Dokumenten keiner unlauteren Methoden. Sie bearbeiten nicht oder lassen nicht Bilder bearbeiten zum Zweck der irreführenden Verfälschung des Originals. Sie begehen kein Plagiat.

Richtlinie 4.1 Verschleierung des Berufs
Es ist unlauter, bei der Beschaffung von Informationen, Tönen, Bildern und Dokumenten, die zur Veröffentlichung vorgesehen sind, den Beruf als Journalistin/Journalist zu verschleiern.

Richtlinie 4.2 Verdeckte Recherchen
Verdeckte Recherchen sind ausnahmsweise zulässig, wenn ein überwiegendes öffentliches Interesse an den damit recherchierten Informationen besteht und wenn diese Informationen nicht auf andere Weise beschafft werden können. Sie sind weiter zulässig, wenn Ton- oder Bildaufnahmen Journalistinnen und Journalisten gefährden würden, immer ein überwiegendes öffentliches Interesse an diesen Aufnahmen vorausgesetzt. Besondere Beachtung ist der Wahrung des Persönlichkeitsschutzes von zufällig anwesenden Personen zu schenken. Journalistinnen und Journalisten dürfen den Rückgriff auf an sich unlautere Methoden auch in diesen Ausnahmefällen aus Gewissensgründen ablehnen.

Richtlinie 4.3 Bezahlung von Informantinnen/Informanten
Die Bezahlung von Informantinnen/Informanten, die nicht zum Berufsstand gehören, ist grundsätzlich nicht zulässig, da dadurch der Informationsfluss und der Inhalt der Information beeinträchtigt werden kann. Vorbehalten sind Fälle eines überwiegenden öffentlichen Interesses. Der Kauf von Informationen oder Bildern von Personen, die in ein Gerichtsverfahren verwickelt sind, ist untersagt. Vorbehalten ist die Rechtfertigung durch ein überwiegendes öffentliches Interesse, sofern die Information nicht auf andere Weise beschafft werden kann.

Richtlinie 4.4 Sperrfristen

Wenn eine Information oder ein Dokument mit einer gerechtfertigten Sperrfrist (Abgabe von Texten noch nicht gehaltener Reden; Beeinträchtigung wichtiger Interessen bei einer verfrühten Publikation usw.) an ein oder mehrere Medien übergeben wird, ist diese Sperrfrist zu respektieren. Sperrfristen dürfen nicht Werbezwecken dienen. Hält eine Redaktion eine Sperrfrist nicht für gerechtfertigt, hat sie die Quelle über ihre Absicht, umgehend an die Öffentlichkeit zu gehen, zu informieren, damit die Quelle die übrigen Medien benachrichtigen kann.

Richtlinie 4.5 Interview

Das Interview basiert auf einer Vereinbarung zwischen zwei Partnerinnen/Partnern, welche die dafür geltenden Regeln festlegen. Besondere Bedingungen vor der Aufzeichnung (Beispiel: Verbot, gewisse Fragen zu stellen) sind bei der Publikation öffentlich zu machen. Im Normalfall müssen Interviews autorisiert werden. Ohne ausdrückliches Einverständnis des Gesprächspartners sind Medienschaffende nicht befugt, aus einem Gespräch nachträglich ein Interview zu konstruieren.

Die interviewte Person darf bei der Autorisierung keine wesentlichen Änderungen vornehmen (Veränderungen des Sinnes, Streichung oder Hinzufügung von Fragen). Sie kann aber offensichtliche Irrtümer korrigieren. Auch bei starken Kürzungen soll die interviewte Person ihre Äusserungen im Text wiedererkennen können. Ist keine Einigung zu erzielen, haben Medienschaffende das Recht, auf eine Publikation zu verzichten oder den Vorgang transparent zu machen. Wenn beide Seiten mit einer Fassung einverstanden sind, kann hinterher nicht mehr auf frühere Fassungen zurückgegriffen werden.

Richtlinie 4.6 Recherchegespräche

Journalistinnen und Journalisten sollen ihre Gesprächspartner über das Ziel des Recherchegesprächs informieren. Medienschaffende dürfen Statements ihrer Gesprächspartner bearbeiten und kürzen, soweit dies die Äusserungen nicht entstellt. Der befragten Person muss bewusst sein, dass sie eine Autorisierung der zur Publikation vorgesehenen Äusserungen verlangen darf.

Richtlinie 4.7 Plagiat

Wer ein Plagiat begeht, d.h. wer Informationen, Präzisierungen, Kommentare, Analysen und sämtliche anderen Informationsformen von einer Berufskollegin, einem Berufskollegen ohne Quellenangabe in identischer oder anlehnender Weise übernimmt, handelt unlauter gegenüber seinesgleichen.

Ziff. 5 der „Erklärung der Pflichten"
Sie berichtigen jede von ihnen veröffentlichte Meldung, deren materieller Inhalt sich ganz oder teilweise als falsch erweist.

Richtlinie 5.1 Berichtigungspflicht

Die Berichtigungspflicht wird von den Medienschaffenden unverzüglich von sich aus wahrgenommen und ist Teil der Wahrheitssuche. Die materielle Unrichtigkeit betrifft die Fakten und nicht die sich auf erwiesene Fakten abstützenden Werturteile.

Richtlinie 5.2 Leserinnen- und Leserbriefe
Die berufsethischen Normen gelten auch für die Veröffentlichung von Leserinnen- und Leserbriefen. Der Meinungsfreiheit ist aber gerade auf der Leserbriefseite ein grösstmöglicher Freiraum zuzugestehen, weshalb die Leserbriefredaktion nur bei offensichtlichen Verletzungen der „Erklärung der Pflichten und Rechten der Journalistinnen" einzugreifen hat. Leserinnen- und Leserbriefe sind vom Autor oder der Autorin zu zeichnen. Sie werden nur bei begründeten Ausnahmen anonym abgedruckt. Leserinnen- und Leserbriefe dürfen redigiert und dem Sinn entsprechend gekürzt werden. Aus Transparenzgründen sollte die Leserinnen- und Leserbriefseite einen regelmässigen Hinweis enthalten, dass sich die Redaktion das Kürzungsrecht vorbehält. Von der Kürzung ausgenommen sind Fälle, in denen ein Leserinnen- und Leserbriefschreiber oder eine Leserinnen- und Leserbriefschreiberin auf den Abdruck des integralen Textes besteht. Dann ist entweder diesem Wunsch nachzugeben oder die Veröffentlichung abzulehnen.

Ziff. 6 der „Erklärung der Pflichten"
Sie wahren das Redaktionsgeheimnis und geben die Quellen vertraulicher Informationen nicht preis.

Richtlinie 6.1 Redaktionsgeheimnis
Die Berufspflicht, das Redaktionsgeheimnis zu wahren, geht weiter als das gesetzliche Zeugnisverweigerungsrecht. Das Redaktionsgeheimnis schützt die Quellen der Journalistinnen und Journalisten (Notizen, Adressen, Ton- und Bildaufnahmen usw.). Es schützt Informantinnen und Informanten, sofern sie ihre Mitteilungen unter der Voraussetzung abgegeben haben, dass sie bei einer Publikation nicht identifizierbar gemacht werden dürfen.

Richtlinie 6.2 Ausnahmen des Quellenschutzes
Journalistinnen und Journalisten haben ungeachtet der gesetzlichen Ausnahmeregelungen des Zeugnisverweigerungsrechts in jedem Einzelfall eine Interessenabwägung zwischen dem Recht der Öffentlichkeit auf Information und anderen schützenswerten Interessen vorzunehmen. In Extremfällen können sich Journalistinnen und Journalisten von der abgegebenen Zusicherung der Vertraulichkeit entbunden fühlen. Dies gilt insbesondere dann, wenn sie Kenntnis von besonders schweren Verbrechen oder Drohungen erhalten, ebenso bei Angriffen auf die innere oder äussere Sicherheit des Staates.

Ziff. 7 der „Erklärung der Pflichten"
Sie respektieren die Privatsphäre der einzelnen Person, sofern das öffentliche Interesse nicht das Gegenteil verlangt. Sie unterlassen anonyme und sachlich nicht gerechtfertigte Anschuldigungen.

Richtlinie 7.1 Privatsphäre
Jede Person hat Anspruch auf den Schutz ihres Privatlebens. Journalistinnen und Journalisten dürfen im Privatbereich niemanden ohne Einwilligung aufnehmen. Ebenso ist die Belästigung von Personen in ihrem Privatbereich (Eindringen in Häuser, Verfolgung, Auflauern, telefonische Behelligung usw.) zu unterlassen. Dies gilt in besonderem Masse, wenn sie gebeten haben, in Ruhe gelassen zu werden. Auch im öffentlichen Bereich ist das Fotografieren oder Filmen von Privatpersonen nur dann ohne Einwilligung der Betroffenen zulässig, wenn sie

auf dem Bild nicht herausgehoben werden. Hingegen ist es im Rahmen des öffentlichen Interesses erlaubt, über Auftritte von Personen im Gemeinbereich auch bildlich zu berichten.

Richtlinie 7.2   Personen in Notsituationen
Besondere Zurückhaltung ist bei Personen geboten, die sich in einer Notsituation befinden oder unter dem Schock eines Ereignisses stehen sowie bei Trauernden. Dies gilt sowohl für die Betroffenen als auch ihre Familien und Angehörigen. Interviews in Spitälern und ähnlichen Institutionen dürfen nur mit Einwilligung der Verantwortlichen realisiert werden.

Richtlinie 7.3   Personen des öffentlichen Lebens
Fotografien und Fernsehbilder von Personen des öffentlichen Lebens haben dem Umstand Rechnung zu tragen, dass auch diese Personen ein Recht auf eine Privatsphäre und auf ihr eigenes Bild haben. Journalistinnen und Journalisten können davon ausgehen, dass Prominente nicht daran interessiert sind, anders behandelt zu werden, als die Medienschaffenden selber an deren Stelle behandelt werden möchten.

Richtlinie 7.4   Kinder
Kinder bedürfen eines besonderen Schutzes; dies gilt auch für Kinder von Prominenten oder weiteren Personen, die Gegenstand des Medieninteresses sind. Besondere Zurückhaltung ist angezeigt bei der Berichterstattung im Zusammenhang mit Kindern (sei es als Opfer, mögliche TäterInnen oder als ZeugInnen) bei Gewaltverbrechen. Dies gilt vor allem bei Befragungen.

Richtlinie 7.5   Unschuldsvermutung
Bei der Gerichtsberichterstattung ist der Unschuldsvermutung Rechnung zu tragen. Nach einer eventuellen Verurteilung haben Journalistinnen und Journalisten auf die Familie und die Angehörigen der/des Verurteilten, wie auch auf die Resozialisierungschancen Rücksicht zu nehmen.

Richtlinie 7.6   Namensnennung
In Anwendung der vorgenannten Bestimmung veröffentlichen Journalistinnen und Journalisten grundsätzlich weder Namen noch andere Angaben, die eine Identifikation einer von einem Gerichtsverfahren betroffenen Person durch Dritte ermöglichen, die nicht zu Familie, sozialem oder beruflichem Umfeld gehören, also ausschliesslich durch die Medien informiert werden. Ausnahmen von dieser Grundregel sind zulässig:
- wenn dies durch ein überwiegendes öffentliches Interesse gerechtfertigt ist;
- wenn die betroffene Person mit einem politischen Amt oder einer staatlichen Funktion betraut ist und wenn sie beschuldigt wird, damit unvereinbare Handlungen begangen zu haben;
- wenn eine Person in der Öffentlichkeit allgemein bekannt ist; diese Ausnahme ist mit Zurückhaltung anzuwenden; zudem müssen die vorgeworfenen Handlungen im Zusammenhang mit der Bekanntheit stehen;
- wenn die betroffene Person ihren Namen im Zusammenhang mit dem Verfahren selber öffentlich macht oder ausdrücklich in die Veröffentlichung einwilligt;
- sowie wenn die Namensnennung notwendig ist, um eine für Dritte nachteilige Verwechslung zu vermeiden.

Richtlinie 7.7 Nichteröffnung, Einstellung und Freispruch
Wenn eine Person in ein Gerichtsverfahren verwickelt ist, welches mit Nichteröffnung, Einstellung oder Freispruch erledigt wird, muss die Art und Weise der entsprechenden Berichterstattung in einem angemessenen Verhältnis zur ursprünglichen Präsentation des Falles stehen. Wenn der Name der betroffenen Person genannt wurde oder diese sonstwie identifizierbar war, ist bei der Berichterstattung über den Gerichtsentscheid diesem Umstand angemessen Rechung zu tragen.

Richtlinie 7.8 Sexualdelikte
Bei Sexualdelikten ist den Interessen der Opfer besondere Rechnung zu tragen. Es dürfen keine Begriffe verwendet werden, die eine Identifikation des Opfers ermöglichen. Sofern Minderjährige betroffen sind, ist bei der Verwendung des Begriffs „Inzest" besondere Vorsicht geboten.

Richtlinie 7.9 Suizid
Bei der Berichterstattung über den Tod eines Menschen wird die Grenze zum Intimbereich überschritten. Darum müssen die Massenmedien bei Suizidfällen grösste Zurückhaltung üben. Ausnahmsweise darf über Suizide in folgenden Fällen berichtet werden:
- wenn sie grosses öffentliches Aufsehen erregen;
- wenn sich Personen des öffentlichen Lebens das Leben nehmen und ihr Handeln zumindest in einem vermuteten öffentlichen Zusammenhang steht;
- wenn sie im Zusammenhang mit einem von der Polizei gemeldeten Verbrechen stehen;
- wenn sie Demonstrationscharakter haben und auf ein ungelöstes Problem aufmerksam machen wollen;
- wenn dadurch eine öffentliche Diskussion ausgelöst wird;
- wenn Gerüchte und Anschuldigungen im Umlauf sind.

Richtlinie 7.10 Bilder von Kriegen, Konflikten und Prominenten
Bei Fotografien und Fernsehbildern von Kriegen und Konflikten, Terrorakten und Prominenten sind vor der Publikation oder Ausstrahlung die nachfolgenden Fragen sorgfältig zu prüfen:
- Was stellen die Fotografien oder die Bilder genau dar?
- Ist die im Bild dargestellte Szene geeignet, die abgebildete(n) Person(en), die Betrachterin, den Betrachter oder beide zu verletzen?
- Sofern das Bild einen historischen Moment dokumentiert: überwiegt nicht das Recht auf Totenruhe gegenüber dem Interesse der Öffentlichkeit an einer Publikation?
- Ist bei Archivbildern die Einwilligung für eine neuerliche Publikation gegeben worden? Befindet sich die abgebildete Person noch immer in der gleichen Situation?

Ziff. 8 der „Erklärung der Pflichten"
Sie respektieren die Menschenwürde und verzichten in ihrer Berichterstattung in Text, Bild und Ton auf diskriminierende Anspielungen, welche die ethnische oder nationale Zugehörigkeit, die Religion, das Geschlecht, die sexuelle Orientierung, Krankheiten sowie körperliche oder geistige Behinderung zum Gegenstand haben. Die Grenzen der Berichterstattung in Text, Bild und Ton über Kriege, terroristische Akte, Unglücksfälle und Katastrophen liegen dort, wo das Leid der Betroffenen und die Gefühle ihrer Angehörigen nicht respektiert werden.

Richtlinie 8.1 Achtung der Menschenwürde
Die Informationstätigkeit hat sich an der Achtung der Menschenwürde zu orientieren. Sie ist ständig gegen das Recht der Öffentlichkeit auf Information abzuwägen. Dies gilt sowohl hinsichtlich der direkt betroffenen oder berührten Personen als auch gegenüber der gesamten Öffentlichkeit.

Richtlinie 8.2 Diskriminierungsverbot
Bei Berichten über Straftaten dürfen Angaben über ethnische Zugehörigkeit, Religion, sexuelle Orientierung, Krankheiten, körperliche oder geistige Behinderung gemacht werden, sofern sie für das Verständnis notwendig sind. Die Nennung der Nationalität darf keine Diskriminierung zur Folge haben: sofern sie nicht systematisch erwähnt (und also auch bei schweizerischen Staatsangehörigen angewendet wird), gelten die gleichen restriktiven Bedingungen wie für die übrigen in dieser Richtlinie genannten Angaben. Besondere Beachtung ist dem Umstand zu schenken, dass solche Angaben bestehende Vorurteile gegen Minderheiten verstärken können.

Richtlinie 8.3 Opferschutz
Autorinnen und Autoren von Berichten über dramatische Ereignisse oder Gewalt müssen immer sorgfältig zwischen dem Recht der Öffentlichkeit auf Information und den Interessen der Opfer und der Betroffenen abwägen. Journalistinnen und Journalisten sind sensationelle Darstellungen untersagt, welche Menschen zu blossen Objekten degradieren. Als sensationell gilt insbesondere die Darstellung von Sterbenden, Leidenden und Leichen, wenn die Darstellung in Text und Bild hinsichtlich detailgetreuer Beschreibung sowie Dauer und Grösse der Einstellungen die Grenze des durch das legitime Informationsbedürfnis der Öffentlichkeit Gerechtfertigten übersteigt.

Richtlinie 8.4 Bilder über Kriege und Konflikte
Fotografien und Fernsehbilder über Kriege und Konflikte sollten darüber hinaus vor ihrer Publikation oder Ausstrahlung hinsichtlich folgender Fragen geprüft werden:
- Handelt es sich wirklich um ein einmaliges Dokument der Zeitgeschichte?
- Sind die abgebildeten Personen als Individuen identifizierbar?
- Würde ihre Menschenwürde durch eine Publikation verletzt?

Richtlinie 8.5 Bilder von Unglücksfällen, Katastrophen und Verbrechen
Fotografien und Fernsehbilder von Unglücksfällen, Katastrophen und Verbrechen müssen die Menschenwürde respektieren und darüber hinaus die Situation der Familie und der Angehörigen der Betroffenen berücksichtigen. Dies gilt besonders im Bereich der lokalen und regionalen Information.

> **Ziff. 9 der „Erklärung der Pflichten"**
> **Sie nehmen weder Vorteile noch Versprechungen an, die geeignet sind, ihre berufliche Unabhängigkeit und die Äusserung ihrer persönlichen Meinung einzuschränken.**

Richtlinie 9.1 Unabhängigkeit
Die Wahrung der Unabhängigkeit der Journalistinnen und Journalisten ist für die Verteidigung der Pressefreiheit unabdingbar. Die Wahrung der Unabhängigkeit erfordert ständige Wachsamkeit. Die Annahme von individuellen Einladungen und Geschenken ist zulässig,

sofern diese das übliche Mass nicht übersteigen. Dies gilt sowohl für berufliche als auch für soziale Beziehungen. Die Recherche von Informationen und ihre Veröffentlichung darf durch die Annahme von Einladungen oder Geschenken niemals beeinflusst werden.

Richtlinie 9.2 Interessenbindungen
Die Wirtschafts- und Finanzberichterstattung ist der Gewährung verschiedenster Vergünstigungen und dem Zugang zu Insiderwissen besonders ausgesetzt. Journalistinnen und Journalisten dürfen Informationen, von denen sie vor deren Veröffentlichung Kenntnis erhalten, nicht zu ihrem Vorteil auswerten oder durch Dritte auswerten lassen. Sie dürfen nicht über Gesellschaften oder Wertpapiertitel schreiben, zu denen durch sie oder ihre Angehörigen Interessenbindungen bestehen, so dass ein Interessenkonflikt entstehen könnte. Sie dürfen keine vergünstigten Beteiligungen im Austausch gegen Medienberichte annehmen, selbst wenn es sich nicht um Gefälligkeitsberichte handelt.

Ziff. 10 der „Erklärung der Pflichten"
Sie vermeiden in ihrer beruflichen Tätigkeit als Journalistinnen und Journalisten jede Form von kommerzieller Werbung und akzeptieren keinerlei Bedingungen von Seiten der Inserentinnen und Inserenten.

Richtlinie 10.1 Trennung zwischen redaktionellem Teil und Werbung
Die Trennung zwischen redaktionellem Teil bzw. Programm und Werbung ist optisch und begrifflich klar zu kennzeichnen. Journalistinnen und Journalisten haben diese Abgrenzung zu gewährleisten und dürfen sie nicht durch Einfügen von Schleichwerbung in der redaktionellen Berichterstattung verletzen. Die Grenze des Zulässigen ist überschritten, wenn eine Marke, ein Produkt oder eine Leistung oder deren wiederholte Nennung weder einem legitimen öffentlichen Interesse noch dem Anspruch des Publikums auf Information entspricht.

Richtlinie 10.2 Publi-Reportagen
Journalistinnen und Journalisten redigieren grundsätzlich keine Pupli-Reportagen, damit ihre berufliche Glaubwürdigkeit nicht beeinträchtigt wird. Sie berichten nicht anders als sonst über Anlässe, bei denen das eigene Verlagshaus Sponsor/in oder „Medienpartner/in" ist.

Richtlinie 10.3 Inserateboykotte
Journalistinnen und Journalisten verteidigen die Informationsfreiheit bei tatsächlicher oder drohender Beeinträchtigung durch private Interessen, namentlich bei Inserateboykotten oder Boykottdrohungen, sofern die Veröffentlichung einer Information einem legitimen öffentlichen Interesse entspricht.

Ziff. 11 der „Erklärung der Pflichten"
Sie nehmen journalistische Weisungen nur von den hierfür als verantwortlich bezeichneten Mitgliedern ihrer Redaktion entgegen, und akzeptieren sie nur dann, wenn diese zur Erklärung der Pflichten der Journalistinnen und Journalisten nicht im Gegensatz stehen.

Buchstabe a. der „Erklärung der Rechte"
Sie haben freien Zugang zu allen Informationsquellen und die Freiheit zur unbehinderten Ermittlung aller Tatsachen, die von öffentlichem Interesse sind; die Geheimhaltung

öffentlicher oder privater Angelegenheiten kann dabei den Journalistinnen und Journalisten gegenüber nur in Ausnahmefällen und nur mit klarer Darlegung der Gründe geltend gemacht werden.

Richtlinie a.1 Indiskretionen
Medien dürfen Informationen veröffentlichen, die ihnen durch Indiskretionen bekannt geworden sind, sofern bestimmte Voraussetzungen erfüllt sind:
- die Informationsquelle muss dem Medium bekannt sein;
- das Thema muss von öffentlicher Relevanz sein;
- es muss gute Gründe dafür geben, dass die Information jetzt und nicht erst viel später publik werden soll; der Vorteil im publizistischen Wettbewerb genügt nicht als Rechtfertigung;
- es muss erwiesen sein, dass das Thema oder Dokument dauerhaft als geheim klassiziert oder als vertraulich deklariert wird und es nicht bloss einer kurzen Sperrfrist von einigen Stunden oder Tagen unterliegt;
- die Indiskretion durch die Informantin/den Informanten muss absichtlich und freiwillig erfolgt sein, die Information darf nicht durch unlautere Methoden (Bestechung, Erpressung, Wanzen, Einbruch oder Diebstahl) erworben worden sein;
- die Veröffentlichung darf keine äusserst wichtigen Interessen wie z.B. schützenswerte Rechte, Geheimnisse usw. tangieren.

Richtlinie a.2 Privatunternehmen
Privatunternehmen sind Gegenstand der journalistischen Recherche, wenn sie aufgrund ihres wirtschaftlichen Gewichts und/oder ihrer gesellschaftlichen Bedeutung zu den wichtigen Akteuren einer Region gehören.

Buchstabe b. der „Erklärung der Rechte"
Sie dürfen nicht veranlasst werden, beruflich etwas zu tun oder zu äussern, was den Berufsgrundsätzen oder ihrem Gewissen widerspricht. Aus dieser Haltung dürfen ihnen keinerlei Nachteile erwachsen.

Buchstabe c. der „Erklärung der Rechte"
Sie dürfen jede Weisung und jede Einmischung zurückweisen, die gegen die allgemeine Linie ihres Publikationsorgans verstossen. Diese allgemeine Linie muss ihnen vor ihrer Anstellung schriftlich mitgeteilt werden; ihre einseitige Änderung oder Widerrufung ist unstatthaft und stellt einen Vertragsbruch dar.

Buchstabe d. der „Erklärung der Rechte"
Sie haben Anspruch auf Transparenz über die Besitzverhältnisse ihres Arbeitgebers. Sie müssen als Mitglied einer Redaktion vor jeder wichtigen Entscheidung, die Einfluss auf den Gang des Unternehmens hat, informiert und angehört werden. Die Redaktionsmitglieder sind insbesondere vor dem definitiven Entscheid über Massnahmen zu konsultieren, welche eine grundlegende Änderung in der Zusammensetzung der Redaktion oder ihrer Organisation zur Folge haben.

Buchstabe e. der „Erklärung der Rechte"
Sie haben Anspruch auf eine angemessene berufliche Aus- und Weiterbildung.

> **Buchstabe f. der „Erklärung der Rechte"**
> Sie haben Anspruch auf eine klare Regelung der Arbeitsbedingungen durch einen Kollektivvertrag. Darin ist festzuhalten, dass ihnen durch ihre Tätigkeit in den Berufsorganisationen keine persönlichen Nachteile entstehen dürfen.

> **Buchstabe g. der „Erklärung der Rechte"**
> Sie haben das Recht auf einen persönlichen Anstellungsvertrag, der ihnen ihre materielle und moralische Sicherheit gewährleisten muss. Vor allem soll durch eine angemessene Entschädigung ihrer Arbeit, die ihrer Funktion, ihrer Verantwortung und ihrer sozialen Stellung Rechnung trägt, ihre wirtschaftliche Unabhängigkeit als Journalistinnen und Journalisten sichergestellt werden.

Diese Richtlinien wurden vom Schweizer Presserat an seiner konstituierenden Sitzung vom 18. Februar 2000 verabschiedet und an den Plenarsitzungen vom 9. November 2001, 28. Februar 2003, 7. Juli 2005 sowie vom 16. September 2006 revidiert (Inkrafttreten per 1. Juni 2007)

Charta „Qualität im Journalismus"
Fassung vom 29.6.1999

Die Medien leisten einen wesentlichen Beitrag zur unabhängigen Information, zur freien Meinungsbildung, zur demokratischen Auseinandersetzung, zur kulturellen Entfaltung und zur Identität unserer Gesellschaft. Sie erfüllen damit eine anspruchs- und verantwortungsvolle öffentliche Aufgabe. Guter Journalismus muss sich sowohl kritisch als auch selbstkritisch mit allen Entwicklungen auseinandersetzen, sich der permanenten Qualitätsdebatte stellen und konkrete Wege und Mittel finden, um die Qualität im Journalismus zu fördern und zu sichern. Dafür soll der Verein „Qualität im Journalismus" im Geist und Sinne seiner Charta Forum, Koordinator und Initiator verschiedenster Aktivitäten sein. Im Verein „Qualität im Journalismus" arbeiten Vertreterinnen und Vertreter aller im Journalismus involvierten Berufe, Bereiche und Funktionen gemeinsam für diese Ziele.

1. *Qualität im Journalismus* orientiert sich am Kodex „Pflichten und Rechte der Journalistinnen und Journalisten" als ethischer Richtschnur.

2. *Qualität im Journalismus* benötigt Leitplanken. Dies bedeutet, dass Medienunternehmen Leitbilder formulieren, qualitative Standards und Ziele definieren und Redaktionsstatuten schaffen, welche die innere Pressefreiheit garantieren und die Mitwirkungsrechte der Journalistinnen und Journalisten regeln.

3. *Qualität im Journalismus* erfordert eine solide Aus- und Weiterbildung. Journalistinnen und Journalisten werden an Universitäten, Fachhochschulen, Journalismusschulen und in Medienunternehmen professionell geschult und regelmässig weitergebildet, damit sie ihre Kompetenzen erneuern und erweitern können.

4. *Qualität im Journalismus* setzt auf individuelle Kompetenz. Medienunternehmen orientieren sich bei der Auswahl des Personals und bei der Personalführung an klar definierten Qualitätsstandards.

5. *Qualität im Journalismus* erfordert gute Arbeitsbedingungen und soziale Sicherheiten, die den beruflichen Anforderungen und der Verantwortung von Journalistinnen und Journalisten Rechnung tragen. Die Medienunternehmen bieten ihren redaktionellen Mitarbeiterinnen und Mitarbeitern eine moderne Infrastruktur und Zugang zu allen relevanten Informationsquellen.

6. *Qualität im Journalismus* setzt die Beherrschung des journalistischen Handwerks voraus. Medienschaffende sind präzise in der Wahrnehmung und Wiedergabe. Sie achten auf eine gepflegte Sprache, vermeiden belastete und beleidigende Begriffe und bemühen sich um einen guten Stil.

7. *Qualität im Journalismus* heisst intensive Recherche. Medienunternehmen sorgen für die notwendigen Ressourcen und den zeitlichen Freiraum. Journalistinnen und Journalisten bereiten sich solide und sorgfältig vor, befragen umsichtig, unbefangen und hartnäckig und sind offen für jedwede Ergebnisse.

8. *Qualität im Journalismus* stützt sich auf zuverlässige Quellen. Journalistinnen und Journalisten überprüfen fragwürdige Informationen, machen Gegenproben und stellen Transparenz über ihre Quellen her, sofern sie nicht gefährdete Informanten schützen müssen.

9. *Qualität im Journalismus* bedingt Unabhängigkeit. Medienschaffende sind in ihrer publizistischen Arbeit vorrangig der Öffentlichkeit verpflichtet. Sie trennen deutlich redaktionelle Inhalte und Werbung, unterscheiden klar zwischen Journalismus und Public Relations und halten Bericht und Kommentar auseinander.

10. *Qualität im Journalismus* stärkt sich durch eine interne Kritikkultur. Dazu gehört, dass Verantwortliche Texte gegenlesen, Beiträge abnehmen und die Ergebnisse in der Blatt- oder Sendekritik analysieren, begutachten und diskutieren. Fehler, die Journalistinnen und Journalisten selber entdecken, berichtigen sie unverzüglich und aus eigenem Antrieb.

11. *Qualität im Journalismus* braucht externe Medienkritik. Die Medienverantwortlichen sorgen für die permanente journalistische Auseinandersetzung mit Medienunternehmen und Medienprodukten, auch aus dem eigenen Hause. Sie publizieren die sie betreffenden Stellungnahmen des Presserates und der Ombudsstellen und ziehen die notwendigen Konsequenzen.

12. *Qualität im Journalismus* schöpft aus neuen Erkenntnissen. Medienverantwortliche und Medienschaffende sind an der wissenschaftlichen Forschung interessiert und arbeiten mit ihr zusammen.

Die Charta „Qualität im Journalismus" wurde von der Mitgliederversammlung am 1.11.1999 genehmigt. Sie kann beim Medienausbildungszentrum MAZ, Luzern, bezogen werden.

Konferenz der Chefredaktoren
Schweizer Presse
Presse Suisse
Stampa Svizzera
BSW Leading Swiss Agencies
SWA Verband Schweizerischer Werbe-Auftraggeber
ASW Allianz Schweizer Werbeagenturen

Code of Conduct
Empfehlungen zum Umgang mit bezahlter Werbung

Grundsatz
Alle Akteure – Redaktionen, Verleger und Werber – betonen in ihren Verhaltens- oder Standesregeln uneingeschränkt das Prinzip der vollen Transparenz gegenüber dem Publikum. Für den Medienkonsumenten muss demnach immer klar erkennbar sein, welche Inhalte redaktionell verantwortet und welche kommerziell beeinflusst, also von Dritten bezahlt sind. Werden die Formen in der Absicht vermischt, die Medien- Konsumenten zu täuschen, leidet die Glaubwürdigkeit sowohl der Redaktion, der Verleger als auch der Anzeigenkunden der Gattung Zeitungen und Zeitschriften.

Empfehlungen
- Im Umgang mit bezahlter Werbefläche in den Print- und Online-Medien gilt das Prinzip der Transparenz gegenüber dem Publikum. Für den Medienkonsumenten muss immer klar erkennbar sein, ob die Inhalte redaktionellen Ursprungs oder kommerziell als Werbefläche platziert und von Dritten bezahlt sind. Redaktion und Verlag stellen gemeinsam sicher, dass diese Trennung gewahrt wird.

- Anzeigen dürfen durch ihre Gestaltung nicht den Eindruck erwecken, sie seien redaktioneller Bestandteil des Mediums. Insbesondere ist auf eine klare Unterscheidbarkeit der Typographie zu achten. Im Zweifelsfall muss die Anzeige klar und in ausreichender Grösse entsprechend gekennzeichnet werden.

- Jede Form von Sponsoring muss deklariert werden.

Januar 2007

Grundsätze der Schweizerischen Lauterkeitskommission

Fassung vom Mai 2007

1. Geltungs- und Anwendungsbereiche

Grundsatz Nr. 1.1: Begriff der kommerziellen Kommunikation

Unter kommerzieller Kommunikation ist jede Massnahme von Konkurrenten oder Dritten zu verstehen, die eine Mehrheit von Personen systematisch in ihrer Einstellung zu bestimmten Waren, Werken, Leistungen oder Geschäftsverhältnissen zum Zweck des Abschlusses eines Rechtsgeschäftes oder seiner Verhinderung beeinflussen.

Grundsatz Nr. 1.2: Formen der kommerziellen Kommunikation

Kommerzielle Kommunikation umfasst sämtliche Formen von Werbung, Direktmarketing, Sponsoring, Verkaufsförderung und Öffentlichkeitsarbeit.

Grundsatz Nr. 1.3: Politische Propaganda

Kommerzielle Kommunikation ist politische Propaganda nur, soweit sie wirtschaftliche Fragen beinhaltet. Werden solche Fragen jedoch Gegenstand einer Abstimmung, so sind sie der politischen Propaganda zuzuordnen und zwar während der Zeitdauer von der Bekanntgabe des Abstimmungsdatums bis einen Tag nach erfolgter Abstimmung.

Grundsatz Nr. 1.4: Gemeinnützige und religiöse Propaganda

Gemeinnützige und religiöse Propaganda gilt nicht als kommerzielle Kommunikation.

Soweit religiöse oder gemeinnützige Organisationen eine kommerzielle Tätigkeit betreiben, haben diese die Grundsätze der werblichen Lauterkeit zu beachten.

Grundsatz Nr. 1.5: Direktwerbung/Direktmarketing

Direktmarketing umfasst alle Massnahmen gegenüber ausgewählten, physisch nicht anwesenden Personen, um diese über Angebote von Waren und Dienstleistungen in Kenntnis zu setzen, unabhängig davon, ob eine Anfrage vorliegt.

Grundsatz Nr. 1.6: **Transnationale kommerzielle Kommunikation**

Für die Beurteilung einer Massnahme der kommerziellen Kommunikation ist das Recht des Staates massgeblich, auf dessen Markt die Massnahme ihre Wirkung entfaltet.

Grundsatz Nr. 1.7: **Verantwortlichkeit für die Werbeaussage**

Die Verantwortung für die Richtigkeit und Rechtmässigkeit der Werbeaussage liegt beim Auftraggeber.

Berater haften für die Rechtmässigkeit einer Werbeaussage.

Auftragnehmer und Mittler haben die übernommenen Aufträge mit der nötigen Sorgfalt auszuführen und haften bei Vorsatz oder grober Fahrlässigkeit.

Grundsatz Nr. 1.8: **Beweislast**

Jeder Werbetreibende muss die Richtigkeit seiner Werbeaussagen beweisen können.

2. Unzulässige Aussagen

Grundsatz Nr. 2.1: **Verwendung des Begriffs „Schweiz"**

Die Verwendung des Begriffs „Schweizer Ware" oder eine gleichlautende Bezeichnung in der Werbung ist unlauter, mit Ausnahme für

1. Einheimische Produkte
2. Fabrikate
   - soweit sie zu 100% in der Schweiz hergestellt werden,
   - soweit sie in der Schweiz zu neuen Produkten mit mehrheitlich anderen typischen Merkmalen und mit einem völlig verschiedenen Gebrauchsnutzen umgestaltet werden,
   - soweit eine sonstige Verarbeitung in der Schweiz wertmässig mindestens 50% der totalen Produktionskosten (Rohmaterialien, Halbfabrikate, Zubehörteile, Löhne, Fabrikationsgemeinkosten) ausmacht.

Ein Handels-, Fabrikations- oder sonstwie nach kaufmännischen Grundsätzen geführtes Unternehmen darf sich in der Werbung nur dann als „Schweizerisch" oder gleichbedeutend bezeichnen, wenn es (vorbehältlich der Einzelfirmen mit einem Jahresumsatz von weniger als Franken 100'000.-) in der Schweiz als Firma im Handelsregister eingetragen ist und in dem beworbenen Bereich in der Schweiz eine Tätigkeit ausübt.

Grundsatz 2.2: Verwendung akademischer Titel

Die Verwendung ausländischer, akademischer Titel in der Werbung ist unlauter, sofern nicht nachgewiesen werden kann, dass zur Erlangung eine vergleichbare Voraussetzung wie in der Schweiz erfüllt werden musste.

Grundsatz 2.3: Verwendung des Begriffs „invalid"

Als „invalid" werden im Zusammenhang mit Werbemassnahmen Personen verstanden, die infolge angeborener oder später entstandener körperlicher, geistiger oder seelischer Schäden in ihrer Erwerbstätigkeit so stark behindert sind, dass sie bei der Abgabe der ihnen noch möglichen wirtschaftlichen Leistungen auf die Wohltätigkeit der Abnehmer angewiesen sind.

Grundsatz Nr. 2.4: Verwendung von Medizinalpersonen

In der Werbung für Erzeugnisse, Vorrichtungen und Methoden, die der staatlichen Kontrolle nicht unterstehen, aber mit der Gesundheit in Verbindung gebracht werden, ist es nicht gestattet, auf Medizinalpersonen oder medizinisch-technisches Fachpersonal als Referenzen oder anderweitig hinzuweisen, um dem beworbenen Erzeugnis den Anschein eines Heilmittels oder eines heilmittelähnlichen Produktes zu geben.

3. Grundlagen für die Werbung

Grundsatz Nr. 3.1: Firmengebrauchspflicht in der Werbung

Sämtliche Unternehmen sind gehalten, im Geschäftsverkehr die im Handelsregister eingetragene Firmenbezeichnung vollständig und unverändert zu benutzen. Nicht zum Handelsregistereintrag verpflichtete Einzelunternehmen müssen ausnahmslos in der Firmenbezeichnung den Familiennamen des Inhaber angeben.

Kurzbezeichnungen, Logos, Geschäftsbezeichnungen und Enseignes sowie ähnliche Angaben dürfen nur zusammen mit der eingetragenen Firmenbezeichnung verwendet werden.

Unlauter sind alle Angaben, die geeignet sind, das Publikum über wesentliche, tatsächliche oder rechtliche Verhältnisse des Anbieters, seiner Firma, seiner Geschäftsbezeichnung, seines Wohnsitzes oder Sitzes sowie seiner Herkunft irrezuführen oder zu täuschen. Dies gilt insbesondere für:
- Die Verwendung einer Firmenbezeichnung, die mit der im Handelsregister eingetragenen nicht übereinstimmt.
- Änderungen oder Weglassungen am Wortlaut der Firma, wie das Weglassen des Familiennamens des Inhabers bei Einzelfirmen.

- Die Verwendung von Enseignes oder sonstigen Geschäftsbezeichnungen anstelle von Firmenbezeichnungen (z.B. korrekt: Esoterik AG, Madame Tamara; unlauter Madame Tamara).
- Die Verwendung einer irreführenden Bezeichnung für ein im Handelsregister nicht eingetragenes Unternehmen (z.B. Müller Söhne oder Schmid + Sutter, die eine eintragungspflichtige Kollektivgesellschaft beinhalten).
- Die Irreführung über den Firmensitz von nicht im Schweizer Handelsregister eingetragenen ausländischen Unternehmen (z.B. Registered Trust Ltd, Postfach 8048 Zürich).
- Die Nichtangabe des Sitzes der Hauptniederlassung bei Zweigniederlassungen oder blossen Betriebsstätten ausländischer Unternehmen.

Grundsatz Nr. 3.2: Persönlichkeits- und Datenschutz

1. Persönlichkeitsschutz
Es ist unlauter, in der kommerziellen Kommunikation ohne ausdrückliche Zustimmung Name, Abbild, Aussage oder Stimme einer identifizierbaren Person zu verwenden. Als Abbild gilt jede Darstellung (auch durch Zeichnung, Karikatur, Gemälde oder Double). Auf die Rechte der Angehörigen eines Verstorbenen ist angemessen Rücksicht zu nehmen.

2. Testimonials und Referenzen
Testimonials sind subjektive Aussagen von natürlichen Personen über ihre Erfahrungen mit bestimmten Produkten (Waren oder Dienstleistungen). Sie haben sich auf Angaben zum Produkt zu beschränken. Sie müssen hinsichtlich ihres Inhalts und Urhebers belegt werden können.

Jeder Hinweis auf Personen soll wahr und nicht irreführend sein. Die Bezugnahme auf fiktive Personen hat selbst dann zu unterbleiben, wenn über die Fiktion keine Unklarheit bestehen kann.

3. Datenschutz
   a) Bearbeitungsgrundsatz: Personendaten dürfen nur zu dem Zweck bearbeitet werden, der bei der Beschaffung angegeben wurde, aus den Umständen ersichtlich oder gesetzlich vorgesehen ist; Personendaten müssen sachlich zutreffen.
   b) Transparenzgrundsatz: Personendaten müssen stets mit der Herkunftsangabe der ursprünglichen Datensammlung gekennzeichnet sein.

Grundsatz Nr. 3.3: Durchführung und Kommunikation von Tests

1. Unter „Test" wird das Feststellen einer oder mehrerer Eigenschaften eines bestimmten Erzeugnisses, Verfahrens oder einer Dienstleistung nach einem vorgeschriebenen geeigneten Verfahren verstanden.

2. Die Durchführung von Tests und die Kommunikation von Testergebnissen hat unter den Gesichtspunkten der

- Neutralität
- Objektivität
- Sachlichkeit und
- Transparenz

zu erfolgen.

Hinsichtlich der Objektivität gelten die Gebote der Wahrheit (Täuschungsverbot), der Klarheit (Irreführungsverbot), der Vollständigkeit und der Nachvolllziehbarkeit.

3. Die Durchführung von Tests oder die Kommunikation von Testergebnissen ist unlauter, wenn sie die vorstehenden Voraussetzungen nicht erfüllen.

4. Im übrigen gelten die „Richtlinien für Tests".

Grundsatz Nr. 3.4:   Ausländische Gutachten und dergleichen

Der Hinweis auf ausländische Gutachten und dergleichen in der kommerziellen Kommunikation ist unlauter, soweit diese in der Schweiz nicht verifizierbar sind.

Grundsatz Nr. 3.5:   Vergleichende Werbung

Die vergleichende Werbung gilt als unlauter, sofern sie mittels unrichtiger, irreführender oder unnötig verletzender Äusserungen oder in unnötig anlehnender Weise mit anderen, ihren Waren, Werken, Leistungen oder deren Preisen vergleicht.

1. Unrichtig ist eine Äusserung, wenn
    - die verglichenen Waren oder Leistungen nicht vergleichsfähig sind, d.h. einen umfassenden und abschliessenden sachlichen Vergleich nicht ermöglichen,
    - der Bezugnahme nicht identische oder zumindest nicht vergleichbare – im System- oder Warenvergleich nicht austauschbare oder vertretbare – Elemente zugrunde gelegt werden,
    - die Angaben den Tatsachen, wie sie das Publikum versteht, nicht entsprechen,
    - die Bezugnahme fälschlicherweise als umfassend und abschliessend dargestellt wird.

2. Irreführend ist eine Äusserung, wenn
    - die Angabe Tatsachen unterdrückt, die nach den Erwartungen des Publikums im Zusammenhang mit der Äusserung ebenfalls gesagt werden müssten,
    - die Bezugnahme dem durchschnittlichen Verständnis des Empfängers nicht Rechnung trägt,
    - lediglich einzelne Vor- und Nachteile miteinander verglichen werden und die übrigen Elemente nicht identisch sind.

3. Unnötig verletzend ist eine Äusserung, wenn
   - ihr Inhalt unerlaubt ist, d.h. für sachliche Aufklärung der Abnehmerschaft nicht nötig ist,
   - ihr Zweck unerlaubt ist, d.h. mehr als für die Erstellung der Markttransparenz nötig in die Persönlichkeit des oder der Mitbewerber eingreift,
   - sie statt das beworbene Erzeugnis oder die beworbene Leistung zu rühmen, das verglichene Produkt oder die verglichene Leistung in direkter Weise herabsetzt.

4. Unnötig anlehnend ist eine Äusserung,
   - die sich den guten Namen oder den Ruf eines anderen zunutze macht,
   - die von einer fremden Unternehmensleistung profitiert.

Erfolgt die Äusserung systematisch und wiederholt, wird ihre unnötige Anlehnung vermutet.

Grundsatz Nr. 3.6:   Werbung mit Selbstverständlichkeiten

Jede Werbung, die für einzelne Waren, Werke oder Leistungen bestimmte Eigenschaften hervorhebt, ist irreführend und damit unlauter, wenn diese Eigenschaften für die meisten dieser Waren, Werke und Leistungen ohnehin zutreffen, üblich oder vorgeschrieben sind.

Grundsatz Nr. 3.7:   Nachahmung werblicher Gestaltungen

1. Eine Nachahmung ist dann gegeben, wenn das Original in wesentlichen Teilen übernommen wird.

   Als Originale gelten kommerzielle Kommunikation sowie Waren, Werke und Leistungen anderer, die vorbestanden haben.

2. Entsteht durch die Nachahmung eine Verwechslungsgefahr oder ist die Nachahmung unnötig anlehnend, so ist sie unlauter.

Grundsatz Nr. 3.8:   Gratis-Gutscheine zu Werbezwecken

Gutscheine, die zum verbilligten oder kostenlosen Bezug von Waren oder Leistungen berechtigen, müssen auf dem Gutschein selbst die Bedingungen enthalten, zu denen die Waren oder Leistungen erhältlich sind.

Fehlen entsprechende Angaben, so darf angenommen werden, dass die Gutscheine unbefristet und ohne Einschränkung eingelöst werden dürfen.

Grundsatz Nr. 3.9: Gewinnspiele oder Publikumswettbewerbe

1. Anforderungen gemäss Lotterierecht
Gewinnspiele und Publikumswettbewerbe sind unzulässig, sofern sie folgende vier Merkmale kumulativ aufweisen:
   - Abschluss eines Rechtsgeschäftes (Zwang zum Vertragsabschluss, also zur Vereinbarung einer vertraglichen Leistung, was auch bei einem Kauf auf Probe oder Besicht zutrifft) oder Leistung eines vermögensrechtlichen Einsatzes (geldwerte Leistung des Teilnehmers auch in Form von Umtriebsentschädigungen, Spesen-, Versand- und andere Anteile, zusätzlich zu den effektiven Porto- und Übermittlungskosten) als Teilnahmevoraussetzung,
   - Gewährung eines vermögenswerten Vorteils als Gewinn,
   - Ermittlung der Gewinner oder der Höhe der Gewinne durch überwiegenden Zufall (Verlosung), so dass die Geschicklichkeit des Teilnehmers nicht mehr wesentlich erscheint,
   - Planmässigkeit des Spiels oder Wettbewerbs, indem der Veranstalter sein Spielrisiko ausschliesst.

2. Anforderungen gemäss Lauterkeitsrecht
Unlauter handelt insbesondere, wer den Teilnehmer an einem Spiel oder Wettbewerb irreführt, so durch
   - *Spielanlagen*, die den Teilnehmer im unklaren darüber lassen, ob ein Kauf für die Teilnahme nötig ist, oder glauben lassen, ein Kauf würde die Gewinnchancen erhöhen,
   - *Vorabverlosungen* (Sweepstake), bei denen namentlich aufgeführten Personen ausgesetzte Gewinne in Aussicht gestellt werden, sofern der Veranstalter weiss oder wissen könnte, dass den genannten Personen die ausgesetzten Gewinne nicht zugeteilt worden sind, wobei die Gewinnzuteilung durch technische Vorrichtungen oder beauftragte Dritte dem Veranstalter zuzurechnen ist,
   - *Preise*, die nicht in der Abstufung ihres Wertes aufgelistet werden, teilweise Wertangaben enthalten, teilweise nicht oder die bei einem Verkaufswert unter Fr. 100.- als wertvoll bezeichnet werden,
   - *Gewinnversprechen*, die schlagwortartig angepriesen und nur an optisch untergeordneter Stelle relativiert werden, anstatt durch Hervorheben des Textes in ähnlich prägnanter Form an anderer Stelle unmissverständlich klarmachen, unter welchen Voraussetzungen der Teilnehmer welchen Preis in welcher Veranstaltung erhält,
   - *Teilnahmebedingungen*, die verlangen, dass die Teilnahmeerklärung auf einem Formular für eine verbindliche oder probeweise Bestellung eingereicht wird, sofern auf dem gleichen Formular nicht unmissverständlich die wahlweise oder chancengleiche Teilnahme auch ohne verbindliche oder probeweise Bestellung erwähnt wird,
   - *Teilnahmeerklärungen*, bei denen die Teilnahmeerklärung auf unterschiedlichen Formularen, nur mit der Bestellkarte ohne spezielle Rubrik für die Teilnahme ohne Bestellung, mittels verschiedenartigen Umschlägen oder Frankaturen zu erfolgen hat.

Als Verkaufspromotion stellt ein Gewinnspiel oder Wettbewerb eine aggressive Verkaufsmethode dar und ist unlauter, sofern der Veranstalter die Entscheidungsfreiheit des Teilnehmers beeinträchtigt, insbesondere durch

- Ausnutzung der Dankbarkeit des Teilnehmers, indem dem Teilnehmer bereits bei früheren Gewinnspielen oder Auslosungen ein Gewinn angeboten oder ausgerichtet worden ist,
- Appell an den Anstand, indem dem Teilnehmer trotz Wegbedingung einer Bestellung nahegelegt wird, zu bestellen.

Grundsatz Nr. 3.10: Garantierte Rückgabemöglichkeit

Jede Anpreisung, die die Rückgabe eines Produktes innert einer bestimmten Frist in Aussicht stellt, ist unlauter, sofern sie nicht folgende Anforderungen erfüllt:
1. Wird die Rückgabe ohne nähere Bedingungen oder in genereller Weise durch Wendungen wie z.B. „bei Nichtgefallen zurück" und dergleichen angeboten, so muss das unbeschädigte Produkt unter gleichzeitiger Rückerstattung der entrichteten Kaufsumme Zug um Zug ohne jegliche Abzüge und ohne Vorbehalt zurückgenommen werden.
2. Ist die Rücknahme an gewisse Bedingungen gebunden, so müssen diese klar und allgemein verständlich in der Werbung genannt werden. Der Empfänger ist lediglich angehalten, das Fehlen dieser Bedingungen glaubhaft zu machen.
3. Die Rückgabefrist für Produkte mit einer zugesicherten Eigenschaft oder Wirkung muss so bemessen sein, dass dem Empfänger die Überprüfung und Beurteilung dieser Eigenschaft oder Wirkung effektiv möglich ist.
4. Werden Waren auf Probe oder auf Besicht oder zur freien Prüfung angeboten, ist deutlich zu machen, wer die Rücksendekosten übernimmt und wie die Retournierung zu erfolgen hat.
5. Ansichtsendungen, die in Sukzessiv- oder Teillieferungen angepriesen werden, müssen unmissverständlich die Zahl der Lieferungen und den Preis der einzelnen sowie der gesamten Lieferungen angeben.

Grundsatz Nr. 3.11: Geschlechterdiskriminierende Werbung

1. Werbung, die ein Geschlecht diskriminiert, indem sie die Würde von Frau oder Mann verletzt, ist unlauter.

2. Geschlechterdiskriminierende Werbung liegt insbesondere vor, wenn
   - Männern oder Frauen stereotype Eigenschaften zugeschrieben werden und damit die Gleichwertigkeit der Geschlechter in Frage gestellt wird;
   - Unterwerfung oder Ausbeutung dargestellt oder zu verstehen gegeben wird, dass Gewalt oder Dominanzgebaren tolerierbar seien;
   - das Kindes- und Jugendalter nicht mit erhöhter Zurückhaltung respektiert wird;
   - zwischen der das Geschlecht verkörpernden Person und dem beworbenen Produkt kein natürlicher Zusammenhang besteht;
   - die Person in rein dekorativer Funktion als Blickfang dargestellt wird;
   - eine unangemessene Darstellung von Sexualität vorliegt.

Grundsatz Nr. 3.12: Trennung zwischen redaktioneller Information und kommerzieller Kommunikation

1. Kennzeichnung und Erkennbarkeit von kommerzieller Kommunikation
   Kommerzielle Kommunikation, gleichgültig in welcher Form sie erscheint oder welchen Werbeträger sie benutzt, soll als solche eindeutig erkennbar und vom übrigen Inhalt klar getrennt sein. Wird sie in Werbeträgern veröffentlicht, die gleichzeitig Nachrichten und Meinungen publizieren, muss sie so gestaltet und gekennzeichnet sein, dass sie als bezahlte Einschaltung klar erkennbar ist.

2. Verbot von Schleichwerbung
   Unentgeltliche redaktionelle Veröffentlichungen, die auf Unternehmen, ihre Produkte (Waren und Dienstleistungen) hinweisen, dürfen nicht die Grenze zur Schleichwerbung überschreiten. Eine Überschreitung liegt insbesondere vor, wenn die Veröffentlichung über ein begründetes öffentliches Interesse oder das Informationsinteresse des Medienkonsumenten hinausgeht.

3. Verbot der Koppelung von kommerzieller Kommunikation mit redaktionellen Beiträgen
   Es ist unlauter, im Interesse der Akquisition von kommerziellen Aufträgen redaktionelle Beiträge zuzusichern oder kommerzielle Aufträge vom Entgegenkommen im redaktionellen Teil abhängig zu machen.

4. Sponsoring von redaktionellen Beiträgen
   Sponsoring von redaktionellen Beiträgen ist unlauter, sofern für den Medienkonsumenten nicht jederzeit nachvollziehbar ist, welche Teile der Publikation gesponsert sind und wer der Sponsor ist.

5. Product Placement
   Die Abbildung oder Nennung von Produkten sowie Firmen- und Markenbezeichnungen in redaktionellen oder künstlerischen Angeboten ist unlauter, soweit redaktionelle oder künstlerische Interessen dies nicht rechtfertigen, bzw. soweit dies für das Publikum nicht transparent gemacht wird.

6. Beilagen
   Beilagen oder Sonderseiten, deren Zustandekommen von einem entsprechenden Anzeigenaufkommen abhängt, sind durch eine vom übrigen redaktionellen Teil abweichende Gestaltung zu kennzeichnen. Der Kopf dieser Seiten ist mit dem Wort „Sonderseite" oder „Sonderbeilage" zu versehen. Ausserdem sind in einem separaten Impressum der Herausgeber und die verantwortliche Redaktion aufzuführen.

7. PR-Botschaften auf bezahltem Raum
   PR-Botschaften könne auch auf bezahltem Raum, d.h. als Inserate veröffentlicht werden. Um die Unterscheidung gegenüber dem Redaktionsteil sicherzustellen, sollen solche PR-Botschaften klar ersichtlich als „Werbe- oder Publireportage" bzw. als „Anzeige" oder „Inserat" bezeichnet werden.

4. Vorschriften für Direktmarketing

Grundsatz Nr. 4.1: Fernabsatz

Fernabsatz ist kommerzielle Kommunikation, die mit Hilfe eines oder mehrerer Kommunikationsmittel einen Vertragsabschluss ohne physische Anwesenheit der Parteien ermöglicht (Distanzgeschäft). Als Kommunikationsmittel kommen insbesondere die (herkömmliche oder elektronische) Post, Kurierdienste, Telefon, Telefax, Television, Radio oder Internet in Frage.

Grundsatz Nr. 4.2: Informationspflichten beim Fernabsatz

Der kommerzielle Zweck der Informationen über Waren und Dienstleistungen muss eindeutig klar und verständlich sowie den verwendeten Fernkommunikationstechniken angepasst sein.

Jede Art von Fernabsatz ist unlauter, sofern nicht die folgenden Informationen gegeben werden:
- Identität des Anbieters (Name, Firma, Adresse. Deckadresse und Postfachnummern genügen nicht),
- wesentliche Eigenschaften,
- Preis,
- Gültigkeitsdauer des Angebotes,
- Einzelheiten über Zahlung und Lieferung (wie Lieferkosten, Lieferfristen) oder Erfüllung,
- Rückgabemöglichkeit oder Widerrufungsrecht,
- Garantie und Kundendienst.

Grundsatz Nr. 4.3: Bestätigung und Widerruf beim Fernabsatz

Sofern der Abnehmer nicht ausdrücklich darauf verzichtet oder die Leistung des Abnehmers Fr. 100,- übersteigt, ist die Bestellung schriftlich zu bestätigen, bevor die Ware zugestellt oder die Dienstleistung ausgeführt wird.

Die Frist des Widerrufs- und Rückgaberechts von 7 Tagen beginnt bei Waren mit dem Tag ihres Eingangs, bei Dienstleistungen mit dem Tag des Vertragsabschlusses.

Grundsatz Nr. 4.4: Aggressive Verkaufsmethoden im Fernabsatz

1. Verkaufsmethoden im Fernabsatz sind kommerzielle Kommunikationen, die sich mittels persönlicher Adressierung an individuelle Personen richten.

2. Sie gelten als aggressiv und damit als unlauter,
   - wenn der Empfänger im voraus erklärt hat, keine kommerzielle Kommunikation erhalten zu wollen (z.B. durch Eintrag in der Robinsonliste des Schweizer Direktmarketing Verbandes SDV oder durch Registereintrag mit Sternmarkierung); besteht zwischen

Anbieter und Empfänger eine Geschäfts- oder Kundenbeziehung, darf der Anbieter bis auf ausdrücklichen Widerruf das Einverständnis des Abnehmers annehmen.
- wenn der Empfänger nach einer Kontaktaufnahme erklärt hat, keine kommerzielle Kommunikation mehr erhalten zu wollen (z.B. Refusé per Post, Meldung per Email),
- wenn der Absender Massenwerbung ohne direkten Zusammenhang mit einem angeforderten Inhalt fernmeldetechnisch sendet oder solche Sendungen veranlasst und es dabei unterlässt, vorher die Einwilligung der Kunden einzuholen, den korrekten Absender anzugeben oder auf eine problemlose und kostenlose Ablehnungsmöglichkeit hinzuweisen; wer beim Verkauf von Waren, Werken oder Leistungen Kontaktinformationen von Kunden erhält und dabei auf die Ablehnungsmöglichkeit hinweist, handelt nicht unlauter, wenn er diesen Kunden ohne deren Einwilligung Massenwerbung für eigene ähnliche Waren, Werke oder Leistungen sendet.

Grundsatz Nr. 4.5:   Geschäftsabschluss ohne Bestellung

Jeder Geschäftsabschluss mittels Nachnahme ist unlauter, wenn
1. keine eindeutige Bestellung vorliegt,
2. gemäss OR 6 wegen der besonderen Natur des Geschäfts eine ausdrückliche Bestellung nicht zu erwarten ist,
3. es sich um eine Ansichtssendung handelt, oder
4. eine Rückgabemöglichkeit vorgesehen ist.

Grundsatz Nr. 4.6:   Werbung mit Rechnungen

Der Gebrauch von Einzahlungskarten, -scheinen oder in sonstiger Weise als Rechnung gestalteten Formularen zu Bestellungszwecken ist unlauter, sofern im Text oder in begleitenden Schriftstücken nicht unmissverständlich hervorgehoben wird, dass eine blosse Einladung zu einer Bestellung vorliegt.

Aus dem Bestellformular hat klar und vollständig hervorzugehen, welche Rechte und Pflichten Anbieter und Abnehmer mit der Bestellung eingehen.

5. Vorschriften für einzelne Branchen

Grundsatz Nr. 5.1:   Carfahrten zu Werbezwecken

Einladungen zu Carfahrten mit Werbeschau, Werbevorträgen und Verkauf oder Bestellaufnahme für die beworbenen Produkte sind unlauter, wenn sie nicht deutlich als solche deklariert werden. Sie dürfen den Empfänger über den eigentlichen Zweck der Veranstaltung nicht irreführen. Aus den Einladungen muss ferner hervorgehen, für welche Produkte (Waren oder Dienstleistungen) geworben wird.

Grundsatz Nr. 5.2:   **Werbung für Finanzinstitute**

Der Ausdruck „Bank" darf in der Werbung nur im Zusammenhang mit Unternehmen verwendet werden, die eine Bewilligung der Eidgenössischen Bankenkommission haben.
Der Begriff „Sparen" im Zusammenhang mit Spareinlagen oder dergleichen darf in der Werbung nur von Banken benutzt werden, die zur Entgegennahme solcher Einlagen berechtigt sind und darüber öffentlich Rechnung ablegen.

Die Bezeichnung „Anlagefonds" oder ähnliche Wendungen sind in der Werbung ausschliesslich für ein Vermögen reserviert, das von den Anlegern zum Zweck gemeinschaftlicher Kapitalanlagen aufgebracht und von der Fondsleitung nach dem Grundsatz der Risikoverteilung für Rechnung der Ausleger verwaltet wird. Für die Aufnahme der Geschäftstätigkeit bedarf die Fondsleitung einer staatlichen Bewilligung.

Grundsatz Nr. 5.3:   **Werbung für Heimarbeit**

Jede Werbung, die für die Überlassung von Unterlagen für die Heimarbeit eine Vorauszahlung oder -leistung verlangt, ist unlauter.

Der Auftraggeber für Heimarbeit muss sich in der Werbung mit vollständiger Adresse identifizieren.

Grundsatz Nr. 5.4:   **Werbung von Lehrinstituten**

Aus der Werbung von Lehrinstituten soll deutlich hervorgehen, dass deren Kurse
1. am betreffenden Lehrinstitut direkt zum Erwerb eines staatlichen oder anerkannten Diploms oder Fähigkeitsausweises führen können, oder
2. nur auf Prüfungen vorbereiten, die vom betreffenden Lehrinstitut selbst nicht abgenommen werden.

Grundsatz Nr. 5.5:   **Promotion von Medien im Werbemarkt**

1. Werbung mit Auflagezahlen (gedruckte Periodika)
    a) WEMF/SW-beglaubigte Auflage
       Unter dem Begriff „Auflage" wird die von der WEMF AG für Werbemedienforschung beglaubigte Auflage verstanden. Grundlage sind die von der paritätischen „Kommission für Auflage und Verbreitung" (KAV) festgelegten „Bestimmungen über die Durchführung der WEMF/SW-Auflagebeglaubigungen in der Schweiz".

    b) Notariell beglaubigte Auflage
       Notarielle Beglaubigungen müssen sich in allen Fällen nach den o.a. „Richtlinien" der KAV richten.

2. Werbung mit Daten der Medienforschung
Wenn immer möglich sollen Daten aus den aktuellen, offiziellen Medienforschungen verwendet werden. Werden andere Daten verwendet, so müssen die wesentlichen Parameter den üblichen marktforscherischen Qualitätskriterien entsprechen (Sampling, Fallzahlen etc.).

Die Datenquelle und die zugrunde gelegten Auswertungskriterien (geographische Gebiete, einbezogene Medien, Altersklassen etc.) sind eindeutig zu deklarieren.

Grundsatz Nr. 5.6: **Werbung für Registereintragungen**

Jede Werbung für Eintragungen in Adressbüchern und Registern ist unlauter, wenn
1. aus den Geschäftsbedingungen nicht deutlich hervorgeht, welche Eintragungen kostenlos und welche kostenpflichtig sind,
2. der Anbieter belegbare Auskünfte über Ausmass und Art der Verbreitung der Publikation verweigert.

Grundsatz Nr. 5.7: **Werbung für quasikosmetische/-medizinische Erzeugnisse und Methoden**

Jede werbliche Anpreisung von Erzeugnissen und Methoden, die der Körperpflege und -hygiene sowie dem Wohlbefinden dienen, ist unlauter, sofern sie nicht den nachstehenden Richtlinien nachkommt:

1. Die Werbung hat das Erzeugnis oder die Methode klar zu umschreiben und darf keine Angaben enthalten, die den Anschein krankheitsheilender oder -verhütender, schmerzstillender oder schlafförderner Wirkung erweckt.
2. Die Werbung darf nicht den Eindruck erwecken, dass mit dem Einsatz dieser Erzeugnisse und Methoden Hautfalten, Glatzen, Pigmentflecken dauernd beseitigt, Büsten gestrafft oder vergrössert und Hautfalten sowie anatomische Missbildungen oder andere irreversible Tatbestände dauernd rückgängig gemacht werden könnten.
3. Jede Anpreisung ist zu unterlassen, die eine dauernde Gewichtsabnahme ohne gleichzeitige Nahrungskontrolle, d.h. Diät und körperliche Bewegung glaubhaft machen will. Das gleiche gilt für die Anpreisung von Erzeugnissen und Methoden für die Entwicklung und Erhaltung von Muskeln ohne dauerndes körperliches Training.
4. Personen oder Situationen vor und nach der Behandlung dürfen nur wiedergegeben werden, wenn sie unter gleichen Bedingungen hinsichtlich Position, Massstab und Aufmachung sowie Dekor, Aufnahmewinkel, Beleuchtung und dergleichen aufgenommen worden sind oder dargestellt werden, sowie wenn sie sich weder phototechnischer noch anderer Vorkehren bedienen mit dem Zweck, die Abbildung vor der Behandlung nachteilig zu verändern oder die Wiedergabe nach der Behandlung zu verschönern.

Grundsatz Nr. 5.8: Werbung für Schmuck und Edelmetalle

1. Edelsteine, Schmucksteine, Perlen
   a) Edelsteine sind Brillant, Saphir, Smaragd und Rubin, d.h. Mineralien, die ohne Zutun des Menschen in natürlichen Vorkommen entstanden sind. Alle anderen Mineralien werden als Schmucksteine bezeichnet. Ein Teil davon (z.B. Berylle) wurden früher Halbedelsteine genannt, was unzutreffend und deshalb irreführend ist.
   b) Perlen sind natürliche Gebilde, die zufällig im Inneren von Mollusken (Muscheln) abgesondert werden und ohne menschliches Zutun entstehen.
   c) Der Begriff „echt"/„edel" ist synonym mit „natürlich" und bezieht sich ausschliesslich auf Substanzen, die ohne menschliche Einflussnahme in der Natur entstanden sind. In der Werbung dürfen nur natürliche Edelsteine, Schmucksteine und Perlen mit „echt", „edel", „natürlich" oder gleichbedeutend bezeichnet werden.
   d) Künstliche Farbveränderungen von Edel- und Schmucksteinen sind anzugeben.

2. Andere Steine und Kulturperlen
   a) Synthetische Steine sind kristallisierte und rekristallisierte Produkte, deren Herstellung ganz oder teilweise durch den Menschen veranlasst wurde. Sie sind als solche zu bewerben. Imitationen sind Nachahmungen von natürlichen Steinen oder Fantasieprodukte, die ganz oder teilweise von Menschen hergestellt worden sind. Sie imitieren die Wirkung, die Farbe und das Aussehen natürlicher Edelsteine oder synthetischer Steine oder von Perlen und sind in der Werbung als solche oder als Similisteine zu benennen.
   b) Zucht- oder Kulturperlen sind Gebilde, deren Entstehung ganz oder teilweise durch menschliches Einwirken auf die Innenschale der produktiven Mollusken veranlasst wurde. Sie sind als Zucht- oder Kulturperlen zu spezifizieren.
   c) Aus zwei oder mehreren Teilen zusammengesetzte Steine und Kulturperlen müssen als „zusammengesetzt" bezeichnet werden. In diesem Zusammenhang verwendete Begriffe wie Dublette, Triplette haben vor der Artbezeichnung zu stehen.
   d) Künstliche Produkte, die ganz oder teilweise unter Zutun des Menschen veranlasst oder erzeugt wurden, sind als solche zu bezeichnen.

3. Edelmetalle
   a) Edelmetalle sind Gold, Silber und Platin roh oder in Form von Schmelzprodukten (Goldbarren) oder Schmelzgut (Abfälle aller Art). Die Schmelzprodukte sind mit dem tatsächlichen Feingehalt sowie mit einem Schmelzer- und Prüfzeichen zu bezeichnen.
   b) Edelmetallwaren sind Fertigprodukte aus Edelmetallen, auch in Verbindung mit anderen Stoffen (z.B. Edelsteine, Glas, Holz), nicht aber in Verbindung mit unedlen Metallen. Sie müssen eine gesetzliche Feingehaltsangabe und eine Verantwortlichkeitsmarke aufweisen. Uhrgehäuse aus Edelmetall müssen zudem mit einer amtlichen Garantiepunze gestempelt sein.
   Zulässige Feingehalte (in Tausendstel):
       Gold: 750 (= 18 Karat)
              585 (= 14 Karat)
              375 (nur für Uhrgehäuse)

Silber: 925 und 800
Platin: 950

c) Doubléwaren (auch „Plaquéwaren" genannt) sind Waren aus unedlem Metall, die auf galvanischem oder mechanischem Weg mit einer Schicht aus den vorgenannten Edelmetallen überzogen worden sind (Ausnahme: galvanische Versilberungen). Minimaldicke der Veredlung: 8 Mikron. Der Mindestfeingehalt ist ebenfalls vorgeschrieben. Doubléwaren sind mit der entsprechenden Bezeichnung (z.B. Doublé G 10 Mikron) und einer Verantwortlichkeitsmarke zu versehen. Feingehaltsangaben sind verboten.

d) Ersatzwaren sind Waren aus unedlem Metall mit einem Edelmetallüberzug unter 8 Mikron oder Waren aus Edelmetall, die den vorgeschriebenen Mindestfeingehalt nicht erreichen. Sie können als „vergoldet" „versilbert" oder „verplatiniert" bezeichnet werden.

Angaben des Feingehalts und der Dicke der Edelmetallschicht sind verboten. Phantasienamen wie „Gam","Gome", „Nec", „Dica", u.a.m. dürfen für Waren mit einem niedrigen Goldgehalt (8–10 Karat) verwendet werden.

4. Gemeinsame Bestimmungen
Sämtliche Bezeichnungsvorschriften gelten nicht nur für die Gegenstände selber, sondern auch für die Werbung aller Art, Etiketten, Verpackungen, Garantiescheine, Rechnungen, usw.

Das Hausieren mit den in diesem Grundsatz aufgeführten Waren, sowie mit Uhren, ist verboten.

Grundsatz Nr. 5.9: Werbung für Tabakwaren und alkoholische Getränke

1. Untersagt ist jede Werbung für Tabakwaren und alkoholische Getränke, die sich speziell an Jugendliche unter 18 Jahren (Jugendliche) richtet und bezweckt, diese zum Konsum von Tabakwaren und Alkohol zu veranlassen. Verboten ist insbesondere die Werbung:
   – an Orten, wo sich hauptsächlich Jugendliche aufhalten,
   – in Zeitungen, Zeitschriften oder anderen Publikationen, die hauptsächlich für Jugendliche bestimmt sind,
   – auf Schülermaterialien (Schulmappen, Etuis, Füllfederhalter, usw.),
   – mit Werbegegenständen, die unentgeltlich an Jugendliche abgegeben werden, wie T-Shirts, Mützen, Fähnchen, Badebälle,
   – auf Spielzeug,
   – durch unentgeltliche Abgabe von Tabakwaren und alkoholischen Getränken an Jugendliche,
   – an Kultur-, Sport- oder anderen Veranstaltungen, die hauptsächlich von Jugendlichen besucht werden.

2. Die Werbung für gebrannte Wasser richtet sich nach Art. 42 b des Alkoholgesetzes.

Grundsatz Nr. 5.10: **Werbung für konzessionspflichtige Erzeugnisse**

Die werbliche Anpreisung von konzessionspflichtigen Erzeugnissen (insbesondere der Übermittlungstechnik) zu einem Gebrauch der von der zuständigen Konzessionsbehörde nicht bewilligt ist, gilt als unlauter, soweit nicht in der gleichen Werbung unmissverständlich auf den beschränkten oder auf den unzulässigen Gebrauch hingewiesen wird oder dies aus dem übrigen Zusammenhang klar ersichtlich ist.

Grundsatz Nr. 5.11: **Werbung für Versicherungen**

Die Verwendung des Begriffs „Versicherung" in der Werbung ist unlauter, wenn die nachgenannten Anforderungen nicht kumulativ erfüllt sind:
1. Vorliegen eines Risikos oder einer Gefahr,
2. Leistung des Versicherten (Prämie),
3. Leistung des Versicherers im Versicherungsfall,
4. Selbständigkeit der Operation,
5. Kompensation der Risiken nach den Gesetzen der Statistik – planmässiger Geschäftsbetrieb.

Versicherungen dieser Art dürfen nur von Unternehmen betrieben werden, die im Besitz einer staatlichen Konzession sind.

Grundsatz Nr. 5.12: **Werbung für Heirat**

Die Werbung mit Portraits in der Ich-Form für Heirat oder Partnervermittlung durch professionelle Vermittlungsinstitute oder von diesen beauftragten Personen, die nicht selbst Interessenten sind, ist unlauter.

Sponsoring-Richtlinien BAKOM
Biel, Juni 1999 / April 2007

Mit diesen Sponsoring-Richtlinien ersetzt das BAKOM die Richtlinien vom Juni 1999 und passt sie an das neue RTVG und die neue RTVV an. Es handelt sich hierbei um eine Ubergangslösung. Eine umfassende neue Sponsoring- und Werberichtlinie ist für das letzte Quartal 2007 geplant. Die Richtlinien schaffen kein neues Recht, sie interpretieren und konkretisieren lediglich die Sponsoring-Bestimmungen im Bundesgesetz über Radio und Fernsehen vom 24. März 2006 (RTVG) und in der Radio- und Fernsehverordnung vom 9. März 2007 (RTVV). Indem die Richtlinien konkrete Fälle aus der Sponsoringpraxis aufgreifen, bieten sie den Radio- und Fernsehveranstaltern eine Orientierungshilfe. Ausserdem gewährleisten die Richtlinien eine einheitliche Entscheidpraxis des BAKOM und erhöhen so die Rechtssicherheit der Veranstalter. Denn es ist davon auszugehen, dass das BAKOM in einem konkreten Fall Gesetz und Verordnung gemäss diesen Richtlinien anwenden wird. Für Radio- und Fernsehveranstalter sind die Sponsoring-Richtlinien somit nicht unmittelbar bindend.

Das BAKOM behält sich vor, einzelne Vorschriften der Richtlinien gegebenenfalls zu ändern oder zu präzisieren. Anlass für eine Präzisierung oder Änderung könnte beispielsweise gegeben sein, wenn der Europarat die Sponsoring-Bestimmungen des Europäischen Übereinkommens über das grenzüberschreitende Fernsehen (EUGF) revidiert oder wenn die Schweiz nach Abschluss des bilateralen Abkommens mit der EU deren Fernsehrichtlinien übernimmt.

Inhalt:

Was bedeutet...?
Die wichtigsten Begriffe im Zusammenhang mit dem Sponsoring

Wann liegt Sponsoring vor?
Diese Teile des Programms unterliegen den Sponsoringbestimmungen

Was <u>muss</u> sein?
Das muss beim Sponsoring mindestens vorhanden sein

Was <u>kann</u> sein?
Das ist beim Sponsoring auch noch möglich

Was <u>darf nicht</u> sein?
Das ist beim Sponsoring nicht zulässig

Wann ist Sponsoring verboten?
Die gesetzlichen Sponsoringverbote

Was bedeutet...?

- „Sendung":
  Formal und inhaltlich in sich geschlossener Teil eines Radio- oder Fernsehprogramms (Art. 2 Bst. b RTVG).

- „Sponsoring":
  Beteiligung einer natürlichen oder juristischen Person an der direkten oder indirekten Finanzierung einer Sendung, mit dem Ziel, den eigenen Namen, die eigene Marke oder das eigene Erscheinungsbild zu fördern (Art. 2 Bst. o RTVG). Nicht als Sponsoring einer Sendung gilt deren Koproduktion durch natürliche und juristische Personen, die im Radio- oder Fernsehbereich oder in der Produktion audiovisueller Werke tätig sind (Art. 11 Abs. 3 RTVV).

- „Werbung":
  Jede öffentliche Äusserung im Programm, welche die Förderung des Abschlusses von Rechtsgeschäften über Waren oder Dienstleistungen, die Unterstützung einer Sache oder Idee oder die Erzielung einer anderen vom Werbetreibenden oder vom Rundfunkveranstalter selbst gewünschten Wirkung zum Zweck hat und gegen Bezahlung oder eine ähnliche Gegenleistung oder als Eigenwerbung verbreitet wird (Art. 2 Bst. k RTVG).

- „Direkte Finanzierung":
  Ein Dritter entrichtet einem Rundfunkveranstalter in Zusammenhang mit bestimmten Programminhalten Geld oder eine geldwerte Leistung.

- „Indirekte Finanzierung":
  Ein Dritter stellt einem Rundfunkveranstalter Waren oder Dienstleistungen für die Produktion einer Sendung oder einen Wettbewerbspreis unentgeltlich oder vergünstigt zur Verfügung.

- „Produzent":
  Eine Person oder ein Unternehmen, deren Haupttätigkeit in Herstellung, Finanzierung oder Vertrieb von audiovisuellen Werken besteht.

- „Koproduktion":
  Die gemeinsame Produktion oder Finanzierung von audiovisuellen Werken durch mehrere Rundfunkveranstalter (oder durch Veranstalter und von diesen unabhängigen Produzenten).

- „Produkteplatzierung":
  Bestimmte Waren (oder Dienstleistungen), welche dem Produzenten von einem Dritten zur Verfügung gestellt worden sind, werden sicht- oder hörbar in eine Sendung eingebaut.

- „Medienpartnerschaft":
  Zusammenarbeit zwischen dem Programmveranstalter und dem Organisator eines öffentlichen Anlasses, wobei der Programmveranstalter sich verpflichtet, auf den Anlass im Programm hinzuweisen und dafür mit Vorteilen vor Ort und ähnlichen Leistungen entschädigt wird.

- „Trailer":
  Hinweis im Programm eines Rundfunkveranstalters auf eine Sendung im eigenen Programm (gilt nicht als Werbung).

- „Insert":
  Sponsornennung in Form einer Einblendung während der laufenden Sendung (Fernsehen) in knapper Form.

- „Reminder":
  Sponsornennung vor oder nach einer Unterbrecherwerbung.

Wann liegt Sponsoring vor?

1. Direkte Finanzierung

Direkte Finanzierung unterliegt den gesetzlichen Sponsoring-Bestimmungen, sofern die Förderung von Name, Marke, Dienstleistung oder Erscheinungsbild des Geldgebers beabsichtigt wird.

Wenn ein Radio- oder Fernsehveranstalter von einem Dritten Geld oder geldwerte Leistungen in Zusammenhang mit bestimmten Sendungen erhält, dann spricht man von direkter Finanzierung. Direkte Finanzierung ist dann Sponsoring, wenn der Geldgeber damit seinen Namen, seine Marke, seine Dienstleistung oder sein Erscheinungsbild fördern will. Dies ist gewöhnlich der Fall. Falls ein Geldgeber ausnahmsweise tatsächlich keine Förderungsabsicht verfolgt, unterliegt ein solches „Mäzenat" nicht den Sponsoring-Bestimmungen.

2. Wettbewerbspreise

Das Stiften von Wettbewerbspreisen für eine Sendung unterliegt den Sponsoringbestimmungen, sofern die Förderung von Name, Marke, Dienstleistung oder Erscheinungsbild des Stifters beabsichtigt wird.

Das Stiften von Wettbewerbspreisen ist eine Form der indirekten Finanzierung, indem der Preisstifter eine Ware oder eine Dienstleistung dem Programmveranstalter gratis oder vergünstigt zur Verfügung stellt. Wie die direkte Finanzierung wird auch die indirekte Finanzierung dann zum Sponsoring, wenn mit der Finanzierung eine Förderungsabsicht verbunden ist. Dies dürfte beim Stiften von Wettbewerbspreisen in der Regel der Fall sein.

Der Grund für den Einbezug aller Finanzierungsformen – der direkten wie der indirekten – liegt im Gebot der Transparenz. Eine finanzielle Leistung Dritter für eine Sendung beinhaltet immer die Möglichkeit, dass der Sponsor Einfluss nimmt auf die Sendung. Deshalb hat das Publikum Anrecht auf eine entsprechende Information. Berichtet beispielsweise ein Veranstalter vor Ort von der Eröffnung eines Geschäftes (Aussenpräsenz) und erhält dafür Geld, geldwerte Leistungen oder Waren als Wettbewerbspreise, sind die Bestimmungen des Sponsoring (oder allenfalls gar der Werbung!) zu berücksichtigen. Erst die Sponsoring-Bestimmungen sichern diese Transparenz.

Die Unterstellung sowohl der direkten als auch der indirekten Finanzierung unter die Sponsoringbestimmungen steht im Einklang mit dem EÜGF.

3. Produkteplatzierung

> Die Produkteplatzierung (Product Placement) unterliegt den Sponsoringbestimmungen, sofern die Förderung von Name, Marke, Dienstleistung oder Erscheinungsbild des Stifters beabsichtigt wird.

Die Produkteplatzierung ist eine weitere Form der indirekten Finanzierung. Wer Produkte für die Verwendung in einer Sendung gratis oder vergünstigt oder geknüpft an eine zusätzliche Geldleistung zur Verfügung stellt, verfolgt gewöhnlich einen Förderungszweck, weshalb Product Placement üblicherweise als Sponsoring zu betrachten ist. (Wenn der Sponsor nicht bloss ein Produkt zur Verfügung stellt, sondern darüber hinaus noch Geld oder eine geldwerte Leistung erbringt dann liegt gleichzeitig auch eine direkte Finanzierung vor; vgl. Ziffer 1).

Selbstverständlich kann Product Placement nur dann als Sponsoring gelten, wenn die Art und Weise der Platzierung in der Sendung die Grenzen des Zulässigen einhält. Erlaubt ist Product Placement, wenn die Ware oder Dienstleistung und die Art ihrer Präsentation dem dramaturgischen Ablauf der Sendung entsprechen und keine unnötigen Erwähnungen, Hervorhebungen etc. vorgenommen werden, die eine Werbewirkung für den Sponsor oder Dritte erzeugen. Andernfalls ist Product Placement als Schleichwerbung (gemäss Art. 11 Abs. 2 RTVV) zu betrachten und deshalb nicht zulässig. Schleichwerbung liegt auch vor, wenn in der Sendung werbende Hinweise auf die platzierte Ware oder Dienstleistung gemacht werden.

In Kindersendungen ist die Produkteplatzierung unzulässig (Art. 21 Abs. 3 RTVV).

4. Quellenangabe

> Eine Quellenangabe unterliegt den Sponsoringbestimmungen, wenn ihre Ausstrahlung finanziell unterstützt wird.

Die Angabe einer Informationsquelle erlaubt es dem Publikum, den Gehalt oder die Zuverlässigkeit der Information besser zu beurteilen oder gar selbst überprüfen zu können. Die Quellenangabe ist also ein journalistisches Mittel, um Transparenz herzustellen.

Eine Quellenangabe wird dann zum Sponsoring, wenn der Informant für ihre Ausstrahlung Geld oder eine geldwerte Leistung entrichtet. Der Informant wird in diesem Fall zum Sponsor und die Sponsoringbestimmungen müssen vollumfänglich eingehalten werden.

5. Koproduktion

> Koproduktion ist kein Sponsoring.

Die Gesetzesbestimmungen zum Sponsoring sind im Fall der Koproduktion nicht anwendbar. Grundsätzlich gilt: Wer an der Produktion einer Rundfunksendung direkt beteiligt ist (Rundfunkveranstalter oder anderer Produzent), unterliegt im Normalfall nicht den Bestimmungen des Sponsoring (vgl. aber Ziffer 6). Diese Regelung ist im Zusammenhang mit den Koproduktionen verschiedener Veranstalter zu sehen (z.B. Eurovisionssendungen oder „Tatort" von ZDF, ORF und SRG). Die beteiligten Veranstalter sind Koproduzenten und nicht Sponsoren.

6. Sponsor als Produzent

> Der Sponsor kann die von ihm gesponserte Sendung ganz oder teilweise selbst produzieren bzw. produzieren lassen und einem Veranstalter zur Verfügung stellen.

Ein Produzent wird dann zum Sponsor, wenn er einem Rundfunkveranstalter eine von ihm hergestellte Sendung gratis oder vergünstigt zur Verfügung stellt. Der Produzent unterliegt in diesem Fall vollumfänglich den Sponsoringbestimmungen. Dasselbe gilt für ein Unternehmen, das eine Sendung von einem Produzenten herstellen lässt und diese dem Rundfunkveranstalter gratis oder vergünstigt zur Verfügung stellt.

Das RTVG verbietet nicht ausdrücklich, dass ein Unternehmen eine Sendung sponsert und diese Sendung gleich selbst produziert. Wenn eine Sendung unter dem Einfluss des Geldgebers entsteht, können die Ausgewogenheit und die Sachgerechtigkeit der Sendung sowie die Unabhängigkeit des Programmveranstalters (Art. 4 und 6 RTVG) gefährdet sein. Der Veranstalter muss bei einer derartigen Konstellation deshalb ganz besonders auf die Einhaltung dieser gesetzlichen Programmbestimmungen achten. Denn die Verantwortung für die Sendung liegt immer beim Programmveranstalter, nie beim Sponsor. Ausserdem muss der Veranstalter speziell darauf achten, dass in der Sendung keine Schleichwerbung für den Sponsor oder für dessen Produkte gemacht werden (Art. 11 Abs. 2 RTVV). Wenn in der Sendung ein Werbeeffekt beabsichtigt wird, gehört dieser als Werbespot in einen abgetrennten Werbeblock.

7. Medienpartnerschaft

> Eine Medienpartnerschaft kann nur im Zusammenhang mit redaktionellen Sendungen Sponsoring sein.

Eine sogenannte Medienpartnerschaft (vgl. Definition vorne) ist rundfunkrechtlich keine eigenständige Sende- oder Finanzierungsform. Die Frage ist deshalb, wie weit die Medienpartnerschaft in den vom RTVG vorgesehenen Kategorien möglich ist:

<u>Werbung:</u> Als Werbespots, getrennt vom übrigen Programm, sind werbemässig aufgemachte und gegen Bezahlung ausgestrahlte Hinweise auf einen Anlass zulässig.

Sponsoring: Wenn im Rundfunkprogramm eine redaktionelle Sendung (Vorschau, Direktübertragung, Bericht) zum betreffenden Anlass ausgestrahlt wird, kann der Anlassveranstalter diese Sendung sponsern. Er kann auch in allfälligen Programmhinweisen auf diese Sendung als Sponsor erwähnt werden (vgl. Ziffer 12). Der Anlassveranstalter kann aber auch eine andere Sendung sponsern, welche mit seinem Anlass nichts zu tun hat. In beiden Fällen muss sich der Rundfunkveranstalter an die üblichen Sponsoringbestimmungen halten, d.h. es dürfen weder werbliche Aussagen zum Anlass, noch eine Aufforderung zum Besuch, noch Angaben zu den Vorverkaufsstellen gemacht werden.

Redaktionelle Sendung: In redaktionellen Sendungen kann der betreffende Anlass nach journalistischen Kriterien behandelt werden, sei es im Rahmen einer besonderen Sendung (Vorschau, Direktübertragung, Bericht) oder sei es im Rahmen eines Veranstaltungskalenders. Wichtig ist jedoch, dass der Rundfunkveranstalter für (nicht gesponserte) redaktionelle Sendungen keine Gegenleistung vom Anlassveranstalter erhalten darf. Eine werbliche Präsentation des Anlasses in redaktionellen Sendungen wäre Schleichwerbung und damit unzulässig.

Was **muss** sein?

8. Nur ganze Sendungen sponsern

Es können nur ganze Sendungen gesponsert werden.

Nicht zulässig ist es z.B., wenn ein Sponsor nur die erste Hälfte einer Sendung sponsert und ein anderer Sponsor die zweite Hälfte derselben Sendung. (Aber: mehrere Sponsoren können gleichzeitig die ganze Sendung sponsern; vgl. Ziffer 19).

9. Sponsornennung am Anfang oder Ende

Der Sponsor muss unmittelbar zu Beginn oder am Ende der gesponserten Sendung genannt werden.

Hingegen ist es zwingend, auf Produkteplatzierungen am Anfang der Sendung hinzuweisen. Insbesondere ist darauf hinzuweisen, welche Produkte die Sponsoren zur Verfügung stellen (Art. 21 RTVV).

10. Sponsoring deklarieren

Die Sponsornennung muss einen eindeutigen Bezug zwischen Sponsor und Sendung herstellen (Art. 20 Abs. 1 RTVV).

Mögliche Formen der Sponsornennung: „Diese Sendung ermöglicht Ihnen ...", „... widmet Ihnen", „...wird gesponsert von", „Sponsor: ...", u.a.

11. gestrichen

Anhang   Sponsoring-Richtlinien BAKOM

Was **kann** sein?

12. Sponsornennung im Trailer

> Die Nennung des Sponsors ausserhalb der gesponserten Sendung ist in Zusammenhang mit einem Programmhinweis (Trailer) zulässig, solange dadurch keine werbewirksame Wiederholung erzeugt wird.

13. Sponsornennung in Insert und Reminder

> Die Nennung des Sponsors im Verlauf der Sendung (als Insert oder Reminder) ist zulässig, solange dadurch keine werbewirksame Wiederholung erzeugt wird.

Das RTVG begrenzt die Dauer oder die Anzahl von Sponsornennungen nicht ausdrücklich. Die gesetzliche Unterscheidung zwischen Sponsoring und Werbung sowie das Verbot von Werbeaussagen in gesponserten Sendungen gebieten es jedoch, die Sponsornennungen quantitativ dort zu begrenzen, wo allein die Häufigkeit der Nennung eine mit einem Werbespot vergleichbare Wirkung entfalten würde.

Während der Ausstrahlung einer Fernsehsendung darf in knapper Form an das Sponsoringverhältnis erinnert werden (Insert). Pro zehn Minuten Sendezeit ist ein Insert pro Sponsor zulässig. In Kindersendungen sind Inserts unzulässig (Art. 20 Abs. 3 RTVV).

14. Sponsor als Preisstifter

> Die Nennung eines Sponsors als Stifter eines Wettbewerbspreises und die Nennung der Marke des Preises sind zulässig.

Jede einzelne Nennung muss neutral in dem Sinne erfolgen, dass keine Werbewirkung entsteht. Zudem darf durch die Gesamtheit aller Nennungen keine werbewirksame Wiederholung erzeugt werden. Da das Stiften eines Wettbewerbspreises in der Regel als Sponsoring zu betrachten ist (vgl. Ziffer 2), muss der Preisstifter mindestens auch am Anfang oder am Ende der Sendung genannt werden.

15. Kennzeichnung des Sponsors

> Bei der Nennung des Sponsors können folgende Elemente verwendet werden: Firmenname, Firmenzeichen (Logo), Name bzw. Markenzeichen (Signet) eines Produktes des Sponsors, Produkt des Sponsors.

Die erwähnten Elemente können einzeln oder kombiniert verwendet werden. Produkt des Sponsors kann sowohl eine Ware als auch eine Dienstleistung sein.

Die Kennzeichnung des Sponsors kann auch von einem Logo in akustischer Form begleitet werden. Ein Tonsignet darf jedoch keine werbliche Aussage zum Sponsor oder zu dessen Produkten enthalten (vgl. Ziffern 21 und 22).

Die Möglichkeit, durch die Nennung von Markenprodukten auf einen Sponsor hinzuweisen, garantiert die Chancengleichheit zwischen bekannten Unternehmen (solchen, die man unabhängig von ihren Produkten kennt, wie z.B. Coca-Cola) und unbekannten (solchen, deren Produkte bekannt sind, nicht aber der Name des Unternehmens, z.B. Procter & Gamble – Pampers, Beiersdorf – Nivea, Effems – Mars).

16. Tätigkeitsgebiet des Sponsors

> Bei der Verwendung des Firmennamens oder des Firmenzeichens kann zusätzlich in knapper und neutraler Form auf den Tätigkeitsbereich des sponsernden Unternehmens hingewiesen werden, wenn dies zur Identifizierung des Sponsors nötig ist.

Der Hinweis auf das Tätigkeitsgebiet des Sponsors kann im Interesse der Transparenz sein. Ein solcher Hinweis darf keine werbliche Aussage enthalten. Ein Sponsor hat also die Möglichkeit sich gegenüber dem Publikum durch einen neutralen Hinweis auf seinen Tätigkeitsbereich eindeutig zu identifizieren (z.B. „Meier AG, *Getränkedienst*" oder „InForm, *Fitnesscenter*"). Allerdings muss sich diese Angabe auf das Haupttätigkeitsgebiet des Sponsors beschränken, da durch die Hervorhebung einer Nebentätigkeit ein unzulässiger Werbeeffekt entstehen würde (vgl. dazu auch Ziffer 24).

17. Sponsor als Thema der Sendung

> Der Sponsor oder seine Produkte können Thema der gesponserten Sendung sein.

Das RTVG verbietet nicht ausdrücklich, dass ein Unternehmen eine Sendung sponsert, welche dieses Unternehmen oder dessen Produkte zum Thema hat. Wenn der Geldgeber selbst das Thema einer Sendung ist, besteht jedoch die Gefahr, dass unter dem Einfluss des Sponsors die Ausgewogenheit und die Sachgerechtigkeit der Sendung sowie die Unabhängigkeit des Programmveranstalters (Art. 4 und 6 RTVG) nicht mehr gewährleistet sind. Der Veranstalter muss bei einer derartigen Konstellation deshalb ganz besonders auf die Einhaltung dieser gesetzlichen Programmbestimmungen achten. Denn die Verantwortung für die Sendung liegt immer beim Programmveranstalter, nie beim Sponsor. Ist der Sponsor das Thema der Sendung, muss der Veranstalter ausserdem speziell darauf achten, dass in der Sendung keine Schleichwerbung für den Sponsor oder für dessen Produkte gemacht werden (Art. 11 Abs. 2 RTVV). Wenn mit der Sendung ein Werbeeffekt beabsichtigt wird, gehört dieser als Werbespot in einen abgetrennten Werbeblock.

18. Titelsponsoring

> Der Name des Sponsors kann im Titel der gesponserten Sendung erscheinen.

(vgl. Kommentar zu Ziffer 17.)

19. Mehrere Sponsoren

> Eine einzelne Sendung kann von mehreren Sponsoren gleichzeitig gesponsert werden.

Das Gesetz sieht keine Einschränkungen vor in Bezug auf die Anzahl von Sponsoren für eine einzige Sendung (vgl. aber Ziffer 8).

20. Werbespots des Sponsors

> Werbung des Sponsors kann sowohl unmittelbar vor als auch unmittelbar nach der gesponserten Sendung ausgestrahlt werden.

Im Verlaufe einer gesponserten Sendung kann Werbung des Sponsors ausgestrahlt werden, sofern eine Unterbrechung der Sendung erlaubt ist (vgl. Art. 18 und Art 22 Abs. 1 RTVV).

Was **darf nicht** sein?

21. Keine werblichen Aussagen

> In der Sponsornennung dürfen keine werblichen Aussagen zum Sponsor oder Aussagen zu Produkten des Sponsors gemacht werden.

Die Sponsornennung darf nur Elemente enthalten, die der Identifizierung des Sponsors dienen. Sie darf insbesondere keine Aussagen werbenden Charakters enthalten (Art. 20 Abs. 2 RTVV).

Sponsoring bezieht sich immer auf den redaktionellen Teil eines Programms. Werbespots dagegen müssen vom redaktionellen Programm klar getrennt werden. Damit Sponsoring nicht für Werbebotschaften missbraucht wird, verbietet das RTVG ausdrücklich, dass in gesponserten Sendungen zum Abschluss von Rechtsgeschäften über Waren oder Dienstleistungen der Sponsoren oder von Dritten angeregt wird oder Aussagen werbenden Charakters über Waren oder Dienstleistungen gemacht werden (Art. 12 Abs. 3 RTVG). Dies gilt für alle Formen der Sponsornennung (am Anfang und am Ende, in Inserts, Reminders und Trailers).

Ein Slogan (d.h. eine prägnante Aussage zum Sponsor oder zu einem Sponsorprodukt) ist immer eine werbliche Aussage und darf deshalb im Sponsoring nicht verwendet werden.

Werbespots (oder Teile davon) dürfen in der Sponsornennung dann verwendet werden, wenn die verwendeten Teile eines Werbespots keine werblichen Darstellungen oder Aussagen zum Sponsor oder zu Produkten des Sponsors enthalten (vgl. dazu Ziffer 22). Dies darum, weil die Sponsornennung – im Gegensatz zum Werbespot im Werbeblock – nicht vom redaktionellen Programm abgetrennt ist.

Vorbehalten bleibt die Regelung von Art. 16 Abs. 4 RTVV in Verbindung mit Art. 12 Abs. 4 und Art. 14 Abs. 2 RTVG (vgl. Ziff. 26).

22. Keine werbemässige Produktdarstellung

Die werbliche Darstellung von Produkten des Sponsors in der Sponsornennung ist nicht zulässig.

Die Nennung bzw. Darstellung von Produkten eines Sponsors (vgl. Ziffer 15) soll dem Publikum helfen, den Sponsor besser identifizieren zu können. Die Darstellung von Produkten eines Sponsors darf jedoch keinesfalls auf werbliche Weise erfolgen und auch keine werblichen Aussagen enthalten (vgl. Art. 12 Abs. 3 RTVG). Werblich wäre die Darstellung beispielsweise dann, wenn die Anwendung des Produkts gezeigt würde, seine Eigenschaften hervorgehoben oder Auswirkungen seines Gebrauchs dargestellt würden. Als werbliche Aussage angesehen werden müsste z.B. ein Slogan auf einer Produktepackung (vgl. Kommentar zu Ziffer 21).

23. Eine Kontaktmöglichkeit

Die Erwähnung einer Kontaktmöglichkeit in der Sponsornennung ist gestattet.

Der Sponsor hat die Möglichkeit, wahlweise ein Adresselement in seine Nennung zu integrieren, z.B. Laden- oder Firmenadresse, Telefonnummer, Internet- oder e-Mail-Adresse. Eine Kombination verschiedener Kontaktadressen ist dagegen nicht möglich, da dies den Rahmen einer Sponsornennung sprengen und zu einem werblichen Auftritt des Sponsors führen würde.

24. Kein Hervorheben einzelner Produkte

Das Hervorheben von einzelnen Produkten aus dem Sortiment des Sponsors in der Sponsornennung ist unzulässig.

Wenn in der Sponsornennung ein oder mehrere Waren oder Dienstleistungen aus dem Sortiment des Sponsors genannt werden (z.B. ein spezielles Mineralwasser aus dem Sortiment eines Warenhauses), obwohl es für die Identifizierung des Sponsors nicht nötig ist, gilt diese Hervorhebung als unzulässige werbliche Aussage (vgl. dazu auch Ziffer 16).

Im Unterschied zur Ziffer 15 (wo es um die eigenen Produkte des Sponsors geht), sind hier in erster Linie Produkte gemeint, die *nicht* eigene Marken des Sponsors sind.

25. Keine Werbung für Wettbewerbspreise

> Wettbewerbspreise dürfen nicht werbemässig dargestellt werden.

Um das Publikum auf einen Wettbewerbspreis aufmerksam zu machen, genügt es, wenn die Art, die Marke und der Wert (Verkaufspreis) des Gewinns genannt werden. Weitergehende Aussagen sind zur Information des Publikums unnötig, sie dienen vorwiegend den Interessen des Preisstifters oder des Herstellers des Preises. Deshalb werden sie als werbliche Aussagen angesehen. Neben werblichen Bezeichnungen für Wettbewerbspreise gelten z.B. auch die Aufzählung der Eigenschaften und Vorteile eines Preises, die Demonstration seines Gebrauchs oder Wettbewerbsfragen zum Sponsor oder zu seinen Produkten als werbemässige Darstellung.

Wann ist Sponsoring verboten?

26. Sponsoringverbot wegen Werbeverbot

> Ein Unternehmen, dessen Produkte zur Hauptsache unter das Werbeverbot fallen, kann nicht als Sponsor auftreten.

Mit dieser Bestimmung (Art. 12 Abs. 4 RTVG) soll ausgeschlossen werden, dass auf dem Umweg des Sponsoring eine Werbewirkung für Produkte (Waren oder Dienstleistungen) erzeugt wird, welche einem Werbeverbot unterworfen sind. Wichtige Kriterien zur Beurteilung der „Hauptsache" sind die Bedeutung, welche das Publikum mit dem Unternehmen überwiegend assoziiert, und der wertmässige Umsatz der unter das Werbeverbot fallenden Produkte am Total der Tätigkeiten des Unternehmens. Ein Unternehmen, das nach diesen Kriterien als Sponsor auftreten kann, darf zur Sponsor-Kennzeichnung selbstverständlich keine Marke einer Ware und keinen Namen einer Dienstleistung verwenden, welche einem Werbeverbot unterliegt.

Für Veranstalter mit einem Werbeverbot für alkoholische Getränke sind die Regeln von Art. 16 Abs. 4 RTVV bezüglich Werbung für alkoholfreie Produkte auch im Sponsoring zu beachten, für die SRG gilt Art. 14 Abs.2 RTVG.

27. Sponsoringverbot für Nachrichten

> Nicht gesponsert werden können Nachrichtensendungen sowie nachrichtenbezogene Sendungen zum politischen Zeitgeschehen.

„Nachrichtenbezogene Sendungen" beinhalten vertiefte Berichterstattung und Kommentare zu Nachrichten, Analysen von Nachrichtenentwicklungen und/oder politische Stellungnahmen zu Ereignissen in den Nachrichten. Das Verbot des Sponserns von Nachrichten und nachrichtenbezogenen Sendungen liegt darin begründet, dass Informationssendungen beim

Publikum eine hohe Glaubwürdigkeit geniessen. Diese Glaubwürdigkeit könnte gefährdet werden, wenn durch das Sponsoring solcher Sendungen der Anschein erweckt würde, wirtschaftliche Interessen des Sponsors könnten den Inhalt der Sendung beeinflussen.

Die demokratische Willensbildung soll durch mögliche unstatthafte Beeinflussungsversuche von Sponsoren nicht beeinträchtigt werden. Vom Sponsoring ausgeschlossen sind daher Sendungen mit Themen, welche Gegenstand von Volks- oder Parlamentsentscheiden (Wahl, Abstimmung, Referendum, Initiative) in Bund, Kantonen oder Gemeinden sind. Wird ein Wahl- oder Abstimmungstermin bekanntgegeben bzw. wird das Ergreifen eines Referendums oder einer Initiative öffentlich angekündigt, können Sendungen nicht mehr gesponsert werden, welche den entsprechenden demokratischen Entscheid zum Thema haben.

Für die Beurteilung, ob eine Sendung aufgrund dieser inhaltlichen Kriterien vom Sponsoring auszuschliessen ist, spielt die journalistische Darstellungsform keine Rolle. Ausgeschlossen werden können sowohl Nachrichten und Magazine als auch Kommentare, Glossen, Reportagen, Interviews oder weitere Darstellungsformen wie z.B. Infotainment-Magazine, in denen Nachrichten mit Unterhaltungselementen vermittelt werden.

Service-Teil

I. Bundesbehörden

Bundesbehörden allgemein:
Tel. 031 322 21 11
www.admin.ch

BAKOM
Bundesamt für Kommunikation
Zukunftstrasse 44
2501 Biel
Tel. 032 327 55 11
Fax 032 327 55 55
www.bakom.ch

Bundeskanzlei (BK)
Bundeshaus West
Informationsdienst
3003 Bern
Tel. 031 322 37 91
Fax 031 322 37 06
www.admin.ch

Eidgenössische Datenschutz- und Öffentlichkeitskommission
Postfach
3000 Bern 7
Tel. 031 311 85 88
www.admin.ch

Eidgenössische Kommunikationskommission ComCom
Marktgasse 9
3003 Bern
Tel. 031 323 52 90
Fax 031 323 52 91
www.fedcomcom.ch

Eidgenössisches Institut für Geistiges Eigentum
Einsteinstrasse 2
3003 Bern
Tel. 031 325 25 25
Fax 031 325 25 26
www.ige.ch

Schweizerisches Bundesgericht
Avenue du Tribunal-Fédéral 29
1000 Lausanne 14
Tel. 021 318 91 11
Fax 021 323 37 00 (Gerichtskanzlei)
Fax 021 323 66 63 (Journalistenzentrum)
www.bger.ch

Schweizerische Wettbewerbskommission WEKO
Monbijoustrasse 43
3003 Bern
Tel. 031 322 20 40
Fax 031 322 20 53
www.weko.ch

Unabhängige Beschwerdeinstanz für Radio und Fernsehen UBI
Schwarztorstrasse 59
Postfach 8547
3001 Bern
Tel. 031 322 55 33
Fax 031 322 55 58
www.ubi.admin.ch

II. Organisationen/ Verbände/Ausbildung

Allianz Schweizer Werbeagenturen ASW
Breitenstrasse 1
Postfach 466
8304 Wallisellen
Tel. 044 831 15 50
Fax 044 831 14 24
www.asw.ch

bsw leading swiss agencies
Konradstrasse 61
8005 Zürich
Tel. 043 444 48 10
Fax 043 444 48 11
www.bsw.ch

Comedia
Zentralsekretariat
Monbijoustrasse 33
3011 Bern
Tel. 031 390 66 11
Fax 044 390 66 91
www.comedia.ch

European Broadcasting Union EBU/UER
L'Ancienne Route 17A
1218 Le Grand-Saconnex
Tel. 022 717 21 11
Fax 022 747 40 00
www.ebu.ch

i-call International Communications & Art Lucerne
Hofstrasse 9
Postfach 7464
6000 Luzern 7
Tel. 041 228 79 43
Fax 041 228 79 40
www.i-call.ch

Institut für Journalistik und Kommunikationswissenschaft der Universität Freiburg
Boulevard de Pérolles 90
1700 Freiburg
Tel. 026 300 83 83
Fax 026 300 97 62
www.unifr.ch

Institut für Kommunikations- und Medienwissenschaft
Universität Bern
Lerchenweg 36
3000 Bern 9
Tel. 031 631 48 40
Fax 031 631 43 40
www.ikmb.unibe.ch

Institut für Publizistikwissenschaft und Medienforschung der Universität Zürich IPMZ
Andreasstrasse 15
8050 Zürich
Tel. 044 634 46 61
Fax 044 634 49 34
www.ipmz.unizh.ch

Interessengemeinschaft elektronischer Medien der Schweiz IGEM
Erlenweg 13
4514 Lommiswil
Tel. 032 641 06 10
Fax 032 641 34 86
www.igem.ch

Katholischer Mediendienst
Bederstrasse 76
Postfach 1860
8027 Zürich
Tel. 044 204 17 70
Fax 044 202 49 33
www.kath.ch/km

Medienausbildungszentrum MAZ
Murbacherstrasse 3
6003 Luzern
Tel. 041 226 33 33
Fax 041 340 33 34
www.maz.ch

Medieninstitut des Verbandes Schweizer Presse
Konradstrasse 14
Postfach 1202
808021 Zürich
Tel. 044 318 64 66
Fax 044 318 64 62
www.medieninstitut.ch

Presse romande – Association de la presse suisse romande
Avenue de Florimont 1
1006 Lausanne
Tel. 021 343 40 90
Fax 021 343 40 99
www.pressesuisse.ch

SAWI Schweizerisches Ausbildungszentrum für Marketing, Werbung und Kommunikation
Zentralstrasse 115 Nord
2500 Biel 7
Tel. 032 366 70 40
Fax 032 366 70 49
www.sawi.com

Schweizer Berufsfotografen SBf
Postfach 320
9006 St. Gallen
www.sbf.ch

Schweizer Verband der Journalistinnen und Journalisten SVJ
Grand-Places 14a
Postfach
1701 Freiburg
Tel. 026 347 15 00
Fax 026 347 15 09
www.impressum.ch

Schweizerische Public Relations Gesellschaft SPRG
Sempacherstrasse 69
Postfach
8032 Zürich
Tel. 044 422 33 66
Fax 044 420 11 15
www.sprg.ch

Schweizer Buchhändler- und Verleger-Verband SBVV
Alderstrasse 40
Postfach
8034 Zürich
Tel. 044 421 36 00
Fax 044 421 36 18
www.swissbooks.ch

Swisscable
Verband für Kommunikationsnetze
Kramgasse 5
3011 Bern
Tel. 031 328 27 28
Fax 031 328 27 38
www.swisscable.ch

Swiss Interactive Media and Software Association Simsa
Postfach 1211
8032 Zürich
Tel. 044 389 75 03
www.simsa.ch

Syndikat Schweizerischer Medienschaffender SSM
Rebgasse 1
4058 Basel
Tel. 061 681 79 37
Fax 061 681 79 31
www.ssm-site.ch

Verband Schweizer Fachjournalisten SFJ
P. - H. Badel
Route de Divonne, 44
1260 Nyon
Tel. 022 362 58 13
Fax 022 362 05 13
www.sfj-ajs.ch

Verband Schweizer Presse
Konradstrasse 14
Postfach 1202
8021 Zürich
Tel. 044 318 64 64
Fax 044 318 64 62
www.schweizerpresse.ch

Verband Schweizer Privatradios VSP
Jürg Bachmann, Präsident
Geschäftsstelle M.L. Bernini
Cia San Gottardo 86
6900 Massagno
Tel. 076 369 08 55
www.lokalradios.ch

Verband Schweizerischer Werbegesellschaften VSW
Holbeinstrasse 30
Postfach 2949
8022 Zürich
Tel. 044 261 30 33
Fax 044 261 30 44
www.vsw-assp.ch

Verein Konferenz der Chefredaktoren
Tamedia AG
Postfach
8021 Zürich
www.chefredaktoren.ch

WEMF AG für Werbemittelforschung
Bachmattstrasse 53
8048 Zürich
Tel. 043 311 76 76
Fax 043 311 76 77
www.wemf.ch

III. Schlichtungs- und Mediationsorgane/ Mediennutzung/ Medienbeobachtung

Arbus Vereinigung für kritische Mediennutzung
Postfach 42
8122 Binz ZH
Tel. 044 462 11 10
www.arbus.ch

Argus der Presse AG
Streulistrasse 19
8032 Zürich
Tel. 044 388 82 00
www.argus.ch

Eidgenössischer Datenschutz- und Öffentlichkeitsbeauftragter EDÖB
Feldeggweg 1
3003 Bern
Tel. 031 322 43 95
Fax 031 325 99 96
www.edoeb.admin.ch

Schweizerische Lauterkeitskommission
Kappelergasse 14
Postfach 2744
8022 Zürich
Tel. 0900 211 001 (CHF 1.--/Min.)
Fax 044 211 80 18
www.lauterkeit.ch

Schweizer Presserat
Bahnhofstrasse 5
Postfach 201
3800 Interlaken
Tel. 033 823 12 62
Fax 033 823 11 18
www.presserat.ch

Verein Qualität im Journalismus
Konradstrasse 14
Postfach 1202
8021 Zürich
Tel. 044 318 64 66
Fax 044 318 64 62
www.quajou.ch

Schweizerischer Dachverband Mediation
Hofwiesenstrasse 350
8050 Zürich
Tel. 044 315 59 66
www.infomediation.ch

IV. Verwertungsgesellschaften

ProLitteris
Schweizerische Urheberrechtsgesellschaft für Literatur und bildende Kunst
Universitätsstrasse 100
Postfach
8033 Zürich
Tel. 044 300 66 15
Fax 044 300 66 68
www.prolitteris.ch

SSA
Société Suisse des Auteurs (Schweizerische Autorengesellschaft)
Case postale 7463
1002 Lausanne
Tel. 021 313 44 55
Fax 021 313 44 56
www.ssa.ch

Suisa
Schweizerische Gesellschaft für die Rechte der Urheber musikalischer Werke
Bellariastrasse 82
Postfach 782
8038 Zürich
Tel. 044 485 66 66
Fax 044 482 43 33

Suissimage
Schweizerische Gesellschaft für die Urheberrechte an audiovisuellen Werken
Neuengasse 23
Postfach
3001 Bern
Tel. 031 313 36 36
Fax 031 313 36 37
www.suissimage.ch

Swissperform
Schweizerische Gesellschaft für die verwandten Schutzrechte
Utoquai 43
Postfach 221
8024 Zürich
Tel. 044 269 70 50
Fax 044 269 70 60
www.swissperform.ch

V. Ombudsstellen der Radio- und Fernsehveranstalter

Ombudsstellen der SRG SSR idée suisse

Schweizer Fernsehen mit SF 1 und SF 2; Schweizer Radio DRS mit Radio DRS 1, 2, 3, Virus und Musigwälle

Herr
Achille Casanova
Kramgasse 16
3011 Bern

Radio-Télévision Suisse Romande RTSR

Herr
Emmanuel Schmutz
Rue du Simplon 1
1700 Freiburg

279

Radiotelevisione Svizzera di lingua italiana

Herr
Mauro von Siebenthal
Postfach 1147
6601 Locarno 1

Radio e Televisiun Rumantscha

Herr
Toni Hess
Werkstrasse 23
7000 Chur

Ombudsstellen der übrigen Radio- und Fernsehveranstalter

Deutsch- und rätoromanische Regionen

Herr
Guglielmo Bruni
Drosselstrasse 26
4059 Basel
www.ombudsstelle-stv.ch

Stellvertreter:

Herr
Oliver Sidler
Artherstrasse 23a
6300 Zug

Französischsprachige Regionen

Herr
Denis Sulliger
Rue du Simplon 13
Case Postale
1800 Vevey 1

Italienischsprachige Regionen

Herr
Mauro von Siebenthal
Postfach 1147
6601 Locarno 1

Stichwortverzeichnis

A
Absolute Personen der Zeitgeschichte 53
Amtspersonen 53
Anhörungspflicht 215
Anmeldung der Datensammlung 181
Arbeitsvertrag 187 ff
Auftrag 194
Aufsicht 161
Auskunftspflicht 89
Auskunftsrecht 178
   Einschränkung des Auskunftsrechts für Medienschaffende 180

B
Bearbeitungsgrundsätze des Datenschutzes 173
Berichterstattung über aktuelle Ereignisse 113
Berichtigungsklage 59, 132
Beschimpfung 85
Beseitigungsklage 59, 132
Besonders schützenswerte Daten 172
Bildreportagen von Demonstrationen 56
Bildungsauftrag 148
Brutaloverbot 97
Bundesamt für Kommunikation (BAKOM) 161
Bundesgesetz über die Information der Konsumentinnen und Konsumenten (KIG) 127
Bundesverfassung der Schweizerischen Eidgenossenschaft (BV) 30, 33, 139

C
Charta „Qualität im Journalismus" 222

D
Datenbearbeitung 172
Datensammlung 172
Datenschutz 172
Datenschutzgesetz (DSG) 170
Delikte gegen den Geheim- oder Privatbereich 86
Drahtlos-terrestrische Verbreitung von Programmen 158
Drei Säulen des Kartellrechts 134

E
Ehre 45
Ehrverletzungsdelikte 81 ff
Eidgenössische Datenschutz- und Öffentlichkeitskommission 170
Eidgenössischer Datenschutz- und Öffentlichkeitsbeauftragter 170
Einzelarbeitsvertrag (EAV) 187
Empfangsgebühr 148
Entscheidungsbefugnis der Ombudsstellen 165
Erklärung der Pflichten und Rechte der Journalistinnen und Journalisten 211
Ethik 208 ff
Europäische Menschenrechtskonvention (EMRK) 31

F
Feststellungsklage 59, 152
Fernmeldetechnische Übertragung 141
Fernmeldedienst 141
Fotomontagen 57
Freie Meinungsbildung 141 ff, 148

G
Gebührensplitting 146 ff
Gegendarstellung 64
Geheimhaltungsprinzip mit Öffentlichkeitsvorbehalt 39
Geistige Schöpfung 104
Genugtuung 61
Gesamtarbeitsvertrag (GAV) 190

Geschenke (Annahme von) 218
Gesetzesrecht 30
Gewinnherausgabe 61
Gewohnheitsrecht 31 f
Grundrechte 33 ff
Grundsätze der Schweizerischen Lauterkeitskommission 199 ff, 246 ff
Grundversorgung 146

H
Herabsetzung 124

I
Impressumspflicht 90
Informationsfreiheit 34
Innominatsvertrag 191
Inserate 205
Institutionelle Qualitätssicherung 209
Interessenabwägung im Rahmen der Rechtfertigungsgründe der Persönlichkeitsverletzung 53 f
Interessenbindungen 218
Internationaler Berufskodex 223
Internationale Organisationen 31
Interne Richtlinien 224
Interne Beschwerdeverfahren 224
Irreführung 127

J
Journalistische Sorgfaltspflichten 130 f, 143

K
Kartell 132
Konzessionspflicht 145
Konzessionierte Veranstalter 146
   mit Leistungsauftrag und Gebührenanteil 149
   mit Leistungsauftrag ohne Gebührenanteil 150
Kulturelle Entfaltung 148
Kurzberichterstattung 159

L
Lauterkeitsrecht 123 ff
Leistungsauftrag 139 f
Leitsätze des Presserates 213 ff
Leserbrief 75, 217

M
Medienfreiheit 34
Medienstrafrecht 79
Medienarbeitsrecht 187 ff
Meinungs- und Informationsfreiheit 34
Meldepflicht 145, 179
Multimedia 115
Musterimpressum 90

O
Öffentliches Interesse 53 f
Öffentlichkeitsprinzip 39
Öffentliches Arbeitsrecht 194
Ombudsstelle 165 f
Online-Journalismus 57
Opferhilfegesetz (OHG) 56

P
Periodisch erscheinende Medien 66
Personendaten 172
Persönlichkeit 45
Persönlichkeitsschutz 36, 43 ff
Persönlichkeitsprofil 172
Persönlichkeitsverletzung 48
Platzierung von Werbesendungen 153
Politische Inserate 219
Popularbeschwerde 166
Programm 140, 146 ff
Programmauftrag 146 ff
Programmveranstalter 141
Pornographieverbot 96
Prozessberichterstattung 56
Privatperson 53
Publizistische Massnahmen 73

Q
Quellenschutz 93
Qualität im Journalismus (Charta) 222

R
Radio und Fernsehen 35, 139 ff
Radio und Fernsehgesetz 140 f
Rassendiskriminierungsverbot 98
Recht am eigenen Bild 47
Recht am eigenen Namen 47
Recht am eigenen Wort 47
Recht an Sachen 103
Recht an immateriellen Gütern 103
Recht an der eigenen Stimme 47
Recht auf Gegendarstellung 64
Recht auf Werkintegrität 111
Rechtfertigungsgründe bei Persönlichkeitsverletzungen 49 ff
  Einwilligung des Verletzten 49
  Gesetzesvorschrift 49
  Wahrung höherer Interessen 50
Rechtfertigungsgründe des Datenschutzrechts 175, 183
Redaktionelle Sendung 141
Redaktionsgeheimnis 34
Redaktionsschwanz 70
Redaktionsstatut 224
Reisejournalismus 218
Reisevergünstigungen 218
Relative Personen der Zeitgeschichte 53
Richterrecht 32

S
Sachgerechtigkeitsgebot 143
Sanktionsgewalt der UBI 166
Satire 57
Schadenersatz im Persönlichkeitsschutz 61
Schleichwerbung 152, 201
„Schock"- und „People"-Bilder 219
Schranken des Urheberrechts 112 ff
Schweizer Presserat 210
Schweizerische Lauterkeitskommission 199
Schweizerische Radio- und Fernsehgesellschaft (SRG/SSR) 146 ff

Selbstregulierung 209
Sendung 140
Service public 146
Sphärentheorie 50
  Geheim- oder Intimbereich 50
  Gemein- oder Öffentlichkeitsbereich 51
  Zwischen- oder Privatbereich 51
Sponsoring 141, 157 f
Sponsoringbeschränkungen 157
Sponsoring-Richtlinien 157, 262 ff
Sportjournalismus 218
Staatsverträge 31
Standeskontrolle 210
Strafbare Handlung durch Veröffentlichung in einem Medium 94

T
Tatsachendarstellung 65 f
Trennungsgrundsatz 152, 200

Ü
Üble Nachrede 84 f

U
Unabhängige Beschwerdeinstanz (UBI) 166
Unmittelbare Betroffenheit der Persönlichkeit 66
Unschuldsvermutung 56
Unterhaltung 148
Unterlassungsklage 59, 132
Unternehmenszusammenschluss 135 ff
Urheberin bzw. Urheber 109
Urheberrecht 37, 103
Urhebernutzungsrechte 110 f
Urheberpersönlichkeitsrechte 111
Urheberrecht im Arbeitsvertrag 188

V
Veranstalterkonzession 145
Verfassungsrecht 30
Vergleich im UWG 125
Vergleichende Werbung 126, 204 f

Verkaufsangebot 141
Verkaufssendung 141
Verkaufsprogramm 141
Verlagsvertrag 192
Verleumdung 85
Veröffentlichung amtlich geheimer Verhandlungen 91 ff
Verordnungsrecht 31
Verwertung fremder Leistung 128
Verwertungsgesellschaft 117 ff
Vielfaltsgebot 143
Völkerrecht 31
Vorsorgliche Massnahme 62

W
Weisungsbefugnis 166
WEMF AG für Werbemedienforschung 205

Werbedauer 155
Werberecht 197
Werbeverbote 152 ff
Werke auf allgemein zugänglichem Grund 115
Werkvertrag 192
Wirtschaftsjournalismus 217
Wettbewerbsrecht 37, 123 ff
Wettbewerbskommission 135

Z
Zeitraumbeschwerde 143
Zensurverbot 34
Zeugnisverweigerungsrecht 93
Zitate 56
Zitierfreiheit 113
Zweckübertragungstheorie 111

Der Autor/die Autorin/der Karikaturist

Lic. iur. Franz A. Zölch: Gründer und Inhaber von Zölch & Partner, Praxis für Medienrecht, Bern; Experte in Medienrechtsfragen in öffentlichen Institutionen aller Art; Lehrbeauftragter an diversen Fachhochschulen und Hochschulen.

Dr. Rena Zulauf, Rechtsanwältin, LL.M.: Rechtsanwältin für Medien und Recht in Zürich; Lehrbeauftragte für Schweizerisches Medienrecht an der Universität Luzern.

Nico Cadsky: Nico zeichnete schon als Kind viel und schlecht, doch als er in die Werkkunstschule kam, wurde das besser. Er kam 1956 nach Zürich und blieb. Verschiedene Zeitungen waren in der Folge an seinen Karikaturen, die nun immer politischer wurden, interessiert. Im zarten Alter von 30 Jahren wurde er Redaktor des „Nebelspalters", den er fälschlicherweise für ein Satireblatt gehalten hatte. Er wechselte nach anderthalb Jahren zum Zürcher „Tages-Anzeiger", nach weiteren 37 Jahren zum „Blick".

Fragen, Stellungnahmen und Anregungen an folgende Adressen:

Lic. iur. Franz A. Zölch	Dr. Rena Zulauf
Zölch & Partner	Rechtsanwältin für Medien und Recht
Praxis für Medienrecht	Zulauf & Bürgi Anwaltskanzlei
Maulbeerstrasse 10	Feldeggstrasse 65
Postfach 8936	Postfach 1258
3001 Bern	8034 Zürich
Tel. + 41 31 386 11 11	Tel. + 41 44 389 11 11
Fax + 41 31 386 11 10	Fax + 41 44 389 11 10
office@zoelch.ch	info@renazulauf.ch
http://www.zoelch.ch	http://www.renazulauf.ch